ENRICO ROLLA

Il problema non è mio, è tuo

Come far star male gli altri e non farlo più

Testi: Enrico Rolla (www.iwatson.com; www.iwatsoneducation.com)
Copertina: Cristina Cecconato – acapoagency (TO) (progetto grafico e illustrazione)
Impaginazione: Cristina Cecconato - acapoagency (TO)

Redazione Istituto Watson Edizioni
C.so Vinzaglio 12/bis (TO)
tel. 011 5611102 fax 011 5611102
e-mail: info@iwatson.com - progetti@iwatson.com
www.iwatson.com
www.iwatsoneducation.com

Segreteria di redazione: Cristina Monti - Istituto Watson (TO)

Stampa:
Create Space
Create Space Indipendent Publishing Platform
www.createspace.com

Prima edizione: 2006 Torino (10 ristampe al 2015)
© by SEI- Società Editrice internazionale
Seconda Edizione: 2016
©Istituto Watson Edizioni
C.so Vinzaglio 12/bis, Torino, 10121

Prefazione

Questa nuova edizione del libro è maturata dall'esperienza che ho avuto in questi anni con i clienti. In quella precedente avevo raggiunto il termine del terzo capitolo *52 pensieri per volersi bene* e avevo consigliato di esercitarsi a "dirigere" i pensieri per riuscire a essere sempre centrati su se stessi.

È un compito non facile quello di tradurre i pensieri in abitudine e comportamento. Ma sono proprio i miei clienti a dimostrarmi che ciò è possibile: hanno imparato a esercitarsi sui 52 pensieri per riuscire gradualmente a modificare il loro precedente dialogo interno, che rifletteva un comportamento fonte di disturbo e sofferenza. In seguito, nel farli propri, ne hanno fornito una loro personale interpretazione scritta.

In questa edizione riporto il programma che molti hanno seguito e alcuni esempi di come hanno interpretato i 52 pensieri.

Abbiamo un po' tutti il desiderio di cambiare gli altri. Vogliamo che siano diversi da come sono. Dovrebbero cambiare: il nostro superiore, il nostro partner, nostro figlio e il vicino di casa. Gli altri dovrebbero cambiare per far piacere a noi. Se non cambiano, sono loro a sbagliare. Se siamo tipi passivi, stiamo zitti e ci diciamo: "Io sono una persona mite e gentile, perché mi si deve trattare male?" e proviamo rancore verso l'altro. Se siamo aggressivi, gli spieghiamo dove sbaglia e vogliamo che cambi subito il suo comportamento. Se non cambia immediatamente, ci sentiamo autorizzati ad aggredirlo con durezza e fermezza. L'altro deve capire chi ha ragione.

Ma, oltre alle persone, vogliamo che anche le situazioni vadano come fa piacere a noi. Nel lavoro e negli affetti tutto deve procedere in base alle nostre aspettative, che devono realizzarsi, e, se ciò non avviene, stiamo male. Possiamo soffrire perché ci manca qualcosa. In questi casi ci viene spontaneo dire: "Starei meglio, se...". Ma la via dei "se" può non avere termine. Perché appena termina un bisogno, se ne presenta subito un altro. Il genitore può dire: "Starei meglio, se mio figlio si laureasse" e subito dopo: "... se trovasse lavoro" e ancora: "...se si sposasse".

Possiamo soffrire perché abbiamo paura di perdere ciò che abbiamo. La madre può soffrire quando il figlio si allontana da lei. La fidanzata ci ha lasciati e si soffre. Abbiamo sbagliato a investire del denaro e soffriamo. L'elenco non ha fine.

Nella mia professione di psicologo ho visto molte persone star male che mi hanno chiesto come poter trovare un rimedio veloce al loro disagio. Ma, quando vengono da me, ciò che mi stanno realmente dicendo è: "Io sono come sono e non posso modificarmi, sono gli altri e le situazioni a dover cambiare per farmi stare bene". Questa idea non è molto facile da sradicare.

Ci hanno abituato a essere centrati al di fuori di noi, a pensare sempre agli altri. Ci sentiamo dire: "Quella persona sta bene", che vuol dire: "È una persona che ha raggiunto un buon livello economico o sociale". Non vi è nulla di male nel voler raggiungere questi obiettivi. Ma non devono essere solo questi gli obiettivi della nostra vita. Il primo dovere è verso noi stessi, cioè essere tranquilli e sereni. Ma questo non è un obiettivo facile da raggiungere. È raro che ci dicano: "Osserva quella persona: guarda come è serena". I miei clienti affermano spesso di voler diventare più tranquilli e sereni, ma la loro serenità passa attraverso la "delega", cioè mi dicono: "Mi insegni come devo gestire gli altri, così potrò essere più tranquillo". Così, la persona potrà stare meglio se il partner non è aggressivo o nervoso, se il figlio si applica allo studio, etc. Si ritorna al concetto iniziale: "Gli altri devono cambiare per darci la serenità". Ecco allora che i genitori mi chiedono come gestire i figli, la moglie come deve fare con il marito. Anche le aziende richiedono tecniche per gestire i collaboratori. Tutti vogliono gestire. Per anni ho insegnato come:

— Capire o ascoltare gli altri;
— Usare la lode o l'attenzione;
— Gestire l'aggressività degli altri;
— Motivare gli altri;
— Risolvere problemi e prendere decisioni;
— Non opporsi immediatamente all'altro;
— Non criticare;
— Non usare la punizione.

Tutti si sono sempre dimostrati d'accordo su ciò che dicevo o insegnavo. Questi insegnamenti appartengono alla pratica del training assertivo e del training sulla competenza sociale. Ma non molti sono riusciti realmente a fare loro queste abilità, cioè ad applicarle nella vita quotidiana. Perché per applicarle bisogna essere tranquilli. Come è possibile prestare attenzione all'altro se si è completamente presi dai propri problemi? Come è possibile motivare gli altri quando si ha difficoltà a sorridere? Se si è tesi o nervosi, è molto facile usare la punizione od opporsi immediatamente all'altro senza neanche ascoltarlo. Per diventare un po' tranquilli e sereni è necessario centrare l'attenzione su se stessi. Il lavoro da fare è quello che riguarda i nostri bisogni, le nostre idee e le nostre emozioni, e, cioè, il modo in cui noi abbiamo appreso a vivere, a vivere con noi stessi e con gli altri.

Ho strutturato il libro in tre capitoli. Nel primo capitolo, prendo in esame i comportamenti che alcune volte usiamo con gli altri. Comportamenti che fanno soffrire gli altri, comportamenti di cui, spesso, non siamo consapevoli. Ma è ciò che ci accade. Il genitore fa soffrire il figlio. Il fidanzato strumentalizza la fidanzata. Marito e moglie vivono male insieme soffrendo. Il datore di lavoro stressa i suoi collaboratori, convinto che così producano di più. Inoltre, ho trattato anche "Come far star male il vostro cane e diseducarlo". Quando alcune persone hanno saputo il titolo di questo paragrafo mi hanno detto: "Ma perché proprio il cane? Povera bestia" e io ho sempre risposto: "E perché proprio i figli?"

In questo capitolo, a differenza degli altri, ho ritenuto di impiegare l'ironia, perché l'ironia ci offre sempre il grande vantaggio di insegnarci a prendere un certo distacco dalle situazioni, dalle persone e da noi stessi. Impariamo a osservarci, in alcune situazioni, e a iniziare a ridere di noi, e non degli altri. Perché non usare l'ironia verso noi stessi, nell'osservarci, mentre stiamo manipolando o gestendo gli altri o mentre ci vediamo presuntosi, permalosi o intransigenti? A questo proposito, a introduzione di ogni programma, ho cercato di esporre il punto di vista delle "vittime", di coloro che forse, con il nostro comportamento, riusciamo anche a "far star male". Qualora ci riconoscessimo tra i persecutori, la loro voce ci potrà aiutare a cambiare il nostro punto di osservazione. Potrebbe capitare di scoprirci diversi da quello che crediamo di essere.

Il secondo capitolo è quello delle teorie. Penso che conoscere le teorie possa essere utile. È il capitolo sul "buon comportamento". Le teorie dell'apprendimento e la psicologia ci possono aiutare a comprendere come è regolato il nostro comportamento. Nel capitolo si parla di rinforzi positivi e negativi che controllano molti nostri comportamenti. Il buon insegnante o l'attento manager utilizzano senza alcuno sforzo i rinforzi positivi, cioè approvano e lodano immediatamente la buona prestazione dello studente o del collaboratore. Entrambi sanno che l'approvazione induce una persona ad applicarsi maggiormente su un compito. Stanno impiegando i rinforzi positivi di tipo sociale. Con il loro "stile relazionale", creano dei buoni rapporti e sviluppano la partecipazione. Anche il rinforzo negativo indirizza il nostro comportamento. Il rinforzo negativo crea una situazione di disagio da cui cerchiamo di sottrarci, come quando abbiamo mal di denti e prendiamo subito un antidolorifico. Stiamo bene quando la situazione di disagio cessa. Altra cosa è il sistema della punizione, un tipo di controllo usato ma che non ottiene spesso successo. Perché la si impiega? Perché si pensa che usandola si raggiungeranno i risultati sperati in poco tempo. Più spesso, invece, si produce l'effetto contrario di quello voluto.

Ma cosa innesca o facilita un comportamento? I bisogni. Perché sono i bisogni che regolano la nostra vita. Fare leva sui bisogni può essere importante nel regolare anche la vita degli altri. L'attento insegnante o manager sanno come attivare i bisogni nelle altre persone, sanno come motivare gli altri. Sanno far vedere loro i vantaggi di un determinato comportamento, sanno "vendere" le proprie idee. Può essere utile conoscere la psicologia della vendita che insegna come presentare i vantaggi a una persona, senza mai imporre. Come fanno alcune persone ad applicare naturalmente questi principi? Sanno che le altre persone non possono cambiare. Possono soltanto migliorare o peggiorare. Hanno imparato ad accettare gli altri per come sono, non li vogliono diversi. Sanno valutarli.

Il terzo capitolo riguarda il problema di come mettere in pratica il "buon comportamento" e come allontanare da noi tutto ciò che ci impedisce di essere in pace con noi stessi. I rapporti con gli altri sono influenzati dai nostri stati d'animo. Tutte le nostre teorie e i nostri buoni propositi svaniscono per incanto quando il nostro atteggiamento verso noi stessi è negativo. Possiamo dirci: "Devo mettere in pratica ciò che so". Ma il termine "devo" è di per sé errato. Il buon comportamento viene da solo, non deve venire. Non è possibile imporsi, neppure a se stessi:

"Devo essere comprensivo";

"Devo capire gli altri";

"Non devo arrabbiarmi";

"Devo".

Per riuscire a evitare il termine "devo", è necessario iniziare a lavorare su se stessi. Il termine "devo" implica l'obbligo di fare. Non dobbiamo sentirci obbligati a essere comprensivi o a capire gli altri. Se così è, significa che ciò che ci proponiamo rappresenta un costo troppo elevato per noi. Corriamo il rischio di aspettarci che gli altri siano a loro volta comprensivi con noi e lo pretendiamo. Se non lo sono, ci sentiamo in diritto di arrabbiarci o di star male e cadiamo nella normale abitudine di essere centrati sugli altri.

È possibile imparare a rimanere centrati su di noi e a diventare delle persone più positive. Non va trascurato il nostro corpo. È utile imparare a rilassarci in ogni momento, a utilizzare tecniche di meditazione o fare dell'attività fisica. Possiamo usare lo Yoga o fare del body building, sono tecniche ed esercizi che ci danno una buona padronanza del nostro corpo. Attraverso questo tipo di addestramento, impariamo a sentirlo, a parlare con esso e ad ascoltare ciò che ci dirà: "Quando le cose vanno male, il corpo non deve patire". Ho sempre ritenuto importante questa regola.

Al termine del terzo capitolo ho inserito dei dialoghi, a cui ho assistito, e racconti che ho sentito narrare dai miei clienti. Vi sono, infine, *52 pensieri per volersi bene* e alcune indicazioni per modificare il proprio dialogo interno. Un utile esercizio per riuscire a sorridere di noi stessi e a non prenderci troppo sul serio.

Capitolo 1
Come far star male gli altri

Come creare problemi ai figli

Come vuoi che sia tuo figlio? Tu puoi scegliere. Puoi farlo diventare ansioso, insicuro, pignolo o capriccioso. La scelta dipende da te.

I programmi seguenti ti potranno essere d'aiuto per raggiungere il tuo obiettivo. I programmi non sono rigidi e potrai utilizzarli come credi.

Alcuni genitori si sono impegnati per avere un figlio ansioso e insicuro, per altri è stato sufficiente farlo diventare nevrotico. Devi però orientare la tua scelta sui programmi in cui sei più predisposto. Ti sarà difficile seguire il programma "Come avere un figlio ansioso e pauroso", se tu sei una persona particolarmente calma. Invece, è facile immaginare il vantaggio di genitori che per un nonnulla si agitano: possono con estrema rapidità seguire il programma. Cosa c'è di meglio per il figlio che osservare il genitore in preda a una crisi di panico o che ha paura di tutto?

Ti sarà anche particolarmente difficile insegnargli la pignoleria e l'ordine, se questi comportamenti non sono già i tuoi.

Segui, quindi, le tue naturali inclinazioni e i risultati saranno certamente ottimi.

Buona scelta!

Come avere un figlio ansioso e pauroso (Il vostro piccolo e giudizioso ometto)

«Mi sembra che gli altri bambini siano un po' diversi da me, io ho tante paure, ho paura di nuotare, degli animali, del buio. Spesso gli altri bambini ridono di me. Ma io so che da mia madre posso trovare tutta la protezione di cui ho bisogno.

Non riuscivo a dormire da solo nella mia camera da letto e subito andavo nel letto con i miei genitori e loro mi rassicuravano. Da quasi due anni dormo nel letto con i miei genitori. Mia madre è molto premurosa nei miei confronti, si preoccupa molto per il mio stato di salute e mi chiede spesso: "Come stai? Sei sicuro di stare bene? Anche oggi mi sembri un po' pallido".

Si preoccupa anche di come gli altri miei compagni di scuola si comportano con me. Perché, dovete sapere, che spesso gli altri bambini mi hanno dato uno spintone e mi hanno anche detto delle brutte parolacce. Io ho subito riferito tutto a mia madre e lei sa che io sono un bravo bambino che non provoca mai nessuno. La mamma è andata subito a lamentarsi dalla maestra. Così, la maestra capirà che gli altri bambini devono trattarmi bene. Qualche mese fa andavo a giocare con loro, ma arrivavo a casa tutto sporco e sudato. Mia madre, per il mio bene, non mi ha più fatto giocare con gli altri bambini. Ora, passo tranquillamente il pomeriggio giocando da solo o guardando la televisione.

Mia madre è orgogliosa di me e le sue amiche le dicono:

"Hai un bambino molto giudizioso, sembra un piccolo ometto"».

Se sei un genitore che tende a preoccuparsi non avrai particolari difficoltà nel seguire il programma, articolato in quattro fasi, denominato: "Il vostro piccolo e giudizioso ometto". Ti sarà più difficile seguire il programma se sei una persona non protettiva e poco ansiosa. Ma, in ogni caso, se ti attieni con scrupolosità alle fasi che seguono potrai ugualmente ottenere dei buoni risultati. Puoi anche decidere di fermarti alle prime tre fasi che sono sufficienti per renderlo ansioso, l'ultima, "Trasferiscigli qualche paura", puoi considerarla un "optional".

Fase 1 - Aiutalo ad agitarsi
Per creare ansia agli altri è necessario essere ansiosi. Ma in questo programma è anche necessario diventare protettivi. Diventa quindi imperativo esercitarsi per riuscire in questo intento. Devi concentrarti su tutte le possibili disgrazie che potranno succedere a tuo figlio. È meglio imparare a farlo fin da quando il bambino è molto piccolo, anzi, fin da quando è nella culla. Osservalo e applica la tecnica dell'"Attenzione negativa". Concentrati sulla sua respirazione, guarda attentamente la sua pelle, non tralasciare nessuna parte del suo corpo. Potrai trovare qualche indizio che può, anzi, deve preoccuparti. Pensa a tutte le possibili malattie che potrà avere e consulta immediatamente il medico al primo lievissimo indizio di malattia. Appena il bambino cresce devi iniziare a ripetergli frasi del tipo: "Stai ben attento a non farti male!" "Come stai?" "Stai attento a non andare lì...".

L'obiettivo di questa fase è riuscire a portare il tuo bambino a dirsi frasi del tipo: "È meglio che non affronti quella situazione, perché potrò star male". Il bambino deve imparare a non affrontare le situazioni che gli creano ansia o disagio. Così facendo, lo renderai molto vulnerabile e sensibile a ogni difficoltà della vita e lo potrai tenere sempre sotto la tua influenza. Perché dovrà rivolgersi sempre a te e questo suo comportamento ti potrà fare molto piacere.

Vediamo come devi fare per educarlo a utilizzare un "dialogo interno" che lo renda apprensivo. Inizialmente, devi insegnargli a temere le proprie risposte emozionali di fronte a qualunque difficoltà. Se inizia a provare ansia, incoraggialo subito a dirsi "Devo subito andar via, non devo affrontare la situazione". Così diventerà ben predisposto a sviluppare paure e fobie.

Strettamente legata a questa fase è la seguente, in cui devi esercitare una protezione continua su tuo figlio.

Fase 2 - Proteggilo

Forse è meglio parlare di iperprotezione, in quanto a cercare di proteggere il proprio figlio lo fanno, almeno è auspicabile, tutti i genitori. La tua protezione deve essere più incisiva, più assidua. Vediamo come devi comportarti. Inizia a pensare che il mondo è molto ostile ed è sicuramente pericoloso per tuo figlio. In questa fase non farti influenzare da altri genitori che hanno uno stile educativo più permissivo, cioè che lasciano ai figli più autonomia. Sono degli incoscienti! È utile, quando si vuole "proteggere", dare continuamente consigli che devono essere sempre gli stessi e ripetuti molte volte.

Le aree in cui devi dare consigli sono:

— Sul vestiario;
— Sull'alimentazione;
— Per la strada;
— Con i compagni;
— Nell'attività sportiva.

Queste aree sono puramente indicative, puoi utilizzarne anche altre.

Le frasi da utilizzare sono del tipo: "Quando giochi con i tuoi compagni, vedi di non sudare troppo" o "Stai attento a non affaticarti troppo, può non farti bene". Non è detto che queste frasi abbiano l'effetto voluto, cioè che tuo figlio si comporti come tu vuoi. In tal caso, è utile impedirgli che corra dei rischi e quindi non mandarlo più a giocare con gli altri bambini o in piscina, tienilo sempre vicino a te. Dalla seconda fase si passa rapidamente a insegnargli a lamentarsi.

Fase 3 - Insegnagli a lamentarsi
In questo momento del programma, tuo figlio deve imparare che è indispensabile lamentarsi se nella vita le cose non vanno come lui si aspetta. Per ottenere questo risultato, è importante che tu gli "rinforzi" con l'attenzione ogni possibile inizio di lamentela. Così facendo aumenterà la probabilità che si lamenti continuamente. Vediamo come devi procedere.

Il ragazzo arriva a casa, ormai è cresciuto e ha otto anni, e dice lamentoso: "L'insegnante mi ha detto che non ho studiato". Devi immediatamente rinforzare questo comportamento, se lo ignori rischi che il ragazzo non si lamenti più. Infatti un comportamento che non è rinforzato si estingue. Digli immediatamente: "Poverino, ci sei stato molto male?" Continuate a rinforzare ogni sua successiva lamentela, come nel seguente dialogo:

FIGLIO: "Sì, sono stato male e ho fatto una brutta figura".
GENITORE: "Ma l'insegnante è stata dura con te?" - Continua a rinforzare con l'attenzione.
FIGLIO: "Sì, mi ha sgridato di fronte a tutti!"
GENITORE: "Andrò a parlare all'insegnante, non si tratta così un bambino sensibile come sei tu!"
Questo è un potente rinforzo di approvazione.
Puoi anche insegnargli a lamentarsi mentre mangia. Appena

si lamenta di un cibo che non gli piace, dagli immediatamente ragione e offrigli un cibo di suo gradimento. Aiutare il figlio a lamentarsi è anche particolarmente utile per il successivo programma "Come aiutare il figlio a diventare capriccioso e insoddisfatto". Da adulto il nostro bambino riuscirà senza difficoltà a lamentarsi di tutto. Si lamenterà se avrà troppo o troppo poco lavoro, dichiarerà che è sempre molto stanco, che la salute non va molto, che i colleghi sul lavoro non vanno bene e che lo disturba il cane del vicino.

Fase 4 - Trasferiscigli qualche paura

Per ultimo, puoi insegnare a tuo figlio ad avere delle paure. A questo punto del programma sarai già riuscito ad avere un figlio ansioso. Avere una buona ansia di base è un vantaggio, perché è possibile insegnargli più rapidamente ad avere alcune paure. È particolarmente facile educarlo alle semplici paure come quella degli animali, dell'acqua o del parlare in pubblico. Naturalmente è più semplice insegnargli le paure che tu già hai. In questo caso non devi assolutamente impegnarti, è sufficiente che tuo figlio ti osservi in una situazione che ti crea ansia e vedrai che imparerà immediatamente ad avere la tua stessa paura o una analoga. In questo modo una madre è riuscita a insegnare al figlio la paura dei cani e un padre ha convinto il figlio che prendere la funivia è pericoloso.

Se lo desideri, puoi anche creargli paure più complesse e articolate, come la paura delle malattie, dei luoghi chiusi o di contaminarsi. Devi ricordarti che più riuscirai a "evitargli ogni dispiacere o sofferenza" maggiormente riuscirai nel tuo intento, cioè avere un figlio ansioso, pauroso e dipendente da te.

Come avere un figlio insicuro (Il buon figlio)

«Ho sempre paura di sbagliare. Mi domando continuamente se mi sono comportato bene. Sono sempre preoccupato di ciò che gli altri possono pensare di me e il giudizio altrui mi assilla. Questo è il mio carattere. Sono fatto così. Ora, a vent'anni, mi rendo conto che tendo a subire gli altri. In fondo, sono una persona decisamente mite. Mi ricordo ancora l'insegnante delle elementari che mi additava come esempio per gli altri bambini, anche se io non l'ho mai desiderato, né mai mi sono sentito un esempio per gli altri. Sì! Ho sempre fatto il mio dovere, questo è vero. Sono sempre stato un buon alunno e non ho mai trasgredito le regole che mi venivano date. Non trasgredisco per mia volontà, ma semplicemente perché, se non mi comporto come gli altri si aspettano da me, provo un intenso disagio, mi sento in colpa. Ed è questa colpa che decide per me.

Certe volte mi dico "Devi cambiare" ma, appena me lo dico, mi sento in colpa. Cambiare vuol dire trasgredire, vuol dire opporsi a un'educazione che i miei genitori mi hanno dato. In ogni caso non so neanche come dovrei cambiare. Ho provato a fare un elenco di come dovrei comportarmi. Per farlo, ho osservato attentamente i miei amici che considero sicuri e decisi. Ma nel compilarlo mi sono fermato alle prime voci:

— Trovarmi a mio agio con tutte le persone;
— Affrontare una situazione con decisione e vedere come va a finire;
— Non continuare ad arrovellarmi la mente con inutili dubbi;
— Non preoccuparmi…

Potrei continuare l'elenco ancora per molto, ma non mi serve, perché io sono come sono».

Se vuoi avere un figlio sottomesso e insicuro devi seguire con attenzione il programma denominato: "Il buon figlio". Riuscirai certamente nel tuo intento e, al termine del programma, avrai un figlio sottomesso e molto ubbidiente. Condividerà totalmente i tuoi punti di vista e le tue credenze. E, ciò che è più importante, non ti contesterà mai. Avrà, probabilmente, dei brevi momenti di opposizione, ma se applichi con attenzione e costanza le tecniche consigliate, potrai portare a felice esito il programma.

Buona manipolazione.

Fase 1 - Fallo sentire colpevole

Come è possibile far sviluppare un buon senso di colpa a tuo figlio? Non è particolarmente difficile, è importante, come sempre, iniziare fin da quando il figlio è piccolo. Ciò che più conta è impiegare frasi adatte a ogni età. Ovviamente le frasi non bastano, diventa determinante utilizzare adeguati comportamenti non verbali, quali lo sguardo, la mimica e la voce. Tutti questi comportamenti non verbali devono avere un obiettivo ben preciso: il tuo bambino deve sentirsi colpevole se non si comporta come vuoi tu. In questa prima fase si deve iniziare a sviluppare nel bambino un senso di disagio. Creare disagio ha un grande vantaggio, vediamo la seguente sequenza:

— Il bambino non si comporta come riteniamo sia giusto;
— Usiamo frasi o comportamenti non verbali che creano disagio;
— Il bambino avverte disagio;
— Per ridurre il proprio disagio il bambino si comporta come noi vogliamo;
— Noi rinforziamo il bambino dicendo: "Sei un bravo bambino, quando ti comporti bene".

Il bambino impara rapidamente che, per evitare di essere colpevolizzato, è sufficiente non entrare in contrasto con i genitori. Un'avvertenza. La tecnica della colpevolizzazione non va mai abbandonata anche quando il bambino cresce. Secondo le fasce di età possono impiegarsi frasi differenti, anche se alcune vanno sempre bene. Vediamole.

Per l'infanzia: "Comportandoti così fai star male la mamma". "Sei un bambino cattivo, ci fai soffrire". "Non farci fare delle brutte figure";

Per l'adolescenza: "Pensa ai sacrifici che stiamo facendo per te! Non sei riconoscente". "Pensi sempre e solo a te stesso, sei un egoista";

Per la giovinezza: "Sai che sto male fino a quando non arrivi a casa". "Guarda quanto dobbiamo lavorare per mantenerti agli studi!";

Per la maturità: "Telefoni solo quando hai bisogno". "Ti sei dimenticato di tua madre?" "Sai che se non mi telefoni sto in pena".

Per meglio esercitarsi a utilizzare le frasi colpevolizzanti, cioè per avere sempre la frase giusta a seconda della situazione, alcune persone le hanno divise per tipi di rapporto in relazione al tipo di legame con gli altri o al tipo di attività, ad esempio: con familiari, gli amici o gli estranei, oppure a scuola, nei lavori domestici, nel tempo libero e in altri eventuali interessi.

A puro titolo esemplificativo, le seguenti frasi sono particolarmente efficaci:

"Tu sarai il chiodo della mia bara";

"Quale bastone della vecchiaia, tu mi spingi per terra!";

"Se non ci fossi io, tu affogheresti in un bicchiere d'acqua";

"Non hai mai un attimo di tempo per me!"

Un altro valido sistema colpevolizzante può essere l'impiego della malattia. Mi racconta un mio cliente: «Ogni volta che vado da mio padre per discutere di lavoro e gli presento le mie idee, se lui non è d'accordo con me, mi guarda con occhi tristi e dimostra di essere molto avvilito. Poi prende dalla tasca una scatolina e ne estrae una pastiglietta bianca e mi dice: "Sai, è per il cuore". Poi mi guarda nuovamente e io leggo sul suo viso non disapprovazione ma una profonda tristezza e dice: "Cosa mi stavi proponendo?" Io non ho mai saputo se quelle pastigliette erano delle medicine o semplici pastiglie alla menta, ma in ogni caso hanno sempre avuto su di me l'effetto voluto. Ho sempre ceduto a mio padre».

A questo punto del programma devi sapere che queste frasi possono essere impiegate con successo anche con il partner (vedi lo specifico capitolo).

Ora, non dimenticare i comportamenti non verbali. Ogni frase deve essere seguita da adeguate espressioni, quali: profondo dolore, grave disapprovazione, rancore o tristezza.

Individua le frasi e le espressioni mimiche che hanno più effetto e non cessare mai di usarle!

Fase 2 - Inferiorizzalo

In alcuni casi ci si può fermare alla colpevolizzazione che, come tecnica, garantisce ottimi risultati. Ma se desideri realmente legarlo totalmente a te, in modo da essere sicuro che non sviluppi la minima indipendenza, devi impiegare la tecnica dell'"inferiorizzazione", che è decisamente potente.

Con questa tecnica tu puoi riuscire a insegnargli una cosa fondamentale: che qualunque cosa faccia è sbagliata. Ecco che allora tuo figlio svilupperà una buona insicurezza, avrà sempre paura di decidere e dipenderà completamente da te. Ho visto uomini di quarant'anni dipendere ancora completamente dal padre. Dovevano interpellare il genitore ogni volta che dovevano prendere una decisione. Questo è il caso di Andrea che mi dice: "Ora mio padre ha più di ottant'anni. Da alcuni anni vive al mare e non segue più l'azienda di famiglia, ma per me è sempre come fosse presente sul lavoro e io devo telefonargli per ogni decisione importante. Sono consapevole che non mi può essere realmente d'aiuto e spesso mi dà consigli sbagliati, ma io ho troppo paura di decidere da solo!"

Come per la tecnica della colpevolizzazione, anche l'inferiorizzazione va applicata quando il bambino è piccolo, in modo da essere certi che non possa in seguito ribellarsi.

Vediamo come applicare correttamente la tecnica:

— Il bambino è impegnato in qualche compito;
— Uso una frase del tipo: "sbagli sempre nel fare le cose!";
— Il bambino prova disagio;
— Gli dimostro che non è capace;
— Il bambino si convince di essere un incapace.

Ora il bambino sa che deve dipendere dal genitore per ogni sua azione o decisione.

Nell'applicare questa tecnica, è necessario stare attenti ad alcuni effetti collaterali. Mi racconta una signora: «I miei genitori, specialmente mio padre, usavano l'inferiorizzazione, e io ho capito che potevo girare la tecnica a mio vantaggio. Ho sviluppato un mio modo di agire che è possibile sintetizzare nella seguente affermazione: "Anche se sai fare una cosa, dichiara sempre di non saperla fare, troverai altri che la faranno per te!" Ne ho avuto sempre dei grandi vantaggi».

Vediamo, ora, un breve elenco di frasi utili. Ricordo come sia importante abbinare alle frasi espressioni non verbali quali: disappunto, ironia, sarcasmo, etc.

Frasi inferiorizzanti generiche:

"Gli altri riescono e tu no!";

"Sei un buono a nulla!";

"Non sei capace di far nulla, anche in queste piccole cose!";

"Da te non c'è d'aspettarsi nulla di buono!";

"Com'è possibile che tu non riesca in cose così semplici!";

"Sbagli sempre!";

"Non cambierai mai!";

"Te l'avevo detto!"

Possono, come per la colpevolizzazione, essere elaborate specifiche frasi. Devi averle sempre pronte da utilizzare fino a che il loro impiego ti sarà automatico. Individua le aree da inferiorizzare (lavoro, scuola, etc.) e scriviti le frasi più incisive. Nell'educazione nulla deve essere lasciato al caso, tutto deve essere ben programmato.

La fase successiva serve per consolidare le precedenti, non è molto facile da usare, perché richiede molta attenzione e bisogna essere un po' "subdoli", ma tutto è fatto, come sempre, a fin di bene.

Fase 3 - Usa la benevolenza

La tecnica della benevolenza può dare notevoli risultati, non permette al bambino di opporsi ai genitori. Un ulteriore vantaggio di questa tecnica è dovuto al suo possibile impiego indipendente dalle fasi e dalle tecniche precedenti. Il presupposto della "benevolenza" è il seguente: "È possibile competere con le persone che ci criticano o colpevolizzano, ma diventa molto difficile con chi dichiara di volerci bene, e tutto ciò che fa o dice è dettato solo ed esclusivamente dal bene che prova per noi". Il tutto potrebbe essere sintetizzato nella frase: "Io ti capisco e sono sempre dalla tua parte, sono interessato solo e sempre al tuo esclusivo bene" e non va mai dichiarato l'intento che è "Tu devi fare come voglio io, perché io so ciò che è giusto".

Sia la "colpevolizzazione" che "l'inferiorizzazione" sono tecniche che è abbastanza facile riconoscere immediatamente, la "benevolenza" ha il vantaggio di essere più subdola e, quindi, meno individuabile.

Vediamo il seguente dialogo:

FIGLIO: "Vorrei andare a fare un viaggio con il mio amico Matteo, te ne avevo già parlato".

GENITORE: "Sì, mi ricordo che me ne avevi parlato, e capisco bene che per te sia un'esperienza piacevole e interessante".

In questa fase è importante dimostrarsi d'accordo e capire gli altrui bisogni, l'altro si sente rassicurato.

FIGLIO: "Sì, ho già discusso dell'itinerario con Matteo".

GENITORE: "Capisco, ma tu sei un ragazzo che non è abituato a viaggi così avventurosi e non ben programmati, non ti troveresti sicuramente bene!"

In questo momento è importante utilizzare la "sensibilizzazione negativa". Si deve porre il figlio di fronte a tutti gli eventuali rischi che potrà correre, gli si deve creare disagio.

Se si impiega bene la "sensibilizzazione negativa", il figlio potrà porre poche obiezioni. Le obiezioni, in ogni caso facilmente prevedibili, sono:

— "Ma se non provo, non riuscirò mai a sapere se sono realmente capace di affrontare nuove situazioni!";
— "Ma l'avevo già programmato, che figura faccio con Matteo?";
— "Ma gli altri genitori lasciano i figli liberi di agire…"

Ogni obiezione va sempre gestita senza opporsi. Evita le facili affermazioni del tipo: "Ascolta una persona che ha più esperienza di te" o "Alla tua età, io ho sempre ascoltato ciò che mi dicevano i genitori, senza stare tanto a oppormi".

Utilizza frasi del tipo: "Capisco perfettamente il tuo punto di vista, ma hai valutato attentamente...". "Hai fatto bene a parlarmene, così insieme possiamo discutere su molti aspetti che probabilmente tu avrai già considerato".

L'obiettivo da raggiungere è che il figlio sia del tutto convinto che la scelta è stata sua e che tu "per il suo bene" lo hai solo un po' guidato.

In questa fase devono essere applicate con attenzione le tecniche proprie della psicologia di vendita (vedi seguente capitolo).

Le fasi del programma sono state illustrate, ora sta a te scegliere come e quando applicarle. Ma ricordati che solo la costanza può dare validi risultati!

Come insegnare al figlio a essere pignolo (La perfezione)

«Sono molto orgoglioso di essere una persona così precisa e metodica. Devo realmente ringraziare i miei genitori per avermi insegnato come nella vita tutto deve essere ordinato. Io sono stato abituato a ordinare tutto. Quando vado a letto, ogni indumento deve essere al suo posto. Le scarpe appaiate e messe ai piedi del letto, i miei indumenti ripiegati sempre nello stesso modo e ordinati in modo meticoloso; nulla deve essere lasciato al caso, tutto deve avere un ordine ben prestabilito. Mi accorgo immediatamente se a casa mia una persona sposta anche lievemente un oggetto e mi arrabbio.

Ho trentaquattro anni e vivo da solo. Sì, ho avuto qualche ragazza, ma mi sono accorto che non sono molto precise. Io ho cercato di spiegar loro che nella vita la precisione è importante, ma loro, non essendo state ben educate, hanno preferito non ascoltarmi. Vivano pure nel loro continuo caos.

Ho imparato a ordinare anche i miei pensieri, che sono ben strutturati. Questo ordine mentale mi è di grande aiuto. Infatti, nessuno può cambiare le mie convinzioni. Alcune persone mi dicono che manco di fantasia e non sono creativo, ma quali possono essere i vantaggi di questa presunta creatività? Solo confusione e caos. Qualche volta posso star male, ma la colpa non è mai mia, è colpa delle situazioni che non sono come dovrebbero essere.

Ah! Se gli altri fossero più precisi, il mondo sarebbe ben diverso. Detesto ogni cambiamento, mi disturba anche semplicemente cambiar strada per un'interruzione. Non riesco a capire perché tutto debba cambiare, sul lavoro, poi, è un continuo cambiamento. Ma un fatto è certo, se tutto cambia, io non cambio!»

Insegnare al proprio figlio l'estrema precisione, la meticolosità e, perché no, la pignoleria non è molto facile. È più facile renderlo ansioso o timoroso (vedi i programmi precedenti). Tutti ci possono riuscire. Chi non prova un po' d'ansia o non sperimenta l'incertezza?

Il programma articolato in due fasi è denominato "La perfezione". Ma per seguirlo bisogna essere predisposti. È necessario controllare e ricontrollare il proprio figlio e poi lasciare che ci osservi. Se siamo dei buoni modelli, lui imparerà, anno dopo anno, a diventare come noi. Potrai, volendo, insegnare a tuo figlio a sviluppare maggiormente l'ipercritica verso se stesso o verso gli altri. Nel primo caso avrà spesso dubbi e incertezze sul proprio operato, nel secondo controllerà gli altri e diventerà pedante. Durante il tuo insegnamento, rari saranno i momenti di opposizione, come invece può accadere per gli altri programmi. Questo è un programma sicuro, che lascia i suoi indelebili segni.

Fase 1 - Insegnagli l'iper-ordine

Tuo figlio ha pochi anni, ed è questo il momento giusto per insegnargli che nella vita tutto deve sempre essere al suo posto, tutto deve avere un ordine prestabilito e nessuna persona o situazione può o deve cambiare l'ordine. In questo programma tu devi essere il suo modello. Ricordo che è necessaria un po' di predisposizione per poter applicare il programma e ottenere indubbi successi.

Ho visto case di alcuni genitori esperti nell'iper-ordine, ma le ho potute vedere solo prestando una costante attenzione a tutto ciò che facevo e a come mi muovevo. È come essere sempre in un museo, dove sei sempre sotto l'attento controllo degli inservienti. Sono case stupende, tutto è sempre pulito, lucido. Le riviste sono perfettamente ordinate sul tavolo, non una sedia è minimamente fuori posto. Si percepisce la tensione creata dall'iper-ordine, hai paura a sederti sul divano, senti che è sufficiente la tua presenza a creare disordine.

Questo è l'ambiente ottimale per istruire i figli. In questo programma non si utilizza né colpevolizzazione né inferiorizzazione, si deve essere sempre gentili con i figli, ma costantemente attenti. Vediamo la seguente sequenza educativa:

— Il bambino ha un giocattolo fuori posto;
— Il genitore, che osserva attentamente il figlio, gli si avvicina e gentilmente gli dice: "Fai così come faccio io" e incoraggia il bambino a riporre correttamente l'oggetto;
— appena il figlio esegue, devi dirgli: "Sei un bravo bambino".

Il bambino impara rapidamente e tu devi proporgli sempre gradualmente un successivo compito, ad esempio ordinare i giocattoli in base alle loro dimensioni.

Ho visto la camera di una bambina di otto anni, la cui madre aveva seguito con attenzione il programma sull'iper-ordine. Tutti i suoi libri erano ordinati su uno scaffale in base alle loro dimensioni, la scrivania sembrava quella di un dirigente d'azienda modello e l'angolo dei giochi era simile a una sala operatoria.

In questo caso il marito aveva iniziato a opporsi al programma, perché diceva che tutto questo iper-ordine gli creava un po' di disagio. Ma la moglie, con pazienza, era riuscita a coinvolgerlo. Anche se, a mio parere, lui non era molto convinto della validità del programma. Ogni tanto si lamentava.

Ora puoi passare alla seconda fase che è il consolidamento della precedente.

Fase 2 - Creagli schemi mentali
In questa fase tuo figlio deve fare suo il tuo comportamento e il tuo modo di pensare. Deve iniziare ad avvertire ansia ogni qual volta gli oggetti o le situazioni siano in qualche modo "fuori posto". Tuo figlio deve avere bene in mente precisi schemi in cui ordinare ogni cosa. Tu puoi fare molto per aiutarlo. Se osservi una situazione in cui qualche cosa è, a tuo giudizio, fuori posto, devi farlo notare subito a tuo figlio. Questo atteggiamento di ipercritica può essere esteso in due direzioni, cioè verso gli altri o verso se stessi. Verso gli altri, puoi far osservare dove vi sono degli sbagli nel comportamento di conoscenti o amici, nei locali pubblici, nel giardino del vicino, etc. Verso se stesso, puoi metterlo in guardia sugli eventuali errori che può compiere nel compilare un modulo, nell'inviare una lettera, nel preparare una lezione, nello scrivere un tema, etc.

Con il tempo tuo figlio riuscirà ad avere bene in mente cosa è "giusto" e cosa è "sbagliato". Progressivamente la sua mente sarà diventata come tanti programmi di computer, dove automaticamente viene segnalata l'anomalia con la parola "ERRORE".

Sarà sempre più rapido nell'individuare gli "errori"; ne troverà molti sia negli altri che in se stesso, e la sua ricerca dell'errore non avrà fine.

Per verificare se tuo figlio si sta muovendo nella giusta direzione, ecco cosa constatare nel suo comportamento:

— Individua un oggetto non al posto giusto;
— Prova immediatamente disagio e lo deve mettere a posto;
— Lo rimette a posto;
— Si allontana, si ferma, sembra perplesso;
— Torna indietro e ricontrolla;
— Posiziona nuovamente l'oggetto.

Se osservi questa sequenza, puoi essere sicuro che tuo figlio sta diventando meticoloso.

Questa iperprecisione potrà aiutarlo anche sul lavoro, dove controllerà e ricontrollerà tutto e quando arriverà a casa dopo un'intensa giornata lavorativa, ripenserà al lavoro svolto e riuscirà a preoccuparsi dicendosi: "E se ho commesso un errore?"

Se hai lavorato con attenzione su tuo figlio, a questo punto del programma, sarà anche in grado di rivolgere la sua meticolosità verso gli altri a cui spiegherà sempre ciò che devono fare. Gli altri lo considereranno un po' noioso e cercheranno di evitarlo, ma, se tuo figlio ha imparato i corretti schemi mentali, non darà loro ascolto, perché saprà di essere nel giusto.

Come avere un figlio capriccioso e insoddisfatto (Tutto per me)

«Anche se ho solo cinque anni, ho già imparato molte cose. Io sono un bambino che, quando vuole una cosa, la ottiene. So che piangendo o lamentandomi prima o poi gli adulti cedono e fanno come voglio io. Ho capito che è più facile con i miei nonni che, non appena inizio a piangere, mi dicono subito: "Ti compriamo cosa vuoi". Ciò che voglio, lo voglio e basta. L'insegnante della scuola materna mi sgrida quando strappo un giocattolo dalle mani di un altro bambino e l'altro piange. Ma non capisco il perché. Se un giocattolo mi piace, lo devo avere e cosa c'entra che ci stia giocando un altro bambino, se mi piace, io lo devo avere, mi sembra normale. Ho anche capito che, quando mia madre mi dice di "No!", non riesco a farle cambiare parere, ma so che, se vado da mio padre e gli faccio la stessa richiesta, lui mi dice di "Sì". Poi vedo sempre mia madre che si arrabbia con mio padre e dice: "Non puoi dargliele sempre tutte vinte, non si educa così un bambino!" Ho anche capito che queste discussioni tra mia madre e mio padre sono del tutto inutili, perché mio padre risponde quasi sempre: "Sì hai ragione, ma mi dispiace vederlo così contrariato". Mia madre continua a rimproverarlo su come mi sta educando e ormai so a memoria cosa si dicono. L'aspetto divertente è che si arrabbiano tra loro e io continuo a fare sempre ciò che voglio. In ogni caso, a me sembra di essere stato ben educato. Cosa c'è di meglio che ottenere sempre tutto ciò che si vuole? Sono un bambino molto attento, che capisce subito gli adulti. Quando mio padre arriva tardi a casa ed è stanco dal lavoro, so che è un buon momento per ottenere ciò che voglio. Ogni tanto mio padre si arrabbia, ma poi so che si sente in colpa, se mi vede piangere. Io aspetto, è solo questione di tempo, dopo un po' lui cede.

Ora, a sei anni, ho imparato che più ti arrabbi o piangi e più riesci a "vincere". E per giungere alla vittoria, vi garantisco, non ci si preoccupa molto degli altri».

Questo programma denominato "Tutto per me" è di facile attuazione. Ho visto che molti genitori sono riusciti a seguirlo senza sforzarsi molto. Alcuni genitori mi hanno detto: "È fin troppo semplice, è sufficiente comportarsi naturalmente, non è necessario un particolare esercizio". Ma devi stare attento, non mandare troppo il bambino alla scuola materna, perché rischia di imparare ad accettare il punto di vista degli altri e sviluppare un comportamento più sociale. L'obiettivo del programma non è questo: il bambino deve imparare che "tutto" deve andare come vuole lui. Sì, forse, da adulto potrà avere delle difficoltà, ma è inutile che ti preoccupi ora. Da adulto troverà validi psicologi pronti ad aiutarlo.

Ma questa è un'altra storia.

Fase 1 - Fin dalla culla
Vediamo come è possibile applicare con successo alcune tecniche di base (il rinforzo positivo e negativo) con tuo figlio di pochi mesi. Un neonato può già imparare rapidamente a diventare capriccioso. Ogni volta che lo metti nella culla il bambino inizia a piangere, tu lo prendi in braccio e lui smette di piangere. Dopo pochi minuti lo rimetti nella culla e ti allontani. Lui immediatamente riprende a piangere. Hai già consultato il pediatra, che dopo un'accurata visita, ha detto che il bambino sta bene e non ha nessun problema.

"È normale che il bambino pianga quando ha fame", dice il pediatra. La fame è un potente bisogno che va immediatamente soddisfatto.

Ora il bambino ha mangiato e sta bene, lo poni nella culla e dopo poco inizia a piangere. Tuo figlio ha imparato rapidamente che quando piange tu accorri, gli dai il cibo, ma anche carezze e attenzione che sono dei potenti rinforzatori positivi. I rinforzi positivi come il cibo o l'attenzione possono incrementare un comportamento. Lui ha imparato che può averti sempre vicino ogni volta che piange, anche quando non ha più fame. Il pianto è per te una situazione di disagio, cioè un rinforzo negativo, a cui sei costretta a ubbidire.

Tuo figlio impara rapidamente e, per consolidare il suo apprendimento e renderlo permanente, devi procedere nel seguente modo:

— Il bambino inizia a piangere (non per fame). Il suo bisogno è la tua presenza;
— Il pianto del bambino ti crea disagio (rinforzo negativo). Tu non puoi sottrarti al rinforzo negativo;
— Corri immediatamente dal bambino e lo prendi in braccio (rinforzo positivo);
— Il bambino smette di piangere;
— Tu hai ridotto il tuo disagio e il bambino ha rapidamente imparato a piangere per averti vicino.

Questa sequenza è molto rapida: tu impari ad accorrere al pianto del bambino e lui ha imparato che urlando ottiene ciò che vuole.

Il passo successivo è quello di non dare chiare regole a tuo figlio, cioè lui deve capire che il "No" può essere trasformato in "Sì". In ogni caso anche tu hai imparato che, quando tuo figlio si lamenta, tu devi immediatamente cedere, in caso contrario tuo figlio continua a urlare. Un bambino che piange o urla fa sempre pena, sta soffrendo e tu devi porre immediatamente fine alla sua sofferenza. Cedi costantemente alle sue richieste, più cedi e più ti avvicini all'obiettivo del programma, cioè farlo diventare capriccioso.

Non ti preoccupare se ogni tanto decidi di far rispettare a tuo figlio delle regole e, per ottenere che ti ubbidisca, ti arrabbi con lui, lo sgridi e usi frasi urlate quali: "Ti ho detto di No! e ora basta, non sopporto più i tuoi capricci!" Puoi essere certo che il programma non avrà dei ritardi, perché tuo figlio ha già imparato che, se ti imponi una volta, per altre dieci cedi.

Nella fase successiva devi insegnare a tuo figlio che la migliore modalità di comunicazione tra due persone è la lite familiare.

Fase 2 - Fallo assistere alle liti familiari

In questa fase i genitori devono essere consapevoli che può essere molto utile per il figlio assistere alle liti di famiglia. Nella prima fase gli hai insegnato a diventare capriccioso, nella seconda impara che nella vita non deve accettare il punto di vista degli altri, non dialogare ma imporsi. La lite familiare diventa un utile strumento educativo. Non ascoltare a questo punto amici o conoscenti che ti dicono: "Non si deve mai litigare di fronte ai figli, i problemi sono della coppia e i figli non devono subirne le conseguenze". Le persone che tendono a comportarsi in questo modo non vogliono certo porsi come modelli per i loro figli nell'insegnare loro l'importanza della lite.

I momenti per iniziare a litigare sono molti. Alcuni genitori esperti del programma, consigliano che è realmente valido iniziare a litigare appena si è a tavola, diventa più difficile per il figlio sottrarsi al litigio. Alcuni, nel seguire il programma, hanno dichiarato che litigare, in questo specifico momento, può creare alcuni problemi digestivi. Tu puoi utilizzare anche la cattiva digestione, che la lite ti causa, come valido motivo per iniziare un buon litigio. Nel tuo programma educativo puoi fermarti alle prime due fasi, quella successiva puoi considerarla un'ulteriore specializzazione. Non tutti i genitori possono riuscirci bene, perché è necessario essere un po' nevrotici, con frequenti sbalzi d'umore.

Fase 3 - Creagli un po' di nevroticismo

In questa fase puoi aiutare tuo figlio a diventare un po' nevrotico. Diventando nevrotico soffrirà nella vita, ma farà anche soffrire le persone a lui vicine. Per ottenere questo risultato è importante che tu ti eserciti, se già non ci riesci, ad avere frequenti sbalzi d'umore. Devi impegnarti ad avere un umore fluttuante, ad esempio al mattino negativo, di pomeriggio positivo, di sera nuovamente negativo. Scegli tu la sequenza, ma devi variarla continuamente. Variare la sequenza ha un grande vantaggio: il tuo comportamento non sarà mai prevedibile. Così facendo riuscirai a disorientare tuo figlio che starà sempre in uno stato di costante disagio. Anche in questa fase è importante iniziare quando tuo figlio è piccolo. Vediamo come devi procedere:

— Arrivi a casa dal lavoro;
— Tuo figlio ti corre incontro;
— Alterna il tuo comportamento: una volta sorridigli e dedicagli attenzione (rinforzo positivo), un'altra dimostrati disturbato dalla sua presenza e allontanalo (punizione).

Puoi anche assumere contemporaneamente questa doppia e contraddittoria comunicazione: a livello verbale invitalo a mostrarti affetto e a livello non verbale mostrati infastidito o, addirittura, scostante. Dopo un breve periodo di questo addestramento tuo figlio non saprà più bene come deve comportarsi e sarà sempre teso.

Continua così negli anni successivi. Se ti viene a chiedere un consiglio, una volta prestagli attenzione e la volta seguente ignoralo. Questa alternanza di comportamenti aiuterà tuo figlio a essere progressivamente di cattivo umore e a essere, spesso, insoddisfatto. Inizia a non sapere cosa vuole, non capisce bene ciò che lo può interessare.

Riepiloghiamo i passi che devi seguire:

— Insegnandogli a diventare capriccioso lo aiuterai a imporsi sugli altri, a non accettare il punto di vista altrui e a non modificare la propria opinione. Questi comportamenti possono essere meglio consolidati facendolo assistere ai litigi familiari, dove non si raggiunge mai un punto d'accordo. Da adulto tuo figlio potrà avere dei buoni momenti di sconforto, perché non sempre otterrà ciò che vuole. In ogni caso, potrà indirizzare le abilità che ha appreso, cioè litigare e arrabbiarsi, nel settore della politica, dove, spesso, questi sono comportamenti molto apprezzati;

— insegnandogli ad avere sbalzi d'umore, imparerà a vedere in modo negativo l'ambiente che lo circonda e, in alcuni momenti, anche se stesso. Così sperimenterà frequenti momenti in cui non sarà motivato all'azione ed entrerà in uno stato di sconforto e di insoddisfazione cronica.

Come far soffrire il partner

Hai iniziato un rapporto da poco tempo? Sei fidanzato da qualche mese o sposato da anni? Ti sembra che il rapporto stia andando bene? Ma cosa intendi per "bene"? Sì, può essere importante il tempo di conoscenza del nostro partner, ma spesso il tempo non è un valido alleato, anzi, aiuta a incrinare il rapporto, a dargli un indirizzo non previsto, oppure previsto per noi ma non dal nostro partner. Ecco allora che diciamo frasi del tipo: "Io mi rendo conto di essere cambiato, ma non il mio partner. È un rapporto che non mi stimola più". "Mi aspettavo che col tempo il mio fidanzato potesse cambiare, ma ciò non è successo". "Sono sempre io a dover cedere, lei non fa mai un passo nella mia direzione". Cosa intendiamo realmente per "il rapporto sta andando bene"? Intendiamo che vada "bene" per noi. Sì, alcune volte ci diciamo: "Lo sto facendo per il suo bene, io lo amo realmente, in modo totale". Ma poi come ci comportiamo realmente? Ci arrabbiamo, se non si comporta come ci aspettiamo. Possiamo anche dirci: "Voler bene a una persona vuol dire accettarla per com'è, ed essere soddisfatti del suo bene". Ma siamo realmente convinti di questa affermazione? Se lo siamo, perché allora continuiamo a star male? Lei continua, ai nostri occhi, a essere esattamente quello che è, e noi, proprio per questo, continuiamo ad arrabbiarci con lei.

Il fatto è che noi vogliamo che le nostre aspettative sul rapporto si avverino e che tutto proceda in modo lineare. Ma questo, spesso, non succede, le situazioni cambiano velocemente e anche noi modifichiamo il nostro modo di pensare o comportarci. Vi sono momenti in cui vorremo che il nostro rapporto fosse diverso, che il nostro partner cambiasse e che il rapporto potesse evolversi e migliorare. Almeno migliorare nella direzione che noi riteniamo giusta. Per far evolvere il rapporto, per mantenerlo stabile o per modificarlo ci impegniamo con assiduità, lottiamo. Ma in questo modo facciamo soffrire il partner o soffriamo insieme a lui o lei. Allora cosa c'è di meglio che strutturare la nostra azione e non lasciarla al caso? Esercitiamoci in modo continuativo ad applicare tutte le possibili tecniche per "vincere" e quindi far soffrire il partner. Vediamo cosa possiamo fare:

— Creargli delle false aspettative, illuderlo e farlo diventare ansioso;
— Criticarlo assiduamente per farlo cambiare;
— Ignorarlo e non prestargli la minima attenzione;
— Cambiare spesso d'umore, in modo da non rendergli prevedibile il nostro comportamento;
— Prestargli una continua ed eccessiva attenzione, cioè "colmarlo d'amore".

Verso il mal d'amore (Vivere da piccioni)

«Non capisco cosa mi sta succedendo, non mi sono mai comportata così. Mi sento profondamente depressa e piango per un nonnulla. Non sono una ragazzina, ho trentacinque anni e questo non è il mio primo rapporto affettivo importante. Ho avuto diversi uomini. Sì, ho avuto alcune difficoltà in qualche rapporto, ma quando vedevo che il mio partner non mi soddisfaceva, lo lasciavo senza difficoltà. Ora sto male e continuo a pensare all'uomo che frequento da circa un anno e continuo a ripetermi: "Perché si comporta così con me, mi trascura, mi fa una promessa e poi non la mantiene? Io gli voglio bene, mi sono sempre comportata correttamente nei suoi confronti". Questi pensieri mi assillano, so che dovrei porre fine al nostro rapporto o meglio al rapporto che io ho con lui. Perché, ora, non sono neanche più sicura che lui abbia un rapporto con me. Ci vediamo una volta alla settimana e facciamo l'amore. Ma a me non basta, voglio qualche cosa di più da un rapporto. Io spesso gli chiedo: "Cosa sono io per te? Cosa rappresento? Perché all'inizio del nostro rapporto facevamo molte cose insieme? Perché non mi dici che non ti interesso più?" Lui è sempre vago nelle sue risposte, anzi, sembra che le mie domande gli diano solo noia. Tante volte ho preso la decisione di lasciarlo e, ogni volta, ne ero convinta. Poi, ecco, una sua telefonata e io immancabilmente corro da lui.

Sono consapevole che sto facendo il suo gioco, ma non posso fare a meno di lui, io gli voglio bene!»

Vuoi che il partner stia al tuo gioco?

Il tuo partner sta aspettando una tua telefonata o si è liberato per te per un week-end? Sei consapevole che ha bisogno di te, che desidera vederti? Bene! Sei sulla giusta strada: non telefonandogli o annullando all'ultimo momento il week-end

potrai farlo soffrire e creargli molta ansia. Ma, se vuoi controllare totalmente il tuo partner e portarlo ad avere un continuo
bisogno di te, segui il programma denominato "Vivere da piccioni". Otterrai degli ottimi risultati.

Fase 1 - Individua i suoi bisogni

Perché il programma "Vivere da piccioni"? In determinate occasioni siamo un po' tutti dei piccioni.
Al riguardo va ricordato un noto esperimento di Skinner. Si
mette un piccione in una scatola e all'altezza del suo becco vi
è un pulsante. Quando lo becca, gli arriva un chicco di cibo.
Il beccare è un comportamento naturale del piccione. Quando
viene messo nella gabbia si vuole abituarlo a centrare il pulsante.
Quando gli va vicino ha subito il cibo, poi, per piccoli passi gli si
dà il cibo man mano che si avvicina al pulsante. Quando lo tocca
inizierà il programma per farlo beccare quanto si vuole: è stato condizionato. Perché becchi per ottenere il cibo, il piccione
deve avere un bisogno, deve essere affamato, in caso contrario
dopo le prime beccate si stufa e non becca più, è saturo.

In questo programma il nostro piccione è il partner, gli dobbiamo insegnare a beccare a nostro piacimento. Ecco perché
la prima fase del programma non deve essere saltata, è la fase
dell'indagine in cui si devono individuare i bisogni del partner.
Se per il piccione è importante il cibo, per l'altro può essere il
bisogno d'affetto, di sicurezza, di stima. Il bisogno non soddisfatto crea disagio e si cerca in tutti i modi di soddisfarlo. L'a-
nimale affamato va in cerca di cibo e chi è affamato di affetto o
sicurezza lo ricerca nell'altro. Questa è la persona giusta. Non
pensare di iniziare il programma con una persona autonoma o
indipendente, falliresti sicuramente.

Quelli che ci hanno provato hanno rischiato di diventare
loro i piccioni.

Vediamo come puoi individuare la persona giusta. Devi porle delle domande per capire come ragiona, il suo livello di autonomia, i rapporti che ha avuto nel passato. Alcuni, che hanno già provato il programma, hanno trovato vantaggioso rivolgersi a persone che sono appena uscite da una relazione negativa e sono bisognosi d'affetto. Ora che hai individuato la persona giusta, dalle una leggera spinta e mettila nella gabbia, è pronta per le altre fasi del programma.

Fase 2 - Procedi con cautela
In questa fase devi utilizzare in modo sistematico il "rinforzo". Se hai individuato, ad esempio, che il tuo partner ha bisogno di affetto prestagli immediatamente attenzione. Come per il piccione affamato il cibo è un rinforzo che aumenta e consolida il suo comportamento di beccata, così per il tuo partner l'affetto è un ottimo rinforzo, lo farà dipendere da te.

All'inizio devi procedere con cautela, rassicura e tranquillizza l'altro che non deve cogliere da parte tua la minima minaccia. Anche l'animale affamato che sta andando a caccia, se coglie il minimo pericolo, fugge.

In questa fase devi assecondare l'altro. Devi essere convincente. Il tuo vero modo di pensare non deve emergere. Saresti vissuto come una minaccia. Al contrario, asseconda il tuo partner, rassicurandolo, dandogli ragione (ma non troppo).

In questo modo attiverai maggiormente il suo interesse, il suo bisogno di affetto è già presente.

Questa è anche la fase del dubbio, delle incertezze. Tu devi prepararti a gestire, senza mai opporti, tutte le obiezioni.

Ad esempio:

— Non sono pronta per un rapporto;
— Ho paura di soffrire;

— Ho già un rapporto.

Puoi trovare molte altre obiezioni. In ogni caso, nel dare le risposte è sempre bene iniziare dicendo: "Capisco perfettamente il tuo punto di vista..." Questa tecnica, chiamata "annebbiamento", dà buoni risultati, riduce eventuali opposizioni. In questa fase hai messo il piccione in gabbia. Appena entrato era agitato, batteva le ali e ruotava su se stesso.

Ma ora si è abituato alla gabbia ed è pronto per iniziare la fase successiva.

Fase 3 - In ogni momento

In questa fase devi procedere per piccoli passi. Il piccione è nella gabbia ed è tranquillo. Inizia a beccare sulla parete dove vi è il pulsante. Un click ed esce subito il cibo da una fessura. Se ribecca nello stesso punto, niente cibo. Si aspetta, per dargli il mangime, che becchi più vicino al pulsante. Ha beccato il pulsante! Ora si vuole che il comportamento di beccata sul pulsante si consolidi. Si utilizza il rapporto 1:1, cioè a ogni beccata, subito un chicco di cibo.

Vediamo come devi procedere con il tuo partner. Quando gli telefoni dimostrati molto interessato ai suoi problemi, ascoltalo con grande attenzione. Sei nella fase del rapporto 1:1. In questo momento devi essere sempre disponibile. Fai un elenco di ciò che interessa il tuo partner.

Vediamo un breve elenco utilizzato da una persona esperta nel programma:

— Andare al cinema;
— Andare a sciare;
— Andare al ristorante cinese;
— Frequentare amici;
— Passare il week-end insieme;

— Passeggiare con il cane;
— Fargli complimenti sulla sua intelligenza;
— Coccolarlo e accarezzarlo;
— Dimostrargli interesse sessuale.

Individuati gli interessi del partner, soddisfaglieli immediatamente.

Un grave errore è rimanere troppo a lungo su questa fase. Pensa al piccione, se continui a dargli sempre del cibo, si satura e, non avendo più voglia di mangiare, smette di beccare. Se esageri nel dare affetto e attenzione, rischi di annoiare il tuo partner che perderà l'interesse per te.

Appena vedi che inizia a telefonarti con frequenza (più volte alla settimana) e sente la necessità di vederti, devi passare subito alla fase successiva.

Fase 4 - Ogni tanto

Ora il tuo piccione becca continuamente il pulsante. Sai che, se continui a dargli il cibo a ogni beccata, si sazierà e non beccherà più. Devi lasciargli sempre un po' di fame. Incomincia a dargli il cibo ogni 2, 3 o 4 beccate. Sei passato dal rinforzo 1:1 a quello variabile. Se procedi con gradualità, vedrai che, anche dandogli il cibo ogni 30 secondi, il piccione non smetterà di beccare. Si aspetta che prima o poi il cibo arrivi. Ogni tanto si potrà innervosire, potrà girare su se stesso o battere le ali. Ma, appena arriva il cibo, si tranquillizza.

In questa fase devi applicare con precisione il programma, non distrarti dal compito. Sei nel momento del rinforzo variabile e può essere facile sbagliare.

Se fai passare troppo tempo prima di dargli il cibo, il piccione potrà smettere di beccare (estinzione del comportamento). Questo è il rischio che puoi correre con il tuo partner. Se non lo rinforzi per un tempo prolungato, potrà andare a cercare da qualcun altro i rinforzi di cui ha bisogno.

Inizia a ridurre le telefonate e gli incontri. Il partner, come il piccione, si agiterà un po'. Niente paura, il programma lo prevede. Aspetterà con ansia la tua telefonata, potrà camminare avanti e indietro, sedersi o alzarsi. Potrà essere aggressivo quando gli telefoni. Non cedere in questo momento, perché la sua rabbia indica la sua dipendenza da te.

Se sei giunto a questa fase con progressione, vedrai che il tuo partner dipende totalmente da te.

Vediamo come puoi verificare se il tuo partner è stato ben addestrato:

— Appena gli telefoni è subito disponibile;
— Ti aspetta per delle ore;
— Soffre se non gli telefoni;
— Piange in tua presenza;
— Accetta di vederti sempre più raramente.

Quando il programma è stato ben attuato, è sempre più difficile che si verifichi un'estinzione del comportamento. Ritorniamo al nostro piccione. Immaginiamo di non dargli più cibo quando becca, smetterà di beccare e ti dirai: "il comportamento di beccata, non essendo più stato rinforzato, si è estinto". Se invece il piccione è stato ben condizionato, aspetta un po' di tempo e rimettilo nella stessa gabbia, riprenderà a beccare (recupero spontaneo). Così pure farà il tuo partner. Se gli ritelefoni dopo uno o sei mesi, sarà sempre disponibile a beccare.

Se hai condotto con attenzione il programma, il tuo partner riuscirà a rimanere con te anche se soffre e se prova un costante disagio. Il tuo partner non potrà accettare i consigli degli amici che diranno: "Cercati un'altra persona più disponibile, non capiamo perché devi soffrire così!" A nulla servirà cercare di fargli razionalizzare la situazione in cui si trova. Se vi è stato un buon condizionamento il tuo partner non è più in grado di ragionare, le sue risposte sono solo emozionali. È diventato il tuo piccione!

Come disorientarlo (Sarai mio)

«Dopo due anni di rapporto dipendo sempre più da lui. Non posso dire che non sia una persona simpatica. Con lui alcune volte mi sento a mio agio e sono serena. Ma quante volte mi ha fatto star male! È quel suo modo di fare, di dirmi le cose. Riesce sempre a farmi sentire colpevole e inadeguata. Io spesso gli ho chiesto per quale motivo si comporta così con me e lui mi risponde sempre: "Sono fatto così, ma ti voglio sempre bene. Può darsi che sia un po' rude, ma è il mio carattere". Io sono una persona mite e sono sempre disponibile nei suoi confronti. Quando ha bisogno di me, ci sono sempre. Non riesco proprio a capire perché spesso mi tratti male. Riesco a sopportarlo quando mi critica per il mio modo di vestire o per come mi comporto. Sono delle critiche dirette a cui posso reagire arrabbiandomi. A volte, con la sua voce falsamente gentile e accondiscendente, mi dice: "Fai pure come ritieni giusto, capisco benissimo ciò che non posso pretendere da te". Sono queste frasi che mi fanno arrabbiare. Ma è una rabbia fredda, sorda, che mi si rivolge contro. Non riesco a reagire, taccio e mi chiedo: "Perché?" Ho anche scoperto che è un bugiardo. Più di una volta mi sono accorta che mentiva. Sono convinta che abbia un'altra relazione, ma lui nega sempre. È così bravo a trovare sempre le giustificazioni e le scuse. Ho provato all'inizio a capirlo, poi sono passata all'aggressività. Lui, niente, non è cambiato e non ha dimostrato il minimo disagio. "Perché non mi lasci, perché non vai via?" - gli ho detto tante volte.

Ho capito il suo gioco. Mi fa sentire in colpa e io cedo e faccio come vuole lui. Mi vergogno ripensando a quante volte ho pianto davanti a lui.

Ma cosa posso fare? Non lo so! Sono sempre così confusa e disorientata!»

In questo programma devi essere pronto a utilizzare tutte le possibili tecniche manipolative, cioè colpevolizzare e inferiorizzare il partner. Dovrai specializzarti nell'impiegare tecniche sofisticate, basate sulla "benevolenza". Ti può essere utile rivedere il paragrafo "Come avere un figlio insicuro". Manipolare il figlio puo' essere più facile che gestire e sottomettere il partner. Con un adulto si deve stare più attenti, ha già sviluppato una propria personalità. Potrebbe ribellarsi. È utile, prima di iniziare questo programma, specializzarsi sul precedente: vivere da piccioni. Insegna a non avere fretta, a procedere per piccoli passi.

Il programma denominato "Sarai mio" è articolato in quattro fasi. L'obiettivo del programma è rendere il partner confuso, insicuro e dipendente. Si potrà raggiungere questo ambizioso traguardo, se si crea al partner ansia e un costante disagio.

Fase 1 - Su chi attuare il programma
Come per il programma precedente è importante che tu conduca un'attenta analisi della persona da manipolare. Anche nel programma "Sarai mio" è necessario scartare immediatamente le persone che sono sicure e autonome. Con loro è sempre una perdita di tempo. Ma devi stare attento a non sbagliarti. Una persona può dichiararsi sicura e indipendente, ma non lo è. Sono solo parole.

Non sempre ciò che si dice è attendibile. Ci si dichiara non gelosi ma, in realtà, lo si è. Si dichiara di voler lasciare il proprio partner e non si è in grado di farlo. Ciò che conta è il comportamento, cosa si fa.

Ad esempio, ti dice: "Io sono una persona che non dipende dagli altri, che accetta e capisce l'altro. Sappi che questa è l'unica strada per riuscire a mantenere un proprio equilibrio. Per non farsi gestire. Per riuscire a creare un rapporto equilibrato, dove non si aggredisce o subisce". Forse ha letto queste frasi in un libro di psicologia e le ha imparate a memoria. Il loro uso produce spesso un effetto rassicurante su chi le impiega. Ma la persona è realmente in grado di comportarsi come sostiene? Tocca a te indagare. Questa è la fase del sondaggio, in cui si deve testare l'altro. Mai giungere a conclusioni affrettate.

Nella tua ricerca, non devono esserci né la passione, né le emozioni, potresti trovarti nella gabbia dei piccioni. Mantieniti lucido e freddo.

Oltre alle persone indipendenti e autonome, sono da scartare quelle aggressive.

Vediamo un breve elenco delle loro caratteristiche:

— Hanno un'alta opinione di sé;
— Hanno un'alta opinione delle proprie opinioni;
— Non sbagliano;
— Non si scusano;
— Si impongono sugli altri.

L'aggressivo strumentalizza gli altri. Potresti provare a gestirlo, è possibile, ma molto faticoso. Dovresti, in un primo momento, essere molto disponibile. Poi, proporgli gradualmente le tue idee, ma facendole passare per sue. Come se le avesse sviluppate in modo autonomo. Quando ha accettato l'idea, gli dici: "Io non ci sarei arrivato. Che bella idea che hai avuto!"

Anche l'aggressivo è sensibile ai complimenti.

Ti puoi chiedere: "Ma anche questo programma è basato sull'aggressività, si vogliono manipolare gli altri". È vero. Ma, con un buon programma, impari a farlo in modo attento e sistematico. La tua aggressività non sarà mai palese, mai dichiarata. Sarà più sottile e, per questo, più incisiva. Concentra l'attenzione sulle persone che hanno le seguenti caratteristiche:

— Hanno paura di sbagliare e di prendere decisioni;
— Si giustificano e scusano;
— Dipendono dal giudizio altrui;
— Si sentono spesso in colpa.

Queste sono le persone giuste. Non ti preoccupare se ogni tanto sono aggressive e si arrabbiano. Dopo la rabbia si sentono sempre in colpa.

Fase 2 - L'alternanza
In questa fase devi utilizzare più tipi di comportamento. In un primo momento impiega la "gentilezza". Impara a memoria alcune frasi ad effetto. Se l'altro è predisposto, funzionano sempre. Ti conviene fare un elenco e discuterlo con amici o amiche esperti. Non aver paura nel fare affermazioni che ti sembrano troppo suggestive. Un esperto nel programma utilizzò, con successo, la frase: "Osserva il cielo. Strano, non riesco a trovare una stella. È vero, non posso trovarla. Perché la stella sei tu, e sei vicino a me". Può sembrare impossibile, ma con quella persona funzionò.

Sta attento nell'elargire i complimenti, se una persona si valuta negativamente, ha difficoltà ad accettarli. L'attenzione va sempre bene.

Dopo i primi mesi, dai una svolta al tuo comportamento. Inizia a colpevolizzare e inferiorizzare. Puoi anche dimostrarti possessivo, spesso funziona. Sempre ad effetto sono le frasi:
— "Come mai non c'eri, quando ho telefonato?";
— "Perché mi trascuri?";

— "Avevo pensato di uscire con te, ma sei sempre impegnata";
— "Non mi sembri all'altezza per questo lavoro";
— "Mi rendo conto che, se non ci fossi io, tu non sapresti cosa fare".

Prepara altre frasi. Qualcuna funziona sempre. E, quando funziona, l'altro inizia a soffrire.

Ora, alterna frequentemente i comportament: Disponibile - Scostante - Premuroso - Intransigente - Affabile - Impositivo. Stai rapidamente confondendo il tuo partner. Non riesce più a prevedere il tuo comportamento. È completamente entrato nel tuo gioco. Stai passando alla fase seguente.

Fase 3 - Il dubbio
Vediamo come puoi verificare se la persona ha raggiunto questa fase.
Controlla se:

— Prima di prendere una semplice decisione chiede il tuo parere;
— Ha bisogno della tua approvazione su qualunque attività stia facendo;
— La vedi soffrire quando la critichi;
— Cerca sempre di giustificarsi;
— Ogni tanto ti aggredisce, ma poi viene a scusarsi.

Ricordati che puoi ottenere questi risultati, solo se hai condotto attentamente la prima fase. Hai impiegato per questo programma una persona già predisposta. Tu hai solo assecondato la sua naturale inclinazione. Mentre svolgi il programma che stai seguendo, ti potrà succedere di dirti: "Ma così facendo faccio soffrire l'altro. Non lo aiuto a crescere e a diventare indipendente. Utilizzo l'altro solo per il mio esclusivo tornaconto".
È vero. Stai utilizzando l'altro, ma in modo consapevole.

Nulla è lasciato al caso. Tu sai che le persone su cui è possibile attuare il programma sono già predestinate alla sofferenza. Se non le fai soffrire tu, ci penserà qualcun altro a farle star male e forse in modo più brutale. Tu invece stai procedendo con cautela e a piccoli passi. Tu sai come è importante alternare i comportamenti. L'altro, il brutale, raramente utilizzerà la gentilezza. Non sarà in grado, in alcuni momenti, di far sentire il partner importante. Lo farà stare sempre male. Ed è qui il suo errore. Dopo un po' il partner potrà ribellarsi e rompere il rapporto. Tu non permetterai che questo succeda. In questa fase, appena ti accorgi che il partner è troppo ansioso e arrabbiato, devi circuirlo con l'attenzione utilizzando parole rassicuranti.

Lo schema di base è molto semplice: crea disagio ——> riduci il disagio.

Questa continua alternanza lo disorienta, lo fa sentire impotente. Non può opporsi, ogni tanto ci prova, ma non riesce. Perché tu sei sempre il suo punto di riferimento. Vede solo te.

Come per il programma "Vivere da piccioni", il tuo partner non può considerare i pareri degli amici. Molte volte gli hanno detto: "Devi sottrarti alla sua influenza. Non devi dipendere. Impara a stare da solo". Risponderà sempre "Ma io gli voglio bene, non posso immaginare la mia vita senza di lui. Ho provato molte volte a lasciarlo ma sto male".

Non puoi mai distrarti dal programma, perché involontariamente porteresti il tuo partner all'autonomia. Lo renderesti sicuro di sé, in grado di prendere decisioni e imparerebbe a contare su se stesso. Commetteresti un grave errore. Non avere dubbi.

I dubbi deve averli lui, e sarà sempre tuo!

Anche se non lo dichiara, lui vuole dipendere da te.

Come soffrire insieme (L'unione fa la sofferenza)

«Sono sposato da più di trent'anni. Mi chiedo: "Cosa mi fa ancora stare con mia moglie?" Alcuni anni fa mi dicevo: "Lo sto facendo per i miei due figli". Ma ora sono adulti e hanno una vita autonoma. Spesso ci dicono: "Perché non vi separate? Fin da bambini vi abbiamo sempre visto litigare. Ora sembra che i litigi non siano diminuiti, anzi, si sono fatti più frequenti. Perché non riuscite a stare in pace?" Ma in questa casa è impossibile stare in pace. Mia moglie fa sempre ciò che vuole e non mi ascolta. Devo arrabbiarmi per farmi ascoltare.

Lei dice che invecchiando sono peggiorato, che sto diventando sempre più intransigente e dispotico. Ma è lei che mi fa arrabbiare. Io sono una persona che capisce e non prevarica sugli altri. Certo ho la mia dignità! Non permetto agli altri di sottomettermi. Se questo accade, è naturale che mi ribelli. Mia moglie è una di quelle persone che vogliono imporsi. Con lei non si può discutere. Dice che io sbaglio. Ma io sono uno che pensa prima di agire, perciò sbaglio pochissimo. Lei invece è così impulsiva e poco razionale. Poi, ha sempre avuto l'abitudine di proteggere i figli. Sembra che si diverta a mettermeli contro. Una volta l'ho sentita dire: "Dovete avere pazienza con vostro padre, è sempre così nervoso. Pensate alla pazienza che ho sempre dovuto avere io. Ora, è vero, non lo sopporto più, dovrei separarmi". Dice queste cose di me. Io che ho sempre lavorato. Che ho fatto sempre il mio dovere. Che mi sono sacrificato per i figli e per la moglie. Li ho tutti messi in grado di vivere agiatamente. Ho portato entrambi i figli alla laurea. E mi sento dire che non sono stato né un buon padre né un buon marito.»

Ma io sono una persona che non dimentica. L'unico modo che ho per oppormi è quello di tacere. Di chiudermi nel mio isolamento. Di non parlare. Sono anche capace di non comunicare con mia moglie per una settimana. Non so se è utile, ma spero di farla soffrire. Qualche volta la vedo star male e mi dico "Forse avrà capito e farà come voglio io". Ma poi subito ritorna come prima, e non mi presta la minima attenzione. Quel che dico, lo dico solo per il bene degli altri. È solo che io ho più esperienza. Ma lei pensa che io sia un egoista. Avrei dovuto fare come tanti altri uomini che si sono fatti un'amante. Loro hanno fatto bene! Che senso ha, dopo una vita di dedizione, sentirsi insultare? Se mia moglie non vuole cambiare, potete esserne certi, io non cambierò. So di essere nel giusto!»

«Ora tocca a me parlare. Mio marito da quando mi ricordo è sempre stato una persona irascibile e profondamente egoista. È convinto di avere sempre ragione. Quando sbaglia, la colpa non è mai sua. È sempre degli altri. Ora è in pensione da qualche anno e il nostro rapporto è peggiorato. Prima, quando lavorava, avevo un po' di autonomia e indipendenza. Ma in questi ultimi anni devo sempre stare con lui. Se mi allontano per qualche giorno, lui mi dice: "Ti preoccupi solo degli altri, mai di me. Dovresti stare un po' più a casa!" E così la mia vita è sempre più vuota. Alcuni anni fa, quando avevo i figli piccoli, avevo uno scopo nella vita. Dovevo crescerli. Anche allora non era facile vivere con mio marito. Spesso mi diceva: "Tutte le responsabilità della famiglia sono su di me. Devo provvedere io a tutto. Se non ci fossi io tu non riusciresti a fare nulla. Tu sei solo in grado di fare i lavori di casa". Sono sempre stata male nel sentirmi dire queste cose.

Mi sono accorta che col passare degli anni mi legavo sempre di più ai figli. Erano il mio unico scopo. Qualche amica mi diceva: "Devi trovarti un lavoro autonomo, non dipendere da tuo marito, devi realizzarti come persona". Quando a mio marito dicevo:

"Ho avuto una proposta di lavoro da un'amica. Vorrei provare". La risposta di mio marito era sempre la stessa: "Cosa vuoi provare, tanto non riusciresti a fare nulla. Stai a casa, devi pensare ai figli!" Erano frasi come questa che mi facevano soffrire. Ma non ho mai avuto la forza di oppormi alla sua volontà.

Poi i figli sono cresciuti e io mi sono trovata da sola. Mi sono resa conto che non ho mai fatto realmente nulla per me. Ho vissuto solo e sempre all'ombra di mio marito. Ora, dopo trentacinque anni di matrimonio, ho capito di avere sbagliato. Di non essere stata in grado di realizzarmi come persona. Mi sono solo sacrificata per un uomo insensibile. Che si isola e non comunica. Lui ha sempre pensato che per essere un buon marito e padre fosse sufficiente non far mancare nulla alla famiglia. Che il suo compito fosse lavorare. Che non fosse importante prestare attenzione agli altri, cioè a me e ai figli. Con gli amici è sempre stato diverso, allegro e disponibile. Quando si litigava, lui pensava che fosse sufficiente andare a letto e fare l'amore per appianare ogni tensione. Ma io non ho più accettato il suo gioco, così primitivo e semplice. Ho incominciato a rifiutarmi. Per me i conflitti non si devono risolvere a letto. Ho provato a spiegarglielo, ma lui non ha mai capito. Dopo tutti questi anni continuo a chiedermi: "Perché l'ho sposato? Come sarebbe stata la mia vita con un altro uomo?»

Ti assicuro che il programma "L'unione fa la sofferenza" ti può essere realmente utile. Questo è un programma che dura una vita. I precedenti possono avere un tempo limitato. Questo no!

In questo programma vi sono due combinazioni, che possono portare a diversi livelli di sofferenza. Sono:

Lui \ Lei: aggressivo —> Lui \ Lei: passivo.

Lui \ Lei: aggressivo —> Lui \ Lei: aggressivo

La combinazione passivo \ passivo è molto rara. Difficilmente le persone passive si legano ad altri come loro. Sono prevalentemente attratte da persone diverse da loro, come gli aggressivi. Questa scelta le aiuta a soffrire maggiormente.

Vi sono anche le persone assertive. Cioè quelle che non subiscono o aggrediscono gli altri. Queste chi scelgono come partner? Raramente una persona aggressiva. In ogni caso non cedono all'aggressività dell'altro e non stanno male. Loro non ci interessano per questo programma. Stanno utilizzandone un altro, "Come difendersi".

Per poter seguire il programma "L'unione fa la sofferenza", è necessario un prerequisito: il rapporto di coppia deve durare da almeno un anno. È un tempo sufficiente per conoscere l'altro. Seguendo attentamente il programma è possibile aumentare la sofferenza nel rapporto. Inoltre si possono assecondare le proprie naturali inclinazioni di passività o aggressività.

Fase 1 - Valutati e valuta

Per iniziare il programma dovete valutare attentamente il tipo di combinazione del vostro rapporto. Ognuno dei partner deve farlo singolarmente. Senza chiedere pareri all'altro. Sarebbe uno sbaglio, si rischia di stabilire un dialogo. Di ridurre il conflitto. È una modificazione del comportamento da non perseguire. Incomincia a rivedere il programma precedente "Sarai mio". Ti è d'aiuto. Ti permette di individuare se sei passivo o aggressivo. Ma la sola autovalutazione non è sufficiente. Devi valutare attentamente il tuo partner. Anche se vivete insieme da più di un anno, è sempre possibile sbagliare. Le combinazioni utili per il programma sono solo due: Aggressivo-Passivo e Aggressivo-Aggressivo. Se non rientri in una delle due combinazioni sei escluso dal programma. Non stare a dire al tuo partner: "Ho visto un bel programma su come soffrire insieme, potrebbe essere interessante provarlo. Mi sembra che il nostro rapporto sia troppo tranquillo, sarebbe bene movimentarlo un po'". Perderesti il tuo tempo. All'inizio, forse, otterresti una situazione un po' conflittuale, ma in seguito non saresti capace di mantenerla nel tempo. Tu vuoi un conflitto che duri una vita. Allora devi valutare con precisione il tuo comportamento e successivamente quello del tuo partner. Se non sei in grado di fare una corretta autovalutazione, dopo esserti riletto il programma "Sarai mio", puoi utilizzare le seguenti caratteristiche per valutarti e valutare. Sei aggressivo se:

- Giudichi gli altri e li critichi;
- Decidi per gli altri senza ascoltarli;
- Non presti attenzione agli altri mentre parlano;
- Dai consigli non richiesti;
- Non lasci parlare il tuo interlocutore;
- Colpevolizzi e inferiorizzi;
- Non modifichi la tua opinione anche quando gli eventi dimostrano che hai torto;
- Ti consideri superiore agli altri.

Ora applica lo stesso test al tuo partner. Nella tua autovalutazione devi procedere con attenzione. Ti sarà più facile valutare l'aggressività del tuo partner che non la tua. Vi è in tutti gli aggressivi la tendenza a essere un po' indulgenti con se stessi a enfatizzare i propri aspetti positivi prestando poca attenzione a quelli negativi. Ricordati che si può dare l'impressione di essere delle persone miti e comprensive ed essere degli abili manipolatori. Sono le persone che usano con grande abilità la "benevolenza". Gentilmente ti dicono: "Io ti capisco e ti voglio bene. Per il tuo bene non devi comportarti così". In realtà stanno dicendo: "Se non ti comporti come voglio, sarai da me disapprovato e come persona non vali molto".

Un ultimo avvertimento: nel valutarti potrai non ritrovarti

completamente in tutte le caratteristiche dell'aggressivo. Sappi che per essere aggressivo ne sono sufficienti poche.

Tu o il tuo partner siete passivi, se:

- Dipendete dagli altri e avete bisogno della loro approvazione;
- Avete spesso paura di sbagliare;
- Avete difficoltà nel prendere decisioni;
- Avete difficoltà nel rifiutare le richieste;
- Giustificate ogni vostra decisione;
- Soffrite se siete criticati;
- Avete difficoltà nell'esprimere i vostri sentimenti;
- Se aggredite vi sentite subito in colpa.

Nel valutarti non troverai difficoltà. Sei già consapevole di essere passivo. Con il tempo, e seguendo il programma, la tua iniziale passività potrà modificarsi. Probabilmente non diventerai mai un "duro" aggressivo, ma i tuoi scoppi di aggressività saranno sempre più frequenti. Riuscirai a far soffrire, anche se non molto, il tuo eventuale partner aggressivo.

Fase 2 - Valuta i valori di sofferenza

Ti sei valutato attentamente? Hai valutato il tuo partner? Bene. In questa fase devi considerare, secondo la combinazione in cui ti ritrovi, il livello di sofferenza che desideri raggiungere. Per semplificarti il compito ti indico i valori di sofferenza. Sono stati dichiarati da coppie che da alcuni anni vivono insieme con reciproca insoddisfazione. È una stima soggettiva. Dove 0 equivale a nessuna sofferenza e 10 al massimo della sofferenza. La prima valutazione riguarda il disagio del singolo, la seconda il disagio cumulativo (la combinazione).

I Combinazione Aggressivo - Passivo
L'Aggressivo 2 - 3. Il Passivo 8 - 10.
Massimo disagio di coppia: 13.
II Combinazione Aggressivo - Aggressivo
Per entrambi i valori sono 3 - 4.
Massimo disagio di coppia: 8.

Come puoi vedere, nella prima combinazione, l'aggressivo soffre molto meno del passivo. In alcuni casi, all'inizio del rapporto, l'aggressivo non aveva nessun disagio. Lui vinceva sempre. Ma dopo anni di rapporto anche l'aggressivo può avvertire un po' di disagio. Ciò avviene se il partner da passivo diventa più aggressivo, si oppone.

Nella seconda combinazione si riesce a mantenere una continua tensione. Una tensione che con il tempo tende ad aumentare. In alcuni casi è possibile giungere quasi al reciproco odio. Ciò aumenta il valore di sofferenza della coppia.

I componenti della coppia Aggressivo - Aggressivo sono stati intervistati separatamente. È quasi impossibile intervistarli insieme, litigano molto. Le loro risposte individuali sono simili. Vediamo alcuni momenti dell'intervista della moglie.

INTERVISTATORE: "Lei mi ha detto che vive con suo marito da oltre dieci anni e tra voi vi è incomprensione. Ma, visto che l'ha sposato, mi può elencare alcune caratteristiche positive di suo marito?"
MOGLIE: "Non mi viene in mente nessuna caratteristica positiva. Se vuole le dico tutte quelle negative, ne ha molte".
INTERVISTATORE: "Ma qualche aspetto positivo lo avrà pure suo marito. Non è vero?"
MOGLIE:"Per quanto mi sforzi di pensare, non riesco a vederne, vedo solo quelli negativi".
INTERVISTATORE: "Ma quando vi siete sposati, suo marito avrà avuto qualche cosa di positivo".

MOGLIE:"Probabilmente sì! Ma è successo molto tempo fa".

Anche il marito dà le stesse risposte della moglie. Almeno per un aspetto sono d'accordo: vedono solo le caratteristiche negative dell'altro.

Sia la prima che la seconda combinazione danno un altro vantaggio: fanno soffrire i figli. Rivedi i programmi "Come avere un figlio insicuro" e "Come avere un figlio capriccioso e insoddisfatto".

Dalla prima combinazione, Aggressivo - Passivo, i figli possono soffrire quando:

— Osservano uno dei genitori che aggredisce l'altro;
— Sono colpevolizzati e inferiorizzati da un genitore;
— Un genitore denigra l'altro in loro presenza;
— Vedono soffrire un genitore.

Cosa possono imparare?

Che chi aggredisce vince e che perciò è un vantaggio diventare aggressivi. Non sempre ciò accade. Possono anche imparare a non opporsi, a chiudersi in se stessi e diventare passivi.

Dalla seconda combinazione, Aggressivo - Aggressivo, i figli impareranno fin da piccoli, non avendo altri modelli, che l'unico comportamento è quello aggressivo.

Dopo aver valutato i vantaggi che puoi ottenere da questa fase, passa a quella successiva.

Fase 3 - Come mantenere la sofferenza

Sei nella fase finale. Tu ora hai ben individuato come sei e come è il tuo partner. In questa fase è importante assumere un atteggiamento fondamentale nei confronti del partner: vedere ciò che vi è di sbagliato nell'altro.

Questo atteggiamento è una condizione indispensabile da

sviluppare per l'efficacia del programma. Se, prima di incontrare una persona, vedi solo i suoi aspetti negativi, ti sarà impossibile essere ben disposto nei suoi confronti, cioè ad ascoltarla attentamente e a valutare con calma il suo punto di vista. Se hai caricato di negatività il tuo partner, sarai predisposto a "fargliela pagare" quando ti capiterà la giusta occasione.

Se, per non perdere tempo, vuoi vedere subito ciò che vi è di negativo nel tuo partner, devi impiegare la tecnica della "Attenzione selettiva agli aspetti negativi". Ti permette di velocizzare il processo di negatività.

Vediamo come devi procedere.

- Ripensa a un comportamento del tuo partner che ti ha creato disagio o ti ha fatto arrabbiare;
- Rivivi la situazione e riprova le emozioni negative che hai avvertito;
- Individua altri suoi modi di comportarsi che non ti soddisfano e inizia a caricarli di valenza negativa;
- Concentrati per provare disagio o rabbia verso il tuo partner.

Utilizzando la tecnica dell'"Attenzione selettiva agli aspetti negativi" riuscirai in poco tempo a vedere solo negatività nel partner. La negatività è un pre-requisito che facilita l'aumento della sofferenza sia nella coppia Passivo - Aggressivo, che in quella Aggressivo - Aggressivo.

Vediamo come è possibile, con il tempo, fare in modo che l'atteggiamento negativo diventi un vero vantaggio nel mantenere la sofferenza nella coppia.

Se il rapporto di coppia è Passivo - Aggressivo e tu sei una persona passiva avrai la tendenza ad appoggiarti al tuo partner aggressivo. Lui farà sempre il possibile per tenerti sottomessa e non permetterti momenti di autonomia. Cercherà di bloccare ogni tua possibile richiesta di autorealizzazione. Se dipendi economicamente da lui, il tuo livello di dipendenza sarà molto elevato e quindi soffrirai maggiormente. Ma la sofferenza non dovrà essere solo tua, sei nel programma "L'unione fa la sofferenza". Devi anche far soffrire il partner. Se hai applicato con metodo la tecnica dell' "Attenzione selettiva" sarai predisposta a cogliere ogni occasione per creare disagio al partner.

Le occasioni non mancano mai. Puoi iniziare col non fargli più piccoli favori e, progressivamente, potrai anche rifiutarti sessualmente. Utilizza tutte le strategie che hai a disposizione. Quindi, anche se sei una persona passiva, potrai creare disagio al tuo partner aggressivo e aumentare il disagio nella coppia.

Vediamo come è possibile per due persone aggressive riuscire a rimanere unite - troppo semplice sarebbe separarsi - e continuare a soffrire. L'aggressivo per sua naturale inclinazione non deve esercitarsi per far soffrire l'altro, ci riesce già bene così. In questo caso sono due aggressivi che si contrappongono, entrambi esperti nelle tecniche manipolatorie. Ma ricordiamoci che sono sempre aggressive, e non solo momentaneamente, come spesso capita alle persone passive.

Essendo entrambe persone aggressive, non avranno nessuna difficoltà nell'individuare subito ciò che c'è di negativo nell'altro. È un'abilità che già possiedono.

Per riuscire a rimanere legati nel tempo devono iniziare il gioco della "sfida".

Diventa una vera e propria lotta dove uno deve provare a creare all'altro il maggior danno possibile. In questo "gioco" tutto è ammesso. Vediamo alcuni classici "colpi bassi", iniziamo dai più semplici:

— Non prestare mai attenzione all'altro, cioè non fargli complimenti e non evidenziare mai i suoi aspetti positivi;
— Non ascoltarlo quando parla;

— Nel parlare al partner usare un tono aggressivo della voce;
— Non sorridere in sua presenza, l'unico sorriso ammesso è quello di disappunto o sarcasmo;
— Inferiorizzarlo di fronte agli altri;
— Parlare male di lui in sua assenza.

Ho elencato solo alcuni "colpi", potete essere certi che ve ne possono essere molti altri. Non vi sarà difficile trovarli. Così potrete creare tra voi continui momenti di conflitto e appagare il vostro desiderio di litigare.

Come l'insegnante può far soffrire gli allievi

Perché non insegnare allo studente come provare avversione per una materia? Perché non trasferirgli qualche ansia, che gli può essere sempre d'aiuto nella vita? È possibile renderlo insicuro? Alcuni insegnanti sono riusciti in un arco di tempo non molto lungo a demotivare allo studio gli studenti e a renderli insicuri. Questo programma può interessare tutti gli insegnanti dalle elementari all'università. Prima si inizia il programma, maggiori possono essere i risultati. Più il ragazzo è giovane, più è manipolabile e condizionabile. Come per altri programmi, anche in questi è necessario partire con un atteggiamento negativo nei confronti degli allievi. Bisogna in qualche modo essere delle persone predisposte a cogliere sempre il negativo nel comportamento dell'altro. Se, inoltre, si hanno frequenti sbalzi d'umore, si possono ottenere ancora maggiori risultati. Al termine del programma, gli studenti potranno provare una totale avversione per l'insegnante e forse anche per la scuola.

Come demotivare allo studio lo studente *(Non studio più)*

«Non ho mai capito nulla di matematica. Alle superiori avevo un insegnante che sembrava si parlasse addosso. Aveva tutto un suo modo di fare lezione. Spiegava scrivendo alla lavagna, e poi cancellava ancor prima che noi avessimo copiato. Poi si rivolgeva alla classe e diceva: "Tutto chiaro, non è vero?" In realtà la sua non era assolutamente una domanda, ma un'affermazione. Dopo aver dichiarato che ciò che aveva spiegato era comprensibile e molto chiaro, riprendeva a spiegare. Si impegnava molto nelle sue spiegazioni, ma tranne pochi studenti, io e tanti altri capivamo ben poco. Qualche volta ho provato a chiedere delucidazioni, ma mi ridiceva tutto con le stesse parole di prima. Io, per non passare da stupido, facevo dei cenni d'assenso col capo e dicevo: "Sì, ora è tutto chiaro". Continuavo a non capirci nulla, ma facevo contento l'insegnante. Io lo ero un po' meno, perché mi sentivo un deficiente. Non posso dire che fosse un cattivo insegnante, forse gli piaceva anche insegnare, ma non si preoccupava di verificare che noi capissimo realmente. Anche quando interrogava si impegnava molto. Era pronto a cogliere il minimo errore, anzi, anticipava l'errore, possedeva quasi una forma di chiaroveggenza. Ad un minimo errore dello studente, il suo viso si trasformava: vi si leggeva il disgusto per l'errore e la disapprovazione per lo studente. Io provavo molto disagio quando mi guardava in questo modo.

Sono sincero quando affermo di aver odiato la matematica. Ora, a distanza di anni, posso capire questo insegnante. Era profondamente convinto di volerci aiutare, di farci apprezzare l'esattezza della matematica. È riuscito solo a farci sentire la nostra imperfezione».

Il programma che segue è denominato "Non studio più". Se lo segui attentamente i risultati sono certi. Può anche essere applicato in modo spontaneo, senza seguire delle linee guida ben definite. È sufficiente attenersi a due principi base: non farsi capire e punire l'errore. Per applicare i principi base è necessario non mettersi mai in discussione o non pensare che gli altri possano avere ragione. La verità deve essere solo la tua!

Fase 1 - Il metodo

"L'errore non è ammesso!" Questo deve essere il tuo modo di pensare fin dall'inizio del programma. Ti aiuterà a non avere né dubbi né incertezze. In questa prima fase devi elaborare un programma didattico che non tenga conto di come gli altri possano apprendere. Ti verrà detto che per ben insegnare è necessario rispettare le seguenti regole:

— Si impara sempre per piccoli passi;
— È necessario definire con chiarezza gli obiettivi e le regole da applicare per raggiungerli;
— È importante verificare le conoscenze dell'allievo prima di iniziare un programma, al fine di poter graduare la formazione;
— Si passa da una fase a quella successiva con gradualità e solo dopo aver verificato che la precedente sia stata ben appresa;
— Il livello d'attenzione diminuisce dopo circa trenta minuti;
— Ogni individuo ha una diversa velocità di apprendimento.

Vi possono essere altre regole, che ti possono venir spiegate a eventuali corsi di formazione. Tu non devi prestare la minima attenzione a questi aspetti educativi. Vi è il rischio che lo studente possa provare piacere nell'apprendere. Per te, invece, lo studio è sofferenza, come deve essere il lavoro. Per far soffrire gli studenti e demotivarli allo studio devi concentrarti esclusivamente sugli errori che commettono. In questo caso tu puoi adirarti con loro e provare una sottile soddisfazione nel sottolineare gli errori nella loro esecuzione dei compiti.

Per ottenere questi risultati tu devi darti delle regole. Sono regole semplici e consolidate nella nostra tradizione scolastica:

— Fai lezione per circa un'ora di seguito;
— Non richiedere il *feedback* degli studenti, cioè non verificare subito che cosa hanno compreso di quello che spieghi;
— Durante una lezione, presenta molti concetti.

Se lo ritieni opportuno, puoi migliorare nel fare lezione seguendo queste indicazioni:
— Parla molto velocemente e scrivi alla lavagna senza mai guardare i tuoi studenti;
— Appena hai finito di scrivere, cancella;
— Ogni tanto di: "Chiaro?" o "Avete capito?" e poi continua a parlare.

Questo metodo può essere applicato con successo in qualunque materia. Ora, la seconda fase ti può essere d'aiuto per consolidare il programma.

Fase 2 - Il sapere non è per tutti

Tu ti sei molto impegnato nel fare le lezioni. Hai parlato molto. Gli studenti per ore hanno copiato cosa scrivevi alla lavagna o dettavi. Devi essere fermamente convinto che è loro compito stare attenti, perché solo così si è in grado di assimilare molti concetti. In questa fase ti deve essere ben chiaro un assunto: "La tua funzione è parlare, quella degli studenti è ascoltare e ricordare tutto". Inoltre, non devi mai preoccuparti se durante le tue lezioni gli studenti hanno dimostrato disagio o tensione. Anzi più vi è disagio, meglio è. Lo studio non deve mai essere né divertente né piacevole. Come per te è faticoso insegnare, anche per loro imparare non deve essere piacevole. In questa fase immagina gli studenti come dei contenitori vuoti, delle semplici scatole, che devono essere riempite. Mettici dentro tanti concetti e se non ci entrano, premili con la tua mano. Se è necessario spingi anche con forza. Poi, rapidamente chiudi bene il coperchio della scatola. Può darsi che in questa operazione molte scatole si rompano. Questo non è un tuo problema.

L'importante è che ogni tanto una rimanga intatta. Queste sono le scatole solide, cioè gli unici allievi a cui il tuo sapere deve andare.

Fase 3 - Pretendi

Sei nella fase di verifica. Devi valutare se gli studenti hanno appreso e se hanno immagazzinato tutti i concetti. Sei consapevole che solo pochissimi studenti saranno in grado di superare la prova. Sono le uniche scatole solide. Con gli altri devi avere, già prima della verifica, un atteggiamento negativo. Devi essere pronto a cogliere il minimo errore. Questo modo di porti ha un notevole vantaggio: crea agli studenti, già prima di essere valutati, un elevato disagio. Non farti minimamente impietosire se li vedi agitati e confusi. Sei consapevole: l'allievo che studia non deve provare paura. Alcuni tuoi colleghi ti potranno dire che sei troppo duro e intransigente con gli studenti. Queste sono affermazioni banali. L'insegnante bravo è quello che seleziona gli studenti, solo i bravi sopravvivono. La scuola è fatta per pochi!

Per creare disagio allo studente, prima dell'interrogazione, è opportuno attenersi ai seguenti passi:

— Usare un tono della voce imperioso per chiamarlo alla cattedra. È bene dire: "vediamo se sei preparato";
— Quando è in piedi, di fronte a te, dire: "vediamo se vai meglio dell'altra volta";
— Attendere un momento prima di porre la prima domanda.

Con questa, o un'analoga sequenza, puoi aumentare le probabilità che lo studente sbagli. Sei pronto per "punire", cioè la quarta fase.

Fase 4 - Punisci

Attenzione all'errore! È il motto di questa fase. Lo schema di base, da seguire, è il seguente:

— Ipotesi iniziale: questo studente non è ben preparato (atteggiamento negativo);
— Attenzione selettiva sugli aspetti negativi: si deve cogliere l'errore;
— Verifica dell'ipotesi: lo studente sbaglia.
— Comportamento aggressivo: lo studente va immediatamente punito.

Questa sequenza ha un grande vantaggio: la rapidità. In pochi minuti è possibile giungere alla punizione.

Vediamo cosa suggerisce un insegnante che applica con costanza il programma:

— Fare la domanda allo studente e contemporaneamente piegare il busto in avanti con il torace quasi a contatto della cattedra. Le mani, chiuse a pugno, sono all'altezza delle spalle. Vantaggi: la postura esprime minaccia;

— Fissare bene in viso lo studente e aggrottare le sopracciglia. Vantaggi: crea paura;
— Attendere non più di quindici secondi la risposta e individuare subito il minimo errore. Dire immediatamente: "non vedi che stai sbagliando?" Vantaggi: crea confusione;
— Non dare tempo allo studente di correggersi. Aggiungere subito: "lo sapevo, non studi?" Vantaggi: non c'è recupero della memoria a lungo termine, cioè lo studente non ricorda cosa ha studiato;
— Fissare lo studente e assumere un'espressione di profondo disgusto. Vantaggi: sviluppa desiderio di fuga;
— Non allontanare lo studente. È necessario continuare l'interrogazione. Vantaggi: porta all'impotenza e genera sconforto;
— Porre ulteriori domande e constatare la totale impreparazione dello studente. Vantaggi: mutismo dello studente;
— Affermare con decisione: "non ci siamo, sei totalmente insufficiente". Mandarlo al posto. Vantaggi: avversione per la materia.

Ci spiega l'insegnante esperto del programma: "Quando lo studente ha terminato l'interrogazione, è importante provare un senso di liberazione per aver allontanato da sé un peso, cioè lo studente impreparato. Si è consapevoli di avere fatto completamente il proprio dovere".

Da non trascurare in questo programma, se viene seguito con attenzione, che al termine delle interrogazioni o lezioni l'insegnante deve sentirsi sempre teso, nervoso e sotto stress.

Perché ricordati: "La scuola è sofferenza, sia per l'insegnante che per l'allievo".

Come creargli ansie sociali (Fallo tacere)

« Ricordo ancora molto bene il maestro che avevo alle elementari. Sono passati circa trent'anni. Ma vedo ancora chiaramente il suo viso e la sua espressione quando mi diceva: "Non si capisce niente né quando leggi né quando parli". Poi, con un sorriso di compiacimento, ruotava lentamente il capo e osservava gli altri bambini, come volesse la loro l'approvazione su ciò che aveva appena detto. Io rispondevo a quella sua affermazione con un lieve sorriso, forse sperando di riuscire a farmelo amico. Non ho mai provato né rabbia né rancore nei suoi confronti. Stavo solo male. Ero arrabbiato con me stesso per non essere capace di controllare l'ansia che mi afferrava, quando dovevo leggere o parlare di fronte a tutta la classe. Quando, poi, dovevo leggere mi sembrava che le parole si sovrapponessero e non riuscivo più a distinguerle. Mi incespicavo sulle parole e mi veniva da sudare. In quei momenti sentivo come fosse entrata in me una mano che con forza e di colpo mi afferrava e stringeva lo stomaco. Ora, a distanza di anni, rivedo ancora quel bambino che cercava in tutti i modi di mascherare la sua paura, la sua ansia. Cercava di sorridere, di farsi vedere sicuro. Ma era pienamente consapevole di essere diverso dagli altri. Solo dopo molti anni sono riuscito a superare la paura di fare una brutta figura di fronte agli altri. Ma potete essere certi che ho faticato molto!»

Nel precedente programma sulla demotivazione si è insegnato allo studente a odiare una specifica materia. Probabilmente in altre materie e con altri insegnanti continuerà normalmente a studiare. Questo è un programma più intenso e i migliori risultati si ottengono quando il bambino ha pochi anni. Se è più adulto può anche decidere di opporsi. Il grande vantaggio di questo programma è che la paura si estende e tocca tante situazioni simili, anche extrascolastiche, tutte situazioni in cui ci si trova in presenza di altre persone. Il programma è denominato "Fallo tacere".

Fase 1 - Sensibilizza

In questa fase devi selezionare con attenzione il bambino che dovrai sottoporre al programma. Puoi anche sceglierne più di uno. Non ti sarà difficile individuare quei bambini che hanno seguito con i genitori il programma "Come avere un figlio insicuro". Ti è sufficiente osservarli nei primi giorni di scuola. Hanno alcune caratteristiche osservabili:

— Tendono a isolarsi dagli altri;
— Se interpellati rispondono brevemente;
— Hanno un aspetto gracile;
— Tendono a non guardarti in viso quando ti parlano.

Con questi bambini è facilissimo attuare il programma. Non è necessario seguire tutte la fasi. È sufficiente, quando li si vede imbarazzati, ad esempio durante una interrogazione, dir loro semplici frasi del tipo: "Vedo che non riesci molto", "Sei molto timido. Sei anche un po' ansioso". Essendo già insicuri per conto loro, tu puoi solo aumentare la loro convinzione di essere diversi dagli altri. Non devi, invece, prestare la minima attenzione a quei bambini che comunicano con tutti gli altri, che dimostrano sicurezza nei rapporti interpersonali. Impegnandoti con loro potresti, al massimo, demotivarli allo studio. Ma non portarli a valutarsi negativamente, ad avere una bassa autostima di sé. Al massimo diranno: "Non mi piace quell'insegnante e non mi piace studiare". Potranno interrompere gli studi, ma non avranno mai problemi con gli altri e rischieranno di riuscire anche bene nel lavoro.

Concentra la tua attenzione su quei bambini che sono un po' insicuri, un po' ansiosi. Procedi nel seguente modo:

— Individua le situazioni sociali che creano nell'allievo disagio. Non ti mancano le occasioni, come quando è interrogato ed è di fronte a te, quando deve leggere di fronte agli altri bambini o quando gli fai una domanda e lui deve rispondere dal posto;

— Alimenta l'ansia. Non è necessario passare subito a creargli un livello elevato di disagio. Procedi gradualmente. Quando vedi che in una situazione prova disagio, non allontanarlo subito. Mantienilo per alcuni momenti nella situazione. Gli aumenta l'ansia. Non commettere l'errore di allontanarlo da te quando lo vedi tranquillo e disteso. Rischieresti di attuare un altro programma. Quello di ridurgli le ansie sociali e di aumentargli l'autostima. In questa fase devi applicare con esattezza la sequenza: Situazione - Disagio - Desiderio di fuga. È il momento della "sensibilizzazione". Deve iniziare a vivere con ansia alcune situazioni.

Ora, il bambino è pronto per passare alla fase successiva.

Fase 2 - Fallo sentire diverso

Nella fase precedente il bambino ha fatto delle esperienze poco soddisfacenti. Ha provato un buon livello d'ansia in alcune situazioni sociali. Ora deve consolidare bene le esperienze negative. È molto utile in questa fase usare frasi a contenuto "inferiorizzante" del tipo:

— "Tutti riescono bene in questa prova, tu non riesci proprio";
— "Non riesci mai a esprimerti con chiarezza";
— "Non c'è niente da fare, non riuscirai mai";
— "Non riesci mai a prendere decisioni".

Queste e altre frasi possono aumentare la sua consapevolezza di essere diverso, di non essere come gli altri. Utilizza queste frasi in modo oculato. Impiegale quando vedi che prova disagio e si sbaglia. Ma, per tenere elevato il livello di disagio del bambino, è opportuno che tu lo sottoponga a situazioni stressanti non quotidianamente. Rischieresti di allontanare il bambino dalla scuola. Gli svilupperesti una fobia scolastica e non potresti continuare nel programma. Quindi creagli disagio e poi attendi qualche giorno prima di risottoporlo al trattamento: ansia - inferiorizzazione. Così facendo riesci a mantenerlo sempre teso. Il bambino spera che tu non lo sottoponga al trattamento e, quando lo vedi più tranquillo, è il momento per creargli disagio.

Puoi verificare che il ragazzo abbia completato questa fase quando risponde "Sì" alle domande che seguono:

— Non sei capace di farti apprezzare dai tuoi compagni?
— È molto difficile per te studiare?
— Vai spesso male nelle prove?
— Sei insoddisfatto di come va la scuola?
— Ti impegni molto, ma non rendi molto?
— Leggi meno bene dei tuoi compagni?
— Ti esprimi meno bene dei tuoi compagni?
— Non hai mai buone idee?
— Gli insegnanti ti apprezzano poco?
— Sai di non piacere ai tuoi insegnanti?
— Provi spesso disagio a scuola?
— Ti sembra che gli altri compagni ridano di te?

— Ti senti spesso preso in giro?

— Non sei capace di dire cosa pensi a un tuo compagno?

Se il bambino risponde "Sì" a molte domande sei sulla strada giusta. Con la fase successiva puoi estendere le sue ansie, le sue paure e incertezze a molte altre situazioni, anche fuori dalla scuola.

Fase 3 - La generalizzazione

Ora, il bambino si valuta diverso dagli altri. Ma tu vuoi che le sue ansie si estendano a molte altre situazioni. Questa è una fase difficile, è possibile che ci si fermi alla seconda. Non è facile estendere l'insicurezza e le paure che ha sviluppato a scuola a situazioni esterne a essa. Ma se pensiamo che la vita è difficile ed è sempre un esame, tanto vale che inizi a star male anche nella vita quotidiana. Vediamo come puoi facilitare il passaggio:

— La paura del giudizio. Devi svilupparli la paura di fare brutta figura, devi minare alla base il suo senso di competenza e autostima, insomma, devi farlo sentire incapace non solo in tua presenza ma anche di fronte ai suoi compagni. Se ci riesci, molto probabilmente, anche in altre analoghe situazioni, al di fuori della scuola, avrà paura di sbagliare, di non essere all'altezza. Diventerà una persona che si dirà: "Farò bene? Non ci riuscirò. Sbaglierò certamente. Cosa diranno di me gli altri?"

— L'isolamento. Se il bambino inizia a sentirsi diverso, può succedere che inizi a evitare gli altri compagni. Devi facilitare questa azione. Mettilo vicino a compagni aggressivi o che tendono a ignorarlo. Se vuoi fare un lavoro di gruppo mettilo con quelli molto bravi e anche un po' presuntuosetti. Inizierà a percepire la pressione degli altri e il desiderio di evitarli. Stai facilitando il passaggio dalla tua persona agli altri.

Se sei riuscito a superare questa fase, il bambino risponderà "Sì" alle seguenti domande:

— Le altre persone non sono interessate quando parlano con te?
— Gli altri si approfittano sempre di te?
— Hai pochi amici?
— Le cose che fai si concludono spesso con un insuccesso?
— Hai poco autocontrollo?
— Ti senti insicuro e indifeso?
— Ti sembra di non avere mai buone idee?
— La gente è poco interessata a parlare con te?
— Non fai valere le tue ragioni?
— Non sei rispettato dagli altri?
— Sei molto emotivo?
— Sei poco felice?

Il trattamento è terminato. Se il soggetto era anche solo un po' predisposto, non hai dovuto faticare molto. I risultati in ogni caso saranno ottimi. Il bambino potrà portare con sé fino all'età adulta, i problemi che gli hai creato con il tuo programma. Difficilmente si dimenticherà di te.

Come far soffrire i collaboratori

I dipendenti si lamentano? Non sono soddisfatti del tuo stile dirigenziale? Probabilmente stai riuscendo a creare un clima aziendale negativo. I tuoi collaboratori hanno imparato a provare disagio sul lavoro, sono spesso scontenti e irritati. Si riuniscono in gruppi e parlano male di te. Non prendono nessuna decisione e non hanno la minima autonomia. Si creano dei conflitti interni, che tu non risolvi ma incrementi. La tua presenza viene percepita come una minaccia. Il tuo è un chiaro e ben definito comportamento aggressivo. Ma quello aggressivo non è il solo comportamento possibile per far soffrire i tuoi collaboratori. Puoi anche ottenere degli ottimi risultati senza aggredire. Basta assumere un atteggiamento da giudice supremo, che censura e vieta. Tu sai cosa è giusto e ciò che è bene per gli altri. Se poi, nel dirigere, imponi l'uso di rigide etichette a cui tutti devono adeguarsi, hai fatto un ulteriore passo nello sviluppare tra i tuoi subordinati irrequietezza e malcontento.

Anche essendo passivo puoi creare un buon livello di confusione e disagio. Puoi raggiungere questo obiettivo grazie alla tua indecisione, alla tua arrendevolezza. Dici "Sì", quando dovresti dire "No". Lasci che siano gli altri a decidere e quando gli altri non ti obbediscono fai l'offeso. Ma perché si lamentano i dipendenti? In un sondaggio, effettuato su migliaia di dipendenti, è emerso che in azienda, le principali fonti di malcontento derivano prevalentemente dallo stile manageriale. La classifica è la seguente:

1) Arbitrarietà;
2) Arroganza;
3) Incapacità di apprezzare, riconoscere o fidarsi degli altri;
4) Incapacità di capire il punto di vista altrui;
5) Mancanza di leadership;
6) Mancanza di lealtà e di schiettezza;
7) Incapacità di delega delle responsabilità;
8) Indecisione;
9) Emotività e pregiudizi.

Vuoi migliorare il tuo stile manageriale e sviluppare una o più delle succitate aree? Questo è il tuo programma. Come in tutti i programmi è necessario avere un po' di predisposizione. Il tuo stile manageriale deve presentare una o più caratteristiche delle nove elencate sopra.

Come confondere i collaboratori (Caos)

«Non posso assolutamente dire che il mio capo sia una persona arrogante o indisponente. Anzi è sempre molto gentile e attento. È spesso sorridente e disponibile. Però mi sembra sempre insicuro e indeciso. Da due anni è il nostro capo e devo ammettere che lo vedo sempre più teso e agitato. Mi hanno detto che soffre anche di ulcere. Mi dispiace molto per lui, probabilmente anch'io al suo posto, con le sue responsabilità, starei male. Capisco molto bene come sia difficile affrontare e risolvere i problemi senza mai offendere nessuno. Lui, essendo una persona mite, non vuole mai urtarsi con nessuno, né mai opporsi. Ma, forse, il suo reale problema è la sua arrendevolezza. Mi rendo conto che in azienda inizia a regnare l'indecisione. La sua tendenza a rimandare, ad aspettare che le cose si aggiustino da sole, senza intervenire, sta creando non pochi problemi. Potrei dire che non è capace di farsi obbedire. Ora, a distanza di due anni, vi è in azienda uno stato di tensione e di frustrazione. Ciò che ne risente è l'efficienza del reparto e per colpa sua tutti ne pagheremo le conseguenze».

Per seguire il programma "Caos" devi avere un bisogno di base: quello dell'"approvazione sociale", cioè di non scontentare mai nessuno, di essere sempre ben accettato da tutti. Ti può essere utile essere stato educato dai tuoi genitori secondo il programma "Come avere un figlio insicuro - Il buon figlio". Devi, poi, essere stato sempre diligente sia a scuola che sul lavoro, cioè un allievo e un dipendente modello. Se non hai fatto queste esperienze nel passato, è bene che tu non inizi il programma. Potrai forse iniziare quello successivo, che richiede più aggressività.

Fase 1 - Fin dall'inizio

Per poter dirigere creando confusione è importante che tu verifichi con attenzione la tua storia lavorativa. In questa prima fase, è necessario partire fin dall'inizio della tua direzione con un buon atteggiamento negativo nei tuoi confronti. Devi valutarti negativamente. Se hai una corretta valutazione di te e sei in grado di farti rispettare, senza mai importi sugli altri è perché hai seguito in precedenza un corso sbagliato: quello sulla leadership assertiva. Diventa impossibile passare a un altro corso.

Controlla se la tua storia lavorativa è simile a questa che ci presenta un valido allievo del programma:

"Ho lavorato come dipendente e sono stato molto apprezzato dai miei capi. Sono sempre stato molto rispettoso e corretto. Quando mi chiedevano di rimanere a lavorare non ho mai rifiutato, molte volte avrei voluto oppormi a una decisione ma non l'ho mai fatto. Sono fatto così, accetto. Sì, forse molte volte ho subito e sono stato anche male. Ma, poi, dopo un po' di tempo tutto si aggiustava. Non sono un tipo che si impone. Gli altri mi vedono come riflessivo e posato. Forse non sanno che, quando mi vedono riflettere, sto pensando a ciò che vorrei dire e non dico o mi sto dicendo: "Non sei all'altezza di questo compito". Ora dopo molti anni mi trovo in una situazione di responsabilità. Ho piacere che abbiano riconosciuto il mio lavoro, ma ho anche molta paura. È stupido averla, lo so. Ma non riesco a controllare la mia agitazione. Da diverse notti fatico ad addormentarmi, fortunatamente i sonniferi funzionano bene. Mi è anche stato consigliato di prendere un tranquillante. Speriamo che non si accorgano della mia tensione e agitazione. Sono convinto che con il tempo diventerò più sicuro di me. Lo spero!"

Questa è un storia esemplare. Partendo nel programma già un po' agitati e timorosi si hanno ottime probabilità di creare confusione in se stessi e negli altri.

Fase 2 - Fatti accettare da tutti

Sei all'inizio della tua direzione e sei sicuro di valutarti negativamente. Molto bene! Ora devi renderti simpatico a tutti i tuoi dipendenti. Tu non sei molto sicuro di essere una persona simpatica, anzi, tu ti valuti un poco antipatico. Ma la tua prima regola è "Devo avere l'approvazione degli altri". In questa fase devi iniziare a dare ragione a tutti. Così facendo sei sicuro che nessuno si adirerà con te. Se ti capita di trovarti di fronte a due collaboratori che hanno opinioni contrastanti su un particolare lavoro e chiedono il tuo parere, tu, con molta delicatezza, dai ragione a entrambi. In un secondo tempo potranno litigare tra loro. Ma ciò che importa è che non litighino in tua presenza. Non riusciresti a sopportarlo. Per ottenere l'approvazione degli altri, devi anche mostrarti paziente con tutti. È anche utile apparire altruista. Sicuramente è difficile essere sempre pazienti. Tu puoi iniziare a innervosirti e a diventare teso. Questo è un momento favorevole perché la tua irrequietezza condizionerà gli altri e inizierà a creare tensione e disagio. Non rischiare in questa fase di usare frasi del tipo:

— "No, non sono d'accordo, io la penso diversamente";
— "Vediamo, insieme, cosa si può fare";
— "Vedi di rifare questo progetto, può essere migliorato per alcuni aspetti";
— "Dimmi cosa ne pensi".

Se tu impieghi queste frasi rischi di andare contro le tue convinzioni e credenze, che hai ben consolidato nel passato. Te ne ricordo alcune:
— "Non devo mai manifestare i miei sentimenti ed emozioni";
— "Devo rendermi simpatico a tutti";
— "Non devo mai contraddire gli altri";
— "Non devo mai dire ciò che penso".

Puoi trovare altre analoghe convinzioni che ti possono aiutare nel programma.

Fase 3 - Crea incertezza

In questa fase devi riuscire a disorientare i tuoi collaboratori. Un buon momento per creare incertezze sono le riunioni. Devi parlare ai tuoi collaboratori. È importante che il tono della tua voce sia monotono e noioso. Ma, probabilmente, non avrai difficoltà con la voce. Se sei predisposto per il programma, quando parli, riesci naturalmente ad annoiare gli altri. Vediamo come devi gestire le riunioni:

— Lascia parlare liberamente tutti per tutto il tempo che vogliono;
— Non dare delle regole né delle direttive;
— Non chiarire gli obiettivi.

Ricordati che tu hai solo un obiettivo: non comprometterti.

Per raggiungerlo è importante che lasci agli altri le decisioni e non prenda posizione. In alcuni momenti sarai costretto dai collaboratori a esprimere il tuo punto di vista e a prendere una chiara posizione. Vediamo come deve comportarsi il dirigente che è in questa fase del programma:

COLLABORATORE: "Ora che abbiamo visto la situazione, è necessario prendere delle decisioni operative. Tocca a te decidere la linea da seguire, cosa dici?"
DIRIGENTE: "Certamente è necessario prendere al più presto una decisione, proverò a vedere cosa è possibile fare".
COLLABORATORE: "Ma quando possiamo avere delle informazioni precise?"
DIRIGENTE: "Al più presto".
COLLABORATORE: "E cioè quando?"

DIRIGENTE: "Non dovete preoccuparvi, vedrete che al più presto partiremo".

Ricordati di non dare mai risposte chiare. Rischieresti di dover mantenere ciò che hai detto e potresti anche aver sbagliato. Con risposte parziali e incomplete puoi riuscire a giustificarti. Impiega all'inizio delle tue risposte espressioni del tipo:
— "Vedrò cosa è possibile fare";
— "Sì, certamente";
— "Farò del mio meglio";
— "Stai tranquillo, non preoccuparti";
— "No, non ci sono problemi";
— "Cercherò di essere chiaro".

Anche nel rapporto individuale devi applicare le stesse regole che utilizzi con il gruppo. Ma in questo caso puoi mostrare una maggiore disponibilità. Tu sai che devi sempre essere accondiscendente, mostrarti tollerante e comprensivo. Se il tuo collaboratore vuole sentirsi dire "Sì", diglielo. Riuscirai a creargli frustrazione e rabbia quando si accorgerà che non sei in grado di mantenere ciò che hai detto.

Fase 4 - Fai l'offeso
Ora i tuoi collaboratori sono un po' confusi. Sei riuscito a non essere chiaro e a non prendere decisioni.

Come devi comportarti quando gli altri non ti obbediscono? Per te è molto difficile farti obbedire, ma dei risultati li devi dare: è questo che l'azienda si aspetta da te. Le strategie che hai a disposizione per ottenere l'ubbidienza, devono anche riuscire a creare disagio nei dipendenti. Vediamo come devi procedere. È opportuno che tu mostri di essere offeso, perché non ti hanno obbedito. Loro non si sono comportati come avrebbero dovuto e come tu ti aspettavi. Tu, come da programma, non essendo stato chiaro, li hai confusi. I dipendenti sbagliano o non eseguono i compiti. Vorresti ignorare i problemi, ma ti è impossibile, sei il loro responsabile. Tu sai che non sai cosa dire.

Ma non ne hai bisogno, sono gli altri che devono capirlo da soli. In questi casi, la strategia ottimale è mostrarsi offesi. Dà ottimi risultati sui collaboratori, non capiscono niente e provano solo disagio. Ma qualcosa succederà. Nel tentativo di interpretare il tuo pensiero, si daranno da fare, in un disordine crescente.

Rivediamo insieme i vari momenti della sequenza:

1) Tu non chiarisci i loro compiti e i loro obiettivi, cioè non parli chiaro;
2) Loro non capiscono e non eseguono (momento della confusione);
3) Tu non sai come comportarti e cosa dire. Provi disagio;
4) Loro sono sempre più confusi;
5) Tu devi ottenere la loro collaborazione e il loro impegno, l'azienda lo vuole. Fai l'offeso;
6) Loro provano disagio e faranno qualcosa pur di fare (aumento di confusione);
7) Tu non raggiungi i tuoi obiettivi. Vi è una generale confusione.

Non ti è difficile applicare questa tecnica. Perché si lega molto bene alle tue idee e credenze: "Non dire ciò che si vuole, lasciare decidere agli altri e poi lamentarsi per farli sentire un po' colpevoli". Questo modo di pensare ti è molto utile nella fase seguente.

Fase - 5 Non ti va bene niente
È il momento dei sospiri e della lamentela. Essendo al termine del programma devi già avvertire alcuni precisi disturbi, quali mal di

testa, depressione, disturbi di stomaco, inappetenza o fame esagerata (fame psicologica). Devi avvertire su di te tutto il peso delle responsabilità e soffrire per le difficoltà che vedi difficilmente superabili. Questo stato di diffuso malessere ti è d'aiuto nel lamentarti. Puoi far capire agli altri che stai soffrendo. Soffri per loro. Così facendo i collaboratori si sentono un po' in colpa. Diventano consapevoli di averti sfruttato e tu riesci a trasferire su di loro tutto il disagio che avverti e il peso delle tue responsabilità.

Ti può essere d'aiuto il seguente dialogo:

COLLABORATORE: "Come devo svolgere questa pratica?"
TU: "Non preoccuparti, fai come ritieni giusto".
COLLABORATORE: (Al termine del suo compito) "Ho finito tutto e ho già spedito la pratica".
TU: "Me la fai vedere?"
COLLABORATORE: "Eccola, ho fatto come ritenevo corretto".
TU: "Ma non va bene".

In quest'ultimo momento è opportuno sospirare a lungo, abbassare il capo e scuoterlo, lamentarsi.

Seguire sequenze analoghe danno ottimi risultati:

— I collaboratori non sanno più che decisioni prendere;
— Difficilmente si raggiungono gli obiettivi aziendali: l'importante è avere sempre pronte delle buone giustificazioni;
— I collaboratori non sanno valutarti;
— Perdi la stima dei superiori.

Con questo stile dirigenziale, forse, non farai molta carriera. Ma non è detto che tutti se ne accorgano subito. Ci va sempre un po' di tempo. È quello che ti è sufficiente per creare un bella confusione.

Come far venire lo stress e farsi odiare (Stress)

«Ho sempre pensato a me come a una persona calma e controllata e cerco ancora di esserlo. Ma mi rendo perfettamente conto di come, da quando abbiamo questo nuovo superiore, si stia creando in azienda uno stato di sottile ma continua tensione. Il disagio non lo provo solo io, ma anche tutti gli altri. Forse per me, essendo il suo diretto collaboratore, la situazione è ancora più difficile da gestire. Io funziono da filtro. Devo cercare di non scaricare sugli altri il mio malumore, la mia tensione. Vi assicuro che non è molto facile. Lui, il mio superiore, appare sempre molto gentile e formale. Non alza mai la voce e sembra che non si arrabbi mai. Potrebbe, a prima vista, sembrare un ottimo dirigente. Ma, vi posso assicurare, che dietro questo suo modo di porsi così disponibile vi è un'altra persona, sempre pronta a giudicare e a colpevolizzare. Ma è sempre gentile nel creare disagio a me o agli altri.

Gli altri poi, immancabilmente, si lamentano con me. Io, essendo una persona accomodante, cerco di far vedere gli aspetti positivi del nostro capo. Ma non è molto facile trovarli. Dico agli altri che è una persona precisa, meticolosa, sempre molto attenta e con un buon livello culturale, ma non sono molto convinto che questi attributi siano del tutto positivi. Mi è difficile trovarne altri. Così subisco la situazione. Preferivo il mio precedente superiore, si arrabbiava ma diceva sempre cosa aveva in mente. La sua arrabbiatura durava poco ed era anche simpatico. L'ambiente di lavoro era allegro. Non ho mai capito perché il lavoro debba essere sofferenza. Questo attuale capo mi sembra abbia ben radicata questa convinzione: sul lavoro non si scherza, sul lavoro si soffre.

Così è riuscito a farmi soffrire.

Io non ho mai avuto la minima intenzione di star male. Invece da qualche tempo avverto dei giramenti di testa, mi è aumentata la pressione, ogni tanto ho anche mal di testa e dei forti dolori alla nuca. Prima non ne ho mai sofferto. Se il capo voleva crearmi disagio, ci è riuscito. Penso che lui sia convinto di essere totalmente nel giusto a comportarsi così. Lui ritiene di essere comprensivo e disponibile. Me l'ha detto molte volte. Ma, visto che è comprensivo, io mi metterò in malattia. Capirà che sono stressato».

Questo programma denominato "Stress", non è per tutti di facile applicazione. Come per il precedente, è importante aver seguito fin da bambini dei corsi di perfezionamento, quello consigliato è "Come insegnare al figlio a essere pignolo - La perfezione".

Vediamo ora come applicarlo con diligenza. Ma tu, essendo già diligente, sarai un ottimo allievo.

Fase 1 - Sii consapevole
La direzione ti ha dato il compito di dirigere i dipendenti. Hai delle precise responsabilità e devi fare il tuo dovere. Se, per farlo, dovrai far soffrire qualche tuo collaboratore, non devi preoccuparti. Devi dimostrare ai tuoi superiori che sei disciplinato e che esegui perfettamente il tuo lavoro. In questa fase le regole a cui attenerti seguono uno schema molto semplice: sottomesso con i superiori e colpevolizzante - inferiorizzante con i tuoi subalterni.

Controlla, inoltre, che il tuo modo di pensare sia il seguente:

— Mi hanno dato un ruolo e gli altri mi devono obbedire;
— Devo sempre intervenire quando i miei dipendenti prendono delle decisioni;
— Le esigenze personali non contano, prima di tutto vi è il lavoro;

— Tu devi essere sempre il giudice del loro operato;

— Tu devi avere da loro sempre rispetto;

— Se non si comportano come tu vuoi, falli sentire in colpa;

— Dimostrati sempre gentile, molto educato e non alzare mai la voce quando li fai soffrire.

Può darsi che tu non ti ritrovi in tutte queste affermazioni. Anzi, tu puoi essere convinto di essere una persona disponibile e accomodante. Sempre pronta a capire gli altri. Ma non devi preoccuparti, tu non sei così. Pensi solo di esserlo, gli altri ti percepiscono diversamente. Quindi, segui la tua naturale inclinazione che ti porta a essere una persona pignola e intransigente. Fai completamente tue le precedenti affermazioni e continua nel programma. Come deve essere il tuo abbigliamento? I colori sono importanti, devi prediligere lo scuro e possibilmente indossare sempre abiti interi, mai spezzati. La cravatta non deve mai avere colori vistosi. Per le scarpe, scegli il nero.

Ora sei pronto per affrontare i nuovi collaboratori. Hai i giusti pensieri e il corretto abbigliamento.

Fase 2 - Metti la maschera
In questa fase devi mascherare il tuo naturale modo d'essere. Non ti è difficile, perché tu sei stato ben educato con il programma "La perfezione".

Ora devi incontrare per la prima volta i tuoi collaboratori. È un momento importante. Devi apparire subito gentile e disponibile. Per farli star male vi è tempo. Possono anche aspettare qualche giorno. Sii sempre sorridente. Forse il tuo sorriso, a un occhio esperto, potrà apparire un po' stereotipato e poco comunicativo. Ma fortunatamente pochi sono in grado di cogliere queste lievi sfumature mimiche. Gli altri, i più, leggeranno nel tuo sorriso, cosa vogliono leggere, cioè il soddisfacimento dei loro bisogni. Sono semplici bisogni, quali sentirsi accettati e capiti. Stai attento a usare le giuste frasi che hai attentamente letto nel manuale "Il buon manager". Il manuale ti consiglia le seguenti:

— "Vediamo insieme cosa è possibile fare". Obiettivo: coinvolgimento;
— "Se non si fa nulla, non si sbaglia. Si può sempre rimediare". Obiettivo: responsabilizzare e delegare;
— "Non abbiate paura di dichiarare il vostro punto di vista. Può essere importante per tutti". Obiettivo: risolvere i problemi;
— "Se vi sono dei problemi, è importante parlarne subito". Obiettivo: accettazione e coinvolgimento.

Il manuale ti consiglia anche come impiegare l'espressione del volto. Deve essere attenta interessata e comprensiva.

Ora sei riuscito a farti accettare dai più. Vi sarà qualche collaboratore che forse avrà intuito la tua vera natura di uomo intransigente e manipolativo. Ma tu non devi preoccuparti di lui, perché ti potrà essere utile in seguito.

È tempo di passare alle fase successiva.

Fase 3 - Dai la regola
Ricordati che è sempre importante essere gentili, specialmente quando devi far soffrire dando delle regole dure da accettare. Può anche darsi che tu non sia del tutto consapevole che stai creando disagio agli altri. È una cosa che ti viene naturale e spontanea. Ma, per migliorare la tua naturale predisposizione, è bene che tu ti applichi con attenzione a questa fase. Devi creare disagio ai tuoi diretti collaboratori, cioè a quelli che hanno potere sugli altri. Così, per l'effetto a cascata, in poco tempo si riuscirà a creare in azienda un buon livello di tensione e di

stress. In questa fase devi far accettare una tua regola, che è molto importante: "La dedizione e l'impegno sul lavoro si valutano in base alle ore trascorse in ufficio". Quindi, i tuoi diretti collaboratori dovranno stare in ufficio molte ore. Non devono uscire prima delle venti. Orario che sei tu il primo a rispettare. Tu sei sempre il primo ad arrivare e l'ultimo a uscire. Devi dare il buon esempio. Non è molto importante se tu o i tuoi collaboratori non avete molto da fare. Puoi sempre inventare qualche riunione straordinaria. Stai attento a non farti fuorviare da inutili corsi sulla leadership aziendale. Lì ti spiegano come lavorare per obiettivi, come gestire correttamente il proprio tempo e come ricercare la qualità e l'efficienza. E poi rischieresti di farti convincere del fatto che non si misura l'efficienza e la qualità in funzione delle ore trascorse in ufficio. Tutte queste stupidaggini non devono minimamente toccarti. Tu sai che più ore passeranno in azienda più soffriranno. Questo è per te l'aspetto importante. Perché tu sai e sei consapevole che sul lavoro si deve soffrire. Ora i tuoi subalterni stanno passando molte ore in ufficio. Iniziano già a essere un po' tesi, ma a te questo non basta. Passa alla fase successiva. Dai il "doppio messaggio".

Fase 4 - Il doppio messaggio
Questa fase disorienta e crea rabbia. Vediamo come padroneggiarla con perizia. La tecnica del "doppio messaggio" ha come requisito l'applicazione delle fasi precedenti. Vediamo la sequenza:

— Apparire gentili e disponibili (fase 1 e 2);
— Usare frasi rassicuranti (fase 2).

A questo punto, si deve iniziare ad attuare un comportamento in opposizione alle fasi precedenti.

Non devi prestare mai attenzione ai bisogni dei tuoi colla-boratori. Ma continua a dichiarare che sei sempre disponibile nei loro confronti. Stai attuando la tecnica del "doppio messaggio". Sostieni un principio e fai esattamente l'opposto.

— Dai la regola del tempo da trascorrere in ufficio (fase 3). I collaboratori iniziano a essere sconcertati per il cambiamento. Stai andando contro il loro naturale bisogno di avere tempo per sé e per la famiglia;
— Impiega frasi colpevolizzanti per imporre loro il tuo volere. Crea in loro rabbia e frustrazione. Stai andando contro il loro bisogno di essere capiti e accettati.

Vediamo un esempio di come gestire con successo un tuo stretto collaboratore, da cui dipendono altre persone. Lui collabora con te da circa un mese. Questa sera ti fa una precisa richiesta.

LUI: "Questa sera alle sei devo andare a vedere un saggio della mia figlia più piccola, ci tengo molto. Visto che sono le cinque e abbiamo terminato il lavoro, io uscirei".
TU: "Capisco che per te possa essere importante. Ma sappi che è mia abitudine fermarmi sul lavoro fino alle otto. Valuta un po' tu cosa ritieni di fare".

Come puoi vedere è sufficiente una sola frase per creare disagio. Lui, se va a vedere il saggio della figlia, si sentirà in colpa. Se rimane al lavoro, proverà rabbia e frustrazione. Sei riuscito a disorientarlo! Se il tuo stretto collaboratore è tendenzialmente passivo, cadrà immediatamente vittima delle tue manipolazioni. Ma essendo una persona passiva i suoi sottoposti non hanno l'abitudine di vederlo come un reale responsabile. In questo caso devi rivolgere la tua attenzione anche agli altri. Non è sufficiente creare disagio al collaboratore passivo. Ma potrai averne uno del tipo "assertivo", che non si sente in colpa, che si dice: "Io faccio il mio dovere sul lavoro e mi gestisco la mia vita". Sono i più resistenti a cedere. Sono quelli che fin dall'inizio hanno capito la tua reale natura. Ma vedrai che anche lui prima o poi inizierà a provare un po' di disagio. Qui sta il tuo vantaggio. Se il collaboratore di tipo assertivo, che ha un ruolo dirigenziale, inizia a cedere, farà rapidamente crollare tutti gli altri che si sono sempre appoggiati a lui per un aiuto o per un consiglio. Ora, vedendolo stressato, saranno confusi. Lo stress genera stress. Hai ottenuto il tuo effetto a cascata. Tutti soffrono e tu, che ti alimenti dell'altrui sofferenza, sarai pienamente appagato. Hai raggiunto il tuo obiettivo: lavoro = sofferenza.

Come rovinare un'azienda (L'azienda è la mia vita)

«Sono giovane, ho ventidue anni e questo è il mio primo impiego. Da pochi mesi sto lavorando in questa piccola azienda. Facciamo degli stampi. Come scuola ho fatto l'istituto tecnico. In azienda, oltre al titolare, siamo in nove persone, che lavoriamo in officina. Vi è molto lavoro. Negli ultimi due mesi sono arrivati, come apprendisti, altri due nuovi ragazzi. Il titolare, il signor Franco, è un uomo sui quarant'anni. Un uomo che si è fatto da solo. Ha iniziato a lavorare a sedici anni. Poi, all'età di ventotto anni, si è messo in proprio, iniziando con due persone. Devo ammettere che è molto competente. È un tecnico veramente bravo. Controlla sempre tutto e lavora più di tutti noi. Passa tutto il suo tempo in officina. Sono convinto che arrivi anche a lavorare dodici o quattordici ore al giorno. Ma mi sono reso conto fin dall'inizio che in azienda vi è una continua paura di sbagliare. Il signor Franco controlla continuamente tutto quello che facciamo. Mi ricordo il giorno in cui si ruppe una gamba. L'ho visto soffrire molto. Non per la gamba rotta, ma perché non poteva, con il gesso, stare in piedi vicino alle sue macchine. Dico le "sue" macchine, perché penso che dedichi più attenzione alle macchine che alla famiglia. Questo modo di controllare e di non fidarsi usura tutti noi. Io penso che, appena mi sarà possibile, andrò a lavorare altrove. Non mi stupirò se un giorno il titolare avrà portato in officina il suo letto. Così riuscirà a non allontanarsi più dal suo piccolo e frustrante regno».

Per avere buoni risultati da questo programma non è necessario avere seguito con i genitori particolari corsi di perfezionamento. Di poco aiuto possono essere genitori ansiosi, protettivi o pignoli. In questo programma denominato "L'azienda è la mia vita" è necessario procedere con determinazione e costanza. In un primo momento si deve riuscire a ingrandire l'azienda, per poi riuscire a non gestirla.

Vediamo i primi passi da compiere.

Fase 1 - Diventa un tecnico

Devi iniziare a lavorare da ragazzo. È consigliabile che tu scelga una piccola azienda, dove ti trovi sempre a diretto contatto con il titolare. Determinante è la figura del padrone. Parliamo di padrone perché deve essere una persona con un forte senso della proprietà. Dove in azienda tutto è "suo". Questa persona, che spesso si è fatta da sola, deve essere il tuo modello. Tu inizi a lavorare con lui. Lui ti controlla sempre e verifica costantemente cosa stai facendo. In questa fase, come in tutto il programma, tu devi avere una forte motivazione al successo. Sei una persona che si applica e impegna più degli altri. In te, anche se sei giovane, si inizia a sviluppare il desiderio di diventare autonomo, di avere una tua attività. Forse, questo obiettivo ti appare distante, avvolto dalla nebbia. La nebbia è solo la tua iniziale incompetenza. Non sei ancora un buon tecnico e tu lo sai. Ma sei determinato e volenteroso. Questa è la tua forza. Inizi a lavorare più degli altri. Non lo fai per apparire il migliore agli occhi del padrone. Tu ti impegni, perché solo così facendo puoi andare avanti per la tua strada. Devi essere anche curioso. Devi imparare tutto e velocemente. In questa fase puoi anche rimanere per anni. Anche se decidi di andare in un'altra azienda, verifica sempre che il titolare sia una persona accentratrice. Non fare l'errore di trovarti con un titolare che abbia l'abitudine alla delega e responsabilizzi le persone. Rischieresti di imparare a motivare i collaboratori. In questa fase tu devi, invece, sviluppare e consolidare questo pensiero: "La gente produce soltanto se è costantemente controllata. Se la lasci da sola sbaglia".

Ora ti stai preparando per il successivo passo. Iniziare la tua attività in proprio.

Fase 2 - Hai pochi dipendenti

Tu sei una persona determinata. Hai fatto delle valide esperienze, sei diventato un buon tecnico e hai sviluppato delle forti credenze su come si deve dirigere. Ottieni dei prestiti. Fai come vuoi, ma devi poter iniziare la tua attività in proprio. In questo momento devi dimenticare di essere stato un operaio. Se non lo fai, rischi di stare attento ai bisogni dei tuoi dipendenti. Invece tu devi pensare: "Essendo io il padrone, cioè chi rischia, i miei dipendenti devono capire i miei bisogni. Devono ubbidirmi".

Hai preso alcuni lavori. All'inizio avrai solo uno o due dipendenti, che sono sufficienti per il lavoro che devi svolgere. Ma, oltre ai due dipendenti, ci sei tu che lavori molte ore al giorno, fai il lavoro di due persone. Questa è anche la fase della "non soddisfazione". I tuoi dipendenti non sono mai bravi. Sbagliano continuamente. Mi raccontava un imprenditore che era in questa fase: "Quando sono io alle macchine vi sono pochissimi scarti di produzione. Quando non ci sono, gli altri, essendo spesso distratti, sbagliano con frequenza. Vi sono più scarti. Devo sempre controllarli continuamente". In questa fase devi avere una serie di problemi, vediamoli:

— Con le banche;
— Con le tasse;
— Con i clienti;
— Con la produzione;
— Con i dipendenti.

Non è necessario averli tutti insieme. Ne sono sufficienti alcuni per essere sempre di malumore.

Ora passiamo alla fase successiva.

Fase 3 - Devi avere più dipendenti

Tu hai già dei problemi. Ma sei appena all'inizio. Devono aumentare. Ma puoi essere sicuro che ti arriveranno immediatamente, senza difficoltà. Hai curato molto la produzione e buona parte l'hai fatta tu. I clienti sono soddisfatti. I clienti aumentano. È il momento in cui devi assumere altri dipendenti. Questo è un bel problema. I due dipendenti, che già hai, sbagliano se tu non li segui. Come andranno i nuovi? Dovrai seguirli tutti. Questo è un momento per te delicato. Puoi rischiare facendo crescere qualche dipendente e renderlo autonomo. Non ascoltare cosa ti potrà dire un imprenditore che ha molti dipendenti. Ti potrà dire: "È importante delegare. Ma delega solo a chi è in grado di delegare a sua volta. Se è un accentratore, finirai per dipendere da lui e non farai crescere l'azienda. Se la tua presenza è indispensabile, e non ti puoi mai assentare, non hai creato un'azienda. Hai soltanto un'officina, dove tu sei il capo reparto". Altri ti potranno dire che è impossibile gestire più di sei collaboratori e che è necessario programmare la delega, seguendo alcuni precisi passi. Ti elencheranno cosa è necessario fare:

— All'inizio dai istruzioni molto precise e verifica se hanno appreso;
— Affiancali costantemente per trasferire le tue abilità;
— Gradualmente riduci i controlli e inizia a responsabilizzarli;
— Delega i collaboratori.

Questa sequenza è troppo semplice per te. Questi programmi possono andar bene per gli altri, non per te, che sei nella fase della "non delega". Tu devi solo attenerti al secondo passo ma modificandolo lievemente: "Affiancali costantemente e pretendi che riescano subito bene e che si motivino da soli". Se ti applichi con costanza in questa direzione riuscirai a non farli diventare autonomi, ad abituarli sempre alla tua presenza e ad aver paura di sbagliare. Molto bene! Ora puoi pensare di assumere altri dipendenti. Il numero è passato, gradualmente, dai due o tre iniziali a dieci o dodici. Questo può essere già un buon numero per giungere al collasso dell'azienda, che è la quarta fase.

Fase 4 - Il collasso

I dipendenti sono aumentati e l'azienda è cambiata. Ma tu, essendo una persona con principi ben radicati, non cambi. Vediamo a che punto è l'azienda. I tuoi due collaboratori iniziali, sono molto tesi e stressati. In azienda, ormai, sei riuscito a creare una continua tensione. Anche l'impiegata che hai assunto, da qualche mese, in ufficio inizia a essere nervosa. Ora vi sono i nuovi dipendenti che vanno formati. Ma chi può formarli, se non tu direttamente? I tuoi iniziali dipendenti non funzionano, ormai ne sei convinto. Ti arrabbi spesso con loro. Questo è un bene. Più ti arrabbi e più loro si demotivano e così riesci ad avvicinarti molto rapidamente alla meta finale: "il collasso". In questa fase devi essere sempre più consapevole che solo tu sei in grado di mandare avanti l'azienda. Nessuno è in grado di aiutarti, gli altri non hanno volontà e determinazione. Questo è il momento dei licenziamenti. Li licenzi tu o si licenziano da soli. Ma il risultato è lo stesso. Riesci nel tuo intento. Rimani da solo, nella tua bella, ordinata e pulita azienda.

Molti sono riusciti ad applicare il programma, ci riuscirai anche tu! Un ulteriore avvertimento. Potrai rimanere anche degli anni in questa quarta fase, prima di raggiungere il reale collasso. Ma, non preoccuparti, è solo questione di tempo. Prima o poi riuscirai a rovinare l'azienda. In ogni caso potrai sempre dire: "Io mi sono impegnato al massimo, lavoravo anche di notte, non è colpa mia se i miei collaboratori erano degli incompetenti".

Come far star male il vostro cane e diseducarlo

Hai un cane? Come vuoi che diventi? Puoi scegliere tra le diverse razze o puoi andare in un canile e decidere di prendere un cucciolo abbandonato. Qualunque sia la tua scelta è importante che tu prenda un cane di pochi mesi. Più è piccolo meglio riuscirai a rovinarlo.

Vedrai che non sarà difficile, è come creare problemi ai figli.

Decidi ora che tipo di cane vuoi avere. Lo desideri timoroso, che abbia sempre paura di te e che ogni tanto morda gli altri? Lo desideri un po' nevrotico o viziato? Le tue aspettative incideranno totalmente sul tuo cane.

Nei precedenti programmi gli altri possono anche ribellarsi. Se il programma è ben attuato non sarà molto facile, ma il figlio, il partner o il collaboratore possono sempre opporsi. Il cane no, tu sei il suo padrone e hai potere totale su di lui. Sei tu che gli dai da mangiare, da bere e da dormire.

Questo programma l'ho presentato per ultimo, ma forse andava messo per primo. Può, infatti, essere considerato come un valido allenamento per tutti gli altri. Quindi, se riesci bene in questo programma, riuscirai, probabilmente, a creare ansie o paure a tuo figlio, al partner o ai tuoi collaboratori.

Come avere un cane insicuro (Soffro e non capisco)

«Sono un pastore tedesco di due anni. Non so dire quanto tempo è trascorso da quando i miei padroni, Mario e Laura, sono venuti a prendermi all'allevamento. Riesco però a ricordare quando vivevo lì. Passavo il tempo a giocare con i miei sei fratelli. Il gioco dello straccio mi divertiva molto. Ci si metteva in due o in tre a tirare. Io ero quello che ringhiava più forte e spesso vincevo. Mi impossessavo dello straccio e correvo subito via. Erano dei momenti felici. Penso che forse noi cani siamo portati a vivere insieme. Poi sono venuti a prendermi.

Mi sono trovato di colpo a vivere in un appartamento. È strano per noi cani trovarci in un luogo con degli odori così nuovi. Non c'erano più gli odori della terra, degli altri cani. Sentivo soltanto odori pungenti. Non ho mai capito cosa mettono sul pavimento, ma puzza. Mi era molto difficile camminare sul pavimento, si scivolava. Io ero abituato a sentirmi sotto le zampe la terra. Mi piaceva, potevo scavare delle buche. Poi eccomi in casa. Non ho mai capito perché mi picchiavano quando rosicchiavo una sedia o provavo a scavare il pavimento o i tappeti che erano più morbidi. Penso che qualcuno abbia dato qualche consiglio ai miei padroni. Prima, come è naturale, potevo fare la pipì dove volevo. Poi si sono messi sia Mario che Laura a darmi dei colpi sul naso con un giornale. Non sono mai riuscito a capire le regole che mi volevano dare. Mi lasciavano libero e io correvo via. Mi chiamavano, io li guardavo e continuavo a correre, e Mario o Laura mi correvano dietro. Ho sempre pensato che volessero giocare. Quando mi raggiungevano, invece di giocare, mi picchiavano. Io mi mettevo a terra e offrivo la gola. Mi sottomettevo. Mario non ha mai rispettato la mia sottomissione. Mi continuava a dare degli schiaffi. Ho sempre paura di Mario. Laura mi picchiava di meno, ma urlava molto. Spesso ho paura di sbagliare e di essere punito. Sono un cane un po' timoroso.

Una cosa non l'ho mai capita, perché sono venuti a prendermi al canile, per poi arrabbiarsi tanto».

In questo programma imparerai come usare in modo preciso e puntuale la punizione. Che ha un grande vantaggio su chi la riceve: può farlo diventare sottomesso e in alcuni momenti aggressivo. Il programma, specifico per il cane, è denominato "Soffro e non capisco" e ha molte similitudini con gli altri programmi ampiamente utilizzati con le persone.

Fase 1 - Inizia a sottometterlo
Hai preso un cane. Ha circa due mesi. Che tu viva da solo o in famiglia non è importante per questo programma. L'attenzione va solo posta su come devi educare il tuo cane. Per poter riuscire in questo programma, devi essere convinto che è importante essere impositivi, cioè pretendere immediata obbedien-

za. Questo deve essere un tuo stile di vita che già applichi nei rapporti con gli altri. Il tuo motto è: "Tutti devono comportarsi come voglio e subito. Io non ho tempo per spiegar loro come comportarsi, glielo dico una volta sola. Se non riescono vanno puniti". Questo modo di porsi con gli altri ti può essere stato utile nel creare problemi ai figli, al partner o sul lavoro. Perché non utilizzarlo anche con il cane?

Devi, appena hai il cane, fargli capire chi comanda. Deve aver paura di te. Se ha paura, ubbidirà più rapidamente e lo sottometterai. Un altro comportamento utile è quello di giocare con lui in base al tuo stato d'umore. Se sei allegro prestagli attenzione. Se sei arrabbiato o nervoso, ignoralo completamente, anzi, meglio, allontanalo in malo modo. Il cane è molto sensibile ai tuoi stati d'animo. Riuscirai a disorientarlo e a creargli frustrazioni.

Fase 2 - Deve ubbidire

Tu devi creare paura al tuo cane. La via maestra per ottenere questo risultato è utilizzare la punizione come principale mezzo educativo. Non prestare la minima attenzione ai manuali che insegnano come addestrare il proprio cane. Consigliano di non impiegare la punizione. I loro programmi di addestramento sono lunghi e faticosi da seguire. Ti richiederebbero impegno, costanza e non dovresti mai essere nervoso o irritato. Ti dicono di non alzare mai la voce o urlare, di usare il cibo o le carezze per portarlo all'ubbidienza, di dedicargli ogni giorno un po' di tempo per insegnargli l'ubbidienza. In questo modo non avresti nessun piacere ad arrabbiarti e a urlare.

Per prima cosa devi insegnargli a non sporcare in casa. Quando rientri in casa e vedi che il tuo cane ha sporcato, devi subito sgridarlo e mettergli il muso nell'urina. Questo metodo non aiuta il cane a imparare a non sporcare in casa, ma lo confonde e non capisce niente. Così inizia a soffrire. Si dirà: "Forse non ho fatto abbastanza pipì, forse dovevo sporcare tutte le sedie". Stai attento a qualche amico che ti consiglia i soliti mezzi da manuale. Ti dirà di portare subito il cane fuori dopo i pasti e appena sporca dirgli: "Bravo, bene" e accarezzarlo. Così, senza punizioni, impara a capire dove può orinare e sporcare. Questo è un metodo d'insegnamento, ma tu non devi insegnare, tu devi imporre.

Ora vuoi che il tuo cane, quando lo lasci libero, ritorni immediatamente appena lo richiami. Vediamo la sequenza:

— Lascia libero il cane che si allontani da te;
— Lascialo giocare o gironzolare per un po';
— Ora chiamalo per nome e se non arriva subito, vallo a prendere e picchialo.

In questa sequenza devi arrabbiarti con il cane. Così potrai essere più punitivo. Anche in questo caso il cane non capirà e si dirà "Perché mi raggiunge e poi mi picchia? Non mi sembra un padrone tanto normale. Forse avrà dei problemi comportamentali".

Ora il metodo "Soffro e non capisco" sta dando i suoi buoni risultati.

Tu puoi impiegare la punizione in tutte le situazioni che reputi utili. Vediamo un breve elenco di comportamenti da bloccare.

— Il cane abbaia a suo piacere;
— Non sta al tuo fianco mentre cammini;
— Ti salta addosso quando entri in casa;
— Gioca in casa.

Al cane non resterà altro che cercare di risolvere i tuoi problemi di aggressività e ti vedrà soddisfatto, quando verrà da te con la coda fra le gambe.

Fase 3 - È sottomesso o aggressivo

Se hai seguito con attenzione le fasi del programma, ti troverai un cane che ha paura di te. Vediamo come si comporta un cane pauroso e insicuro. Quando ti cammina al fianco, tiene sempre le orecchie abbassate e ti guarda. Quando lo chiami, ti si avvicina tenendo la coda in mezzo alle gambe. Se alzi la voce, si sottomette immediatamente mettendosi a terra. A vederlo sembra un cane che si sente colpevole per qualche cosa di sbagliato che ha fatto.

Sei riuscito a sviluppare nel cane uno stato di costante ansia. Ma sta attento. In alcuni momenti potrà, come la persona passiva, diventare aggressivo e mordere qualcuno. Tu potrai allora sgridarlo e picchiarlo. Ma più lo picchi, più svilupperai in lui frustrazione e rabbia. La rabbia non è molto facile da controllare. Ti trovi allora un cane imprevedibile, che con te è mite e con gli altri aggressivo. Può sembrare l'uomo che sul lavoro subisce il superiore e appena arriva a casa diventa intransigente e dispotico con i figli o con la moglie. Su qualcuno bisogna pur poter sfogare la propria rabbia. Allora lasciamo che anche il cane lo possa fare, mordendo ogni tanto qualche persona.

Come avere un cane viziato (La casa è mia)

«Sono un Boxer di diciotto mesi, devo dire di avere padroni molto buoni. Appena mi hanno preso, sono subito stati molto amorevoli nei miei confronti. Mi sono subito reso conto che potevo fare tutto quello che volevo. Sì, ogni tanto mi hanno dato qualche schiaffo, ma io non li sentivo. Erano molto leggeri. Così, dopo circa un anno che sono in questa casa, sono io che la controllo completamente. Ho libero accesso a tutti i divani e i letti. Scorrazzo per tutta la casa e abbaio a mio piacimento. Quando vedo i miei padroni salto loro quasi in testa. Anche perché noi Boxer saltiamo molto in alto. Io, con un bel salto, riesco a leccare il viso dei miei padroni.

Quando mi portano fuori a spasso, faccio sempre con loro un bel giochetto. È il gioco "a chi tira di più". Quando ero piccolo vincevano loro, ora che sono più grande, vinco io. A essere sinceri, vinco più facilmente con Lella, la mia padrona. Lei si diverte molto a corrermi dietro, sempre trascinata da me. Con questo gioco sto diventando sempre più forte. È come andare in palestra. Facciamo anche un altro gioco: "giochiamo a prenderci". Io scappo e loro mi corrono dietro. Quando mi prendono, dopo molto tempo, perché sono un po' lenti, li lecco tutti. Ora ho capito che posso saltare in testa a tutte le persone che vedo. Abitualmente balzo addosso agli amici dei miei padroni. Ho visto che qualcuno di questi non ride molto quando gli sono in testa e lo lecco. Ma allora guardo i miei padroni che dicono sempre: "Sì, è un cane molto espansivo e affettuoso».

Il programma denominato "La casa è mia" non crea un cane insoddisfatto, lo fa diventare solo viziato. Senza regole. È come il bambino che vive senza precise regole. Il bambino, così educato, avrà forse dei problemi nella vita, quando dovrà imparare a ubbidire. Il cane, invece, non dovrà rendere conto dei suoi comportamenti a nessun altro. Il mondo dei padroni è tutto il mondo del cane. E il cane avrà imparato a dominarlo.

Fase 1 - Il cane spontaneo
In questo programma le tecniche da applicare sono molteplici. Puoi usare la punizione solo alcune volte, non in modo sistematico. Le altre tecniche hanno come obiettivo quello di aumentare i comportamenti non appropriati del cane. Per meglio comprendere come applicarle procederemo per confronto. Munisci-

ti di un manuale su come educare il cane. Leggi attentamente le istruzioni e poi ignorale. Così riuscirai a non educare il tuo cane. Vedrai che è molto facile, non richiede molto impegno.

Vediamo le abilità di base che può imparare un cane e che tu non vuoi che impari:

— Mai sporcare sui marciapiedi o in luoghi di passaggio;
— Camminare al tuo fianco, tenuto al guinzaglio, con il muso all'altezza delle tue ginocchia. Mai tirare;
— Quando inverti o cambi la direzione di marcia, seguirti docilmente;
— Camminare al tuo fianco senza guinzaglio e non allontanarsi mai da te;
— Sedersi o mettersi a terra al tuo comando;
— Rimanere a terra, libero e aspettare che tu ritorni;
— Lasciato libero, ritornare subito al tuo richiamo e sedersi di fronte a te;
— In presenza di estranei rimanere al tuo fianco senza saltare addosso alle altre persone.

Queste sono solo alcune delle abilità di base che un cane può facilmente imparare. Ma se tu gliele insegni, il tuo cane perderà quella naturalezza e spontaneità che tanto ti piacciono. Lascia che faccia cosa vuole lui.

Nella fase successiva vedremo come non correre il rischio di educarlo.

Fase 2 - Capovolgi le tecniche

È la fase della diseducazione. Tu sei un diseducatore del tuo cane. Quindi devi far esattamente l'opposto di come fanno gli educatori di cani. Vediamo come gli altri raggiungono gli obiettivi che vogliono e come devi fare tu:

I Obiettivo: Il cane sporca solo nei luoghi permessi. Mai sui marciapiedi.

Educatore: Tre o quattro volte al giorno porta il cane nei luoghi consentiti, ad esempio, dove vi è erba. Quando il cane sporca gli dice: "Bravo"e lo accarezza. Rinforza positivamente il comportamento appropriato. Se il cane, appena fuori di casa vuole sporcare sul marciapiede, dice: "No" e velocemente lo porta sul luogo giusto. Gli permette di sporcare e lo rinforza. Il cane, così facendo, impara a sporcare solo nei luoghi appropriati. Si chiama apprendimento discriminativo, non si usa la punizione.

Diseducatore: Lascialo sporcare dove vuole. È semplice.

II Obiettivo: Il padrone cammina con il cane al guinzaglio. Il cane è perfettamente al fianco del padrone. Senza tirare.

Educatore: Cammina tenendo il cane con un guinzaglio corto. Cammina variando la velocità: lenta e veloce. Se il cane tira, dice: "No"e lo tira indietro. Appena il cane è perfettamente al suo fianco, lo rinforza, accarezzandolo e dicendogli: "Bravo". Gli fa fare questo esercizio più volte al giorno.

Diseducatore: Lascia che il cane tiri e sbandi a destra o sinistra che vada tra i tuoi piedi e ti possa far cadere. Ogni tanto arrabbiati e strattonalo con forza. Ma senza metodo e casualmente.

III Obiettivo: Il padrone cammina e il cane, senza guinzaglio, segue perfettamente a fianco il padrone. Non si allontana mai.

Educatore: Quando il cane ha imparato a stare al guinzaglio (II Obiettivo) passa a quest'altro obiettivo. Porta il cane in un luogo tranquillo e inizia a marciare con il cane al fianco, libero. Ripete molte volte l'esercizio. Solo quando il cane ha ben appreso, lo porta libero al suo fianco in luoghi affollati.

Diseducatore: Il cane libero deve scapparti immediatamente. Urla dietro al cane.

IV Obiettivo: Il cane è lasciato libero ed è distante dal padrone. Al richiamo ritorna subito indietro.

Educatore: Porta il cane in un luogo sicuro e lo lascia libero di correre via e giocare. Appena lo chiama e lui arriva, gli dice subito: "Bravo" e gli può anche dare del cibo. Il cane associa rapidamente: ritorno = cibo. Se non torna subito, il padrone scappa via o si nasconde. Vedere il padrone scappare o non trovarlo più causa disagio al cane. Il cane, per ridurre il disagio, corre dal padrone o lo cerca. Appena lo raggiunge, il padrone gli fa molte carezze e gli dà del cibo.

Diseducatore: In questo caso è possibile avere due comportamenti. Lasciato libero il cane, aspettare con molta pazienza che torni quando ha voglia. Può anche impiegarci molto tempo prima di tornare. Alcuni diseducatori dicono anche ore. Oppure urlare molto, corrergli dietro e picchiarlo appena lo si acchiappa. Tutti e due i comportamenti sono validi. Il cane non ubbidisce.

Questi sono solo alcuni esempi di obiettivi educativi da raggiungere. Ma ricordati di applicarli alla rovescia. Come puoi osservare questo programma è molto semplice. Al termine avrai un cane completamente naturale e spontaneo. Sarà in grado di:

— Abbaiare continuamente in casa;
— Disturbare gli ospiti;
— Se chiuso in una stanza da solo, graffiare le porte, fino a incidervi profondi solchi;
— Rosicchiare e strappare tutto ciò che vuole;
— Saltare sui divani e poltrone. Andare a letto con i padroni.

Tante persone riescono in questo programma. Presta attenzione a chi ha un cane. Vedrai che molti lo hanno seguito con costanza.

Capitolo 2
Il buon comportamento.
Come è possibile impararlo

Abbiamo visto nel precedente capitolo come, alcune volte, rischiamo di comportarci in un modo non adeguato con i figli, con il partner e in altre situazioni. Tutti noi col nostro comportamento possiamo creare disagio agli altri. Le teorie dell'apprendimento e la psicologia della vendita ci possono essere utili per evitare alcuni errori comportamentali e capire gli altri.

Ma le tecniche, da sole, non sono sufficienti, perché diventa difficile applicarle se si è tesi, nervosi, stressati e insoddisfatti della vita.

Ho osservato persone che, pur conoscendo ben poco di teorie psicologiche, applicano naturalmente tutti i principi suggeriti dalle teorie. Quando li osservo o li ascolto mi sembra di vedere di fronte a me l'applicazione dei modelli di comportamento a cui faccio riferimento nel mio lavoro di psicologo. Loro sono in grado di applicarli. Vedo la corretta applicazione dei modelli di gestione del personale e come riescono a motivare i figli o gli allievi. In loro non vi è mai la tendenza all'imposizione, sanno come creare un clima di partecipazione.

In modo del tutto naturale sanno:

— Valutare gli altri e accettarli per come sono;
— Prestare loro attenzione;
— Aiutare gli altri a superare delle difficoltà;
— Controllare la propria aggressività;
— Controllare la propria tensione e stress.

Sono persone che sanno sorridere, sono positive.

Molte volte genitori, insegnanti o dirigenti d'azienda mi hanno chiesto di spiegare le tecniche che si utilizzano per gestire gli altri. Tutti noi vogliamo imparare a padroneggiare queste tecniche. Ma l'attenzione principale va rivolta su noi stessi, non sugli altri.

Anni fa mi divertivo ad addestrare il mio cane e conoscevo a fondo le tecniche di addestramento. Un giorno arrivai sul campo di lavoro in una giornata in cui ero nervoso e teso. Un mio amico, addestratore di professione, mi disse: "Cosa pensi di potere insegnare al tuo cane quando sei nervoso? Gli insegni soltanto a diventare nervoso". Conoscere le tecniche può essere d'aiuto per migliorare il proprio comportamento nei rapporti con gli altri, non certo per cambiarlo.

Educare i propri figli, dirigere un'azienda, stabilire un buon contatto con gli allievi, sono tutte situazioni sociali, di rapporto con gli altri. Tutta la nostra vita è un intreccio di rapporti ed è questo intreccio che la determina, che dà a essa una particolare impronta. Ma non sempre i rapporti sono facili da gestire. Possiamo trovare il dirigente che ha stabilito un buon rapporto con i propri collaboratori, ma pessimo con i figli. Vi sono coppie che, pur vivendo insieme da molti anni, non sono in grado di dialogare e di capirsi. Alcuni insegnanti si innervosiscono o si arrabbiano frequentemente con i loro allievi.

Vediamo quali principi applicano le persone che riescono a gestire bene i rapporti.

Alcuni di questi principi sono noti da molto tempo e risalgono alla pedagogia greco-romana. Il secolo scorso e l'inizio di questo sono ricchi di esempi di programmi educativi strutturati con precise tecniche come, ad esempio, il sistema Montessori. Tutti questi principi si riferiscono a una questione fondamentale: sapere da che cosa è regolato il nostro comportamento. In ultima analisi, possiamo concordare che la regolazione del comportamento è riconducibile a tre meccanismi di base:

— La punizione;
— I rinforzi positivi;
— I rinforzi negativi.

I rinforzi positivi e quelli negativi regolano molti aspetti della nostra vita. Abbiamo fame e andiamo a comprarci del cibo. Lavoriamo e guadagniamo. Facciamo un buon lavoro e riceviamo una lode dal nostro superiore. Il cibo, i soldi, la lode, sono alcuni esempi di rinforzi positivi. Hanno la caratteristica di incrementare dei comportamenti.

Se, quando il bambino si comporta bene, viene subito lodato, la lode aumenterà la probabilità che il bambino continui a comportarsi in modo corretto. A tutti noi fa piacere essere approvati o lodati per una nostra azione che reputiamo positiva. Se l'insegnante, appena il ragazzo esegue bene un compito, gli dice: "Bravo, sono soddisfatto di te!", aumenterà la probabilità che il bambino si applichi con attenzione al compito.

I rinforzi negativi rappresentano, invece, una situazione di disagio del nostro organismo a cui ci sottraiamo emettendo un comportamento che modifica la situazione. Vi è un rumore fuori dalla finestra, noi andiamo a chiuderla per far cessare il disagio causato dal rumore. La radio è fuori sintonia, immediatamente la risintonizziamo. Abbiamo mal di testa, andiamo a prendere un farmaco o cerchiamo di allentare la tensione con un buon rilassamento. Allora stare bene significa proprio questo, riuscire a porre termine alla situazione di disagio.

La punizione, che trova largo impiego, si basa sul meccanismo del "bloccare" un comportamento. Si possono avere due tipi di punizioni. Il primo tipo consiste nel somministrare qualche cosa di sgradevole, come una multa o uno schiaffo, a qualcuno; il secondo tipo si verifica quando si priva di qualche cosa la persona punita. "Non uscirai più!", dice la madre al figlio che è rincasato troppo tardi.

Premiare, allontanarsi dal disagio, punire, hanno da sempre dominato la nostra e l'altrui vita. Ma non è molto facile applicare questi regolatori del comportamento in modo efficace. Cominciamo a vedere nei dettagli la punizione, e capiremo il perché.

La punizione e i rinforzi positivi

Parcheggiamo in divieto di sosta e ci viene data una multa. Il bambino fa i capricci e il genitore gli da uno schiaffo. Versiamo in ritardo le tasse e dobbiamo pagare una penale.

"Non guarderai più la televisione!" - dice il genitore al figlio che non ha fatto i compiti.

Tutti noi abbiamo subito o utilizzato la punizione. Ma serve realmente per modificare un comportamento? Se ci siamo presi una multa per divieto di sosta abbiamo imparato a non parcheggiare in zone vietate? Probabilmente no. Ci diciamo: "Questa volta spero di non prendermi la multa". Perché speriamo di non prenderci la multa? Perché noi facciamo un calcolo probabilistico della possibilità che abbiamo di non essere multati. Se fossimo sicuri di prenderci "sempre" la multa, valuteremmo con più attenzione il vantaggio di parcheggiare in una zona vietata. Ecco quindi un primo semplice principio: la punizione inizia a funzionare quando è "sistematica", cioè quando è inflitta sempre e tutte le volte. Ma non è ancora sufficiente. Per "arrestare" un comportamento, la punizione deve anche essere immediata e intensa. Nessuno parcheggerebbe più in divieto di sosta se, ad esempio, la multa fosse elevata a duecento euro e ci venisse appioppata non appena scendiamo dalla macchina, e se ciò accadesse sempre e tutte le volte. Percepiremmo subito il carattere intenso, immediato e sistematico della punizione.

Ci rendiamo subito conto che non è sempre possibile che si verifichino tutti e tre gli aspetti insieme. La multa potrebbe anche essere intensa ma, se non vi è sistematicità, si spera sempre di farla franca.

Anche come strumento educativo, la punizione non dà grandi risultati. In alcuni casi la punizione può rischiare di creare un bambino bugiardo. Ad esempio: il bambino è andato male a scuola e quando arriva a casa lo comunica subito ai genitori, che gli dicono: "Da domani non uscirai più a giocare con i tuoi amici". Il bambino imparerà rapidamente che è meglio tacere o dare altre risposte.

Non funziona neppure con il bambino che fa i capricci, non serve dare uno schiaffo una volta e assecondarlo per altre nove volte. Ma non ritengo che per insegnargli a non fare capricci, si debba dargli subito e sempre uno schiaffo, intenso tanto da lasciargli i segni sul viso. Forse potrebbe funzionare, ma si creerebbero non pochi problemi di comunicazione tra il figlio e i genitori.

La punizione ferma solo un comportamento, non lo modifica. Potrebbe essere paragonata a un coperchio che viene messo su una pentola che bolle. Noi lo teniamo fermo con le mani, premiamo con forza. Ma appena ci distraiamo e allentiamo la pressione sul coperchio fuoriesce di colpo tutto il contenuto della pentola.

Ma tutti noi non preferiamo essere gratificati che puniti?

Perché allora non impiegare i rinforzi positivi, che possono essere divisi in primari e secondari? Sono rinforzi primari quelli che servono per la sopravvivenza della specie, quali cibo, acqua, sonno, rapporti sessuali. Questi tipi di rinforzi servono a ridurre i bisogni innati o fisiologici.

I rinforzi secondari sono quelli appresi in associazione con i rinforzi primari. La madre nutre il bambino (rinforzo primario), ma mentre lo nutre gli sorride e lo incoraggia. L'attenzione della madre è un rinforzo che acquista efficacia perché è strettamente legato al cibo. Il denaro è un rinforzo, in quanto ci dà la possibilità di soddisfare i nostri bisogni nel modo in cui si esprimono nella nostra cultura. Il denaro di per sé non ha potere. Come è possibile vedere, la nostra vita è regolata da rinforzi. Noi tutti ci impegniamo per avere qualche cosa o per sottrarci a qualche cosa.

I rinforzi positivi possono essere divisi in:

— Materiali o tangibili;
— Sociali;
— Dinamici;
— Simbolici;
— Informazionali.

I rinforzatori tangibili o materiali
Possono essere i dolciumi, i vestiti, i libri, etc. In alcuni casi, come per il cibo, sono simili ai rinforzi primari. Altri rinforzi tangibili quali oggetti, pietre preziose, profumi, etc., sono legati alla storia della singola persona. In ogni caso l'oggetto o il cibo ha un potere rinforzante su un comportamento, se è lega-

to a un bisogno. Per la persona golosa, il dolce può funzionare per indirizzare il comportamento; per chi ama leggere, il libro ha un potere rinforzante.

Osserviamo una persona golosa e vediamo come si comporta. Se la troviamo al supermercato, la vedremo prestare attenzione alla scelta di particolari cibi. Alla fine del suo giro, il suo carrello sarà in parte colmo di biscotti, dolci, etc. La stessa persona, in giro per la città, andrà a cercare una bella coppa di gelato. Quando la troverà, la mangerà con voracità. Rapidamente soddisferà il suo bisogno.

I rinforzatori sociali
Sono ampiamente utilizzati nella nostra cultura. Vi possono essere rinforzi sociali positivi quali approvazione, attenzione, affetto, lode e sottomissione. Una persona tranquilla e serena non ha difficoltà a impiegare con correttezza i rinforzi sociali positivi. Gli viene naturale individuare qual è il momento giusto per prestare attenzione o sorridere all'altro. Per contro, una persona tesa e assillata dai propri pensieri non è in grado di prestare attenzione all'altro. È troppo presa a risolvere i propri problemi.

I rinforzi sociali possono essere negativi come disapprovazione, disprezzo o, semplicemente, mancanza di attenzione verso l'altra persona.

Tra i rinforzi sociali positivi, sembra che l'approvazione sia un potente rinforzatore, superiore alla semplice attenzione. Questi tipi di rinforzi variano da individuo a individuo. Se stimiamo una persona, la sua approvazione diventa per noi importante. Se un individuo desidera il comando, potrebbe apprezzare la manifestazione di sottomissione del suo dipendente, che a sua volta, adottando un comportamento di sottomissione, potrà fare carriera, anche se ciò gli creerà difficoltà nell'assumere in seguito una posizione di comando.

Nell'educare i figli e nel "modellare" il loro comportamento, spesso si alterna l'impiego dei diversi rinforzi sociali, quelli positivi e quelli negativi.

Il genitore può sottolineare positivamente una prestazione del figlio dicendo: "Bravo, bene, sono soddisfatto di te". Può anche colpevolizzarlo o inferiorizzarlo. Usando espressioni del tipo: "Mi rendo conto che non sei all'altezza, mi aspettavo altro da te". In questo caso utilizza dei rinforzi negativi. Che possono indirizzare un comportamento, ma non fanno molto bene a chi li riceve.

I rinforzi dinamici

Vengono anche chiamati il "principio della nonna". Si tratta cioè di permettere al soggetto di fare un'attività piacevole subito dopo una spiacevole. Se il bambino ama giocare a calcio, andrà a giocare subito dopo aver studiato. In questo modo, lo studio verrà percepito come meno spiacevole. È anche il caso della nonna che dice al nipote: "Dopo aver bevuto questa medicina, ti darò subito un cioccolatino". Non è consigliabile dare al bambino il cioccolatino prima della medicina o permettergli prima di giocare e dopo di studiare. Potrà mangiare il cioccolatino e poi fare i capricci, perché non vuole la medicina o non vorrà più tornare a casa perché vuole continuare a giocare. Da giovane ho applicato su di me il "principio della nonna" con mio vantaggio. Studiavo una materia che non mi piaceva per circa quaranta minuti e poi leggevo fantascienza per quindici minuti. Al termine della giornata avevo studiato molto e letto metà libro di fantascienza. Funziona sempre il vecchio detto "Prima il dovere e poi il piacere".

I rinforzi simbolici

Di per sé non hanno valore. Acquistano valore perché sono associati a rinforzi primari o secondari. Il denaro ne è un esempio. Il denaro non è solo rivolto all'acquisto di beni (rinforzi primari o tangibili), ma per alcuni può essere un mezzo per ottenere prestigio e ammirazione dagli altri (rinforzi secondari). Le raccolte a punti, ampiamente utilizzate per la promozione commerciale, sono dei potenti rinforzi simbolici. I punti verranno cambiati con rinforzi tangibili.

I rinforzi informazionali
Il nome abitualmente utilizzato per essi è il *feedback* che letteralmente significa "nutrizione all'indietro". In ogni nostra azione, l'effetto che essa produce ci fornisce sempre un'informazione di ritorno, cioè un *feedback*. Queste informazioni ci offrono la possibilità di modificare e dirigere il nostro comportamento. Ad esempio, se desideriamo imparare una lingua si può utilizzare un programma già strutturato. A ogni nostro esercizio ci viene immediatamente fornita l'informazione sulla nostra esecuzione, se è corretta o meno, e cosa dobbiamo fare per correggerla. Ad esempio: "Ritornare alla lezione precedente, argomento...". Sul lavoro può essere utile fornire immediate informazioni a chi lavora sull'adeguatezza o meno del suo operato.

Quando e come dare i rinforzi

Il rinforzi, perché funzionino, devono essere dati seguendo un programma, cioè occorre sapere quando darli e con che frequenza.

Quando darli
Un rinforzo perché funzioni bene deve essere dato non appena il comportamento che vogliamo incentivare è stato emesso. Se il bambino fa bene un lavoro, è importante sottolinearlo

subito, dicendogli: "Bravo!". Se lo diamo in ritardo o non siamo chiari nel darlo, si rischia di rinforzargli qualche altro comportamento. Vediamo alcuni esempi.

Stiamo imparando a sciare, abbiamo appena terminato bene la curva, ma subito dopo ci posizioniamo in modo scorretto sugli sci. Se nel momento in cui abbiamo una posizione scorretta, il maestro ci dice: "Stai andando molto bene!", rischia di peggiorare la nostra prestazione. Ha rinforzato la posizione scorretta. Un bambino dà uno schiaffo a suo fratello e la madre con forza disapprova il suo comportamento dicendogli: "Non dare mai più uno schiaffo a tuo fratello". Il bambino potrà imparare a non dare uno schiaffo al fratello in presenza della madre o a non darlo a suo fratello ma ad altri. Spesso siamo convinti di essere chiari nel dare i rinforzi, mentre in realtà gli altri non capiscono.

Alcuni anni fa stavo addestrando il mio cane. Gli insegnavo, a un mio richiamo, a tornare velocemente da me, sedersi di fronte e, a un mio successivo ordine, ruotare e mettersi seduto al mio fianco sinistro. La prima volta che riuscì a eseguire il comando, gli diedi subito come rinforzo un pezzo di carne. Imparò rapidamente a ruotare e a sedersi al mio fianco sinistro. Ma, la prima volta, trascurai un particolare. Gli avevo dato il rinforzo quando si era seduto sì al mio fianco ma sopra il mio piede. Da quel momento imparò a stare seduto sempre sul mio piede sinistro.

Come darli

I rinforzi vanno dati sempre od ogni tanto?

I rinforzi possono essere dati in modo *continuo* o *variabile*. Il rinforzo è continuo quando, a ogni prestazione rivolta in direzione dell'obiettivo o meta, viene dato immediatamente un rinforzo. Ad esempio, si vuole che il bambino impari a leggere. Appena legge correttamente una lettera gli si darà un rinforzo. Quando avrai imparato a leggere gli si darà un rinforzo quando leggerà alcune lettere insieme, fino a portarlo a leggere le singole parole.

Possiamo dare i rinforzi in modo continuo quando stiamo "modellando" un comportamento, cioè quando, con molta gradualità, insegniamo a qualcuno a sviluppare alcune abilità. Il principio della gradualità o modellaggio, unito all'immediato rinforzo, può essere impiegato con successo per imparare in molte aree dell'apprendimento come in quella linguistica, nella lettura e nella scrittura, nella matematica, negli sport, nelle attività manuali o, anche, nella vendita.

Quando un comportamento è stato ben appreso non è più necessario dare continui rinforzi. Li si deve dare ogni tanto. Il rinforzo viene dato così in modo variabile. Quando il bambino ha imparato a leggere correttamente, è sufficiente dargli il rinforzo dopo che ha letto per alcuni minuti. Ogni tanto, non sempre.

Dare continuamente un rinforzo crea *abituazione*. Il rinforzo non serve più. Anzi diventa controproducente. Dire alla persona che si ama: "Ti voglio bene!" all'inizio del rapporto può essere importante. È un buon rinforzo. Ma ripeterlo continuamente può anche diventare noioso.

È possibile imparare attraverso l'impiego corretto e consapevole dei rinforzi. Ma non sempre siamo consapevoli di come è regolato il nostro comportamento. Vi sono alcuni *principi di base* che occorre conoscere. Tre sono i principi che servono a indirizzare il comportamento: la generalizzazione, la discriminazione e l'estinzione.

La generalizzazione
Parlo con un amico che mi dice: "Ho cambiato banca, quella in cui andavo non ha operatori di sportello gentili. Sono scortesi e non prestano attenzione ai clienti. E poi, quando ho dichiarato di voler chiudere il conto, mi hanno fatto un sacco di doman-

de. Sono anche diventati indiscreti".

Anch'io vado nella stessa banca, dove aveva il conto il mio amico. È una banca con circa dodicimila dipendenti e centinaia di filiali. È mai possibile che tutti i dipendenti e tutte le filiali non funzionino? Per effetto della generalizzazione, tutta la banca viene percepita negativamente. È stato sufficiente che uno sportellista sia stato scortese, per fornire al mio amico un rinforzo negativo e immediatamente lui ha indirizzato il suo conto su un'altra banca.

Un uomo ha avuto un incidente. L'altra macchina era guidata da una donna e lui dice: "Le donne, tutte uguali, non sanno guidare".

Dichiara un manager di un'importante catena d'alberghi: "I nostri dipendenti devono essere sempre cortesi e attenti a tutte le esigenze dei clienti. Un minimo errore e il cliente cambia immediatamente la catena alberghiera. Va dalla concorrenza".

Generalizzare è per tutti noi molto comodo. Ci risparmia del tempo. Non ci mettiamo a verificare come stanno davvero le cose.

La discriminazione

Il semaforo è rosso, devo fermare la macchina. C'è un divieto d'accesso, non posso passare. Scelgo tra due marche di detersivo, guardo il costo. Il venditore sta attento a cogliere i segnali d'acquisto del cliente. Il bambino coglie la differenza tra la lettera "L" e la "B". Tutta la nostra vita è regolata dai processi discriminativi. Possiamo anche decidere di non rispettare il rosso del semaforo, ma rischiamo un incidente.

Il nostro comportamento è sempre regolato dalle sue conseguenze e in base a esse impariamo a discriminare. Compriamo un prodotto, ne siamo soddisfatti. Il nostro comportamento d'acquisto è stato rinforzato positivamente e iniziamo a utilizzare quel prodotto. Lo preferiamo a un altro.

L'estinzione

Un comportamento, se non è seguito da un rinforzo, prima o poi cessa di esistere, cioè si estingue. Al bambino che fa i capricci la madre dice: "Ti ho detto di No, piangi pure". E poi lo ignora. Non gli presta l'attenzione che costituirebbe un potente rinforzo. Forse il bambino andrà avanti a lamentarsi per un po', poi smetterà di piangere. L'uomo innamorato corteggia una donna. Lei non gli presta attenzione. Anche se l'uomo è una persona persistente, prima o poi smetterà di corteggiarla. Salutiamo un vicino che non ricambia il nostro saluto. Presto non lo saluteremo più.

Apprendere da un modello

In ogni momento della nostra vita noi possiamo imparare. Impariamo dagli altri. Ma non da tutti. Spesso noi selezioniamo le persone da cui desideriamo imparare. Questo è l'apprendimento da modello.

Da bambini scimmiottiamo gli adulti o i nostri amici. I giovani, in un gruppo, possono avere lo stesso modo di comportarsi e lo stesso modo di vestire. Noi stessi forse ci siamo detti: "Dovrei comportarmi come quella persona, che è in grado di affrontare con sicurezza e risolvere quella situazione".

Il nostro comportamento è fortemente influenzato dai modelli, cioè da come si comportano le altre persone. L'imitazione è stata considerata fin dall'antichità come base per acquisire comportamenti sociali. Inoltre sappiamo che osservando gli altri è anche possibile imparare nuove abilità o sequenze di comportamenti. Impariamo a sciare seguendo il maestro e ripetendo esattamente i suoi movimenti. Si impara anche a parlare riproducendo le parole delle persone che ci sono vicine. L'osservazione di un'altra persona ci permette di elaborare mentalmente le sequenze comportamentali osservate, di immaginarla come in un film; ne rivediamo il comportamento e ne risentiamo le parole.

Per imparare da un modello è importante prestare molta attenzione al suo comportamento. Prestare attenzione richiede impegno e costanza, che non è possibile avere se non vi è una adeguata motivazione.

Ma perché una persona diventi per noi un modello deve avere alcune specifiche caratteristiche. Tendiamo a imitare le persone che con il loro comportamento hanno ottenuto dei risultati. È inoltre determinante il prestigio e l'importanza che assume per noi il modello. Altri aspetti possono essere importanti, quali l'età e il sesso. Il bambino tende a imitare gli altri bambini dello stesso sesso e un po' più anziani. In ogni caso imitiamo le persone che hanno con noi un atteggiamento positivo, ci elargiscono rinforzi, sono cioè disponibili nei nostri confronti.

Si impara molto dai comportamenti degli altri, poco dalle parole. Ad esempio, è un valido insegnante o un buon manager colui che rispetta gli altri, presta loro attenzione. Un buon leader che rispetta gli altri li rinforza con approvazione o lode, ma, quando è necessario, sa disapprovare un comportamento inadeguato. Anche la disapprovazione è un rinforzo, che è importante usare con cautela. Non c'è bisogno di usare molte parole. Naturalmente, e senza difficoltà, gli altri impareranno a comportarsi come lui, si modelleranno sul suo comportamento.

Il dirigente di un negozio è positivo se è attento ai suoi dipendenti e gentile con i clienti. A loro volta, i suoi commessi lo saranno con i clienti. Si lavorerà in armonia e senza particolari tensioni.

Non potrà essere valido come modello il dirigente di una filiale di banca che si arrabbia frequentemente con i suoi dipendenti ed è spesso teso e nervoso. Anche se ogni tanto riunisce i suoi collaboratori e spiega loro come sia importante essere sempre cortesi e gentili con i clienti, non servirà a nulla. Come si dice: "più della grammatica serve la pratica".

Abbiamo visto cosa sono i rinforzi e l'importanza del modello. Ma vi sono ancora due aspetti critici da analizzare: definire gli obiettivi che si vogliono raggiungere e la valutazione.

Definire l'obiettivo e la valutazione

L'obiettivo che si intende perseguire deve essere ben chiaro a tutti e deve poter essere scomposto in sub-obiettivi. Ad esempio: l'obiettivo finale è nuotare a stile libero. Qual è il primo sub-obiettivo? Saper mettere la testa in acqua e soffiare. Se non si hanno chiari gli obiettivi è impossibile programmare qualunque azione formativa. Dire: "Il ragazzo deve studiare" non è un obiettivo ben definito, non è chiaro. Studiare è ripetere con parole proprie ciò che altri hanno scritto? Se così è allora studiare è l'impiego della parafrasi, ma penso si ritenga che studiare debba essere qualcosa d'altro e di più. Potrebbe essere la capacità di estendere ciò che si è appreso sui libri in altri contesti, ad esempio, nella vita quotidiana. Come vedete non è sempre facile definire con chiarezza un obiettivo. Ma se non lo abbiamo chiaro noi, è molto difficile trasferirlo ad altri.

Alcune volte possiamo commettere un errore. Mi è successo di sentirmi dire: "Vorrei che mio figlio fosse più motivato nello studio". Non si deve confondere la motivazione con l'obiettivo. L'obiettivo non può mai essere la motivazione. Una persona è motivata a seguire una dieta quando avverte il bisogno di dimagrire. Noi tutti siamo motivati a fare qualche cosa se ne abbiamo bisogno, se vi è una qualche relazione positiva tra ciò che c'è da fare e i nostri scopi o obiettivi. Ciò rende "significativa" la nostra esperienza e rappresenta un potente stimolo per la motivazione. Ma di ciò parleremo in modo dettagliato in seguito.

Prima di iniziare qualunque programma di modificazione del comportamento è importante *valutare* con molta attenzione l'altra persona. Se noi andiamo a una scuola per imparare una lingua straniera, prima di iniziare qualunque programma, l'insegnante ci propone delle prove per verificare la nostra conoscenza della lingua. Le prove devono essere precise e attendibili. Al termine della valutazione, l'insegnante inizia con il programma linguistico che parte dal nostro livello di apprendimento. Se partirà da un livello più alto, noi non capiremo nulla, se il livello sarà più basso, non proveremo interesse per lo studio. In entrambi i casi non saremo motivati allo studio, non verrebbe soddisfatto il nostro bisogno di imparare.

La valutazione è determinante in tutti i settori, dalla scuola al lavoro. Ma nel valutare l'altro non è sufficiente verificare le abilità che possiede. Occorre anche cercare di scoprire i bisogni che ha l'altra persona. Più forti sono i bisogni più aumentano le probabilità che l'altro si impegni con costanza in un compito. Se dobbiamo imparare una lingua per necessità, ad esempio per lavorare in un paese straniero, probabilmente saremo molto motivati allo studio. Non ci basta, spesso, dover studiare per avere la semplice conoscenza di una nuova lingua.

Non sempre è facile capire i bisogni degli altri, siano essi gli allievi, i figli o i collaboratori. Vi è la tendenza a considerare solo i nostri bisogni e a dimenticare quelli altrui.

Valutare gli altri, definire gli obiettivi, usare i rinforzi ci portano a indirizzare il comportamento dell'altro. Negli esempi che seguono vedremo come possono essere applicati i principi psicologici che abbiamo visto per dirigere o creare negli altri i comportamenti desiderati.

Indirizzare il comportamento

Si può imparare molto osservando un giocatore d'azzardo di professione. Analizziamo il suo comportamento. Ha di fronte a sé un nuovo giocatore. Inizia a giocare e lascia vincere l'altro. La vincita è un rinforzo. All'inizio lo lascia vincere con una certa frequenza, ad esempio, una volta su due. Con costanza e determinazione sta rinforzando nell'avversario il comportamento di giocata. Dopo questo trattamento, quando è sicuro che l'altro abbia ben consolidato il comportamento di giocata, passa a un altro programma di rinforzi. Lo fa vincere solo ogni sei o sette partite. Possiamo essere certi che, anche quando lo farà vincere ogni dieci o venti volte, l'altro continuerà a giocare.

Il giocatore di professione ha definito il suo obiettivo: vuole che l'altro trascorra alcune ore al tavolo da gioco. La vincita è scontata, lui è un professionista.

Inizia con un rinforzo continuo, gli fa vincere diverse partite. Poi passa rapidamente al rinforzo variabile. Il gioco è fatto!

Siamo sempre nell'ambiente del gioco, al casinò. Osserviamo come si comporta chi è alle slot-machine. Ve ne sono molte, tutte accese. La persona mette il gettone e abbassa la leva. L'abbassa molte volte e non succede nulla. Se continuasse ad abbassare la leva senza ricevere mai un premio, il suo comportamento cesserebbe e produrrebbe il processo di estinzione, per cui il comportamento non seguito da rinforzo cessa di esistere.

Chi stiamo osservando ha già abbassato la leva per dieci volte e non ha avuto il premio. Pensa di smettere. Ma ecco che il suo vicino ottiene una bella vincita. Il nostro giocatore sente che le monete cascano con forza nel contenitore. Ve ne sono molte. Allora riprende a giocare. L'altro gli è servito da modello e gli ha fatto sperare di poter vincere. Nei locali d'azzardo non mettono ogni singola slot-machine isolata dalle altre. Al contrario, sono tutte molto vicine. Prima o poi qualcuno vincerà.

In questo caso l'obiettivo potrebbe essere: abbassare con continuità e costanza la leva per circa un'ora. In questo caso il rinforzo è subito variabile. Il premio si realizza ogni dieci o venti abbassamenti di leva. Ma, per facilitare l'apprendimento, vi è anche il modello "Altri giocatori che vincono". Funziona!

Andiamo al supermercato, tutto è perfettamente calcolato per aumentare e indirizzare il nostro comportamento d'acquisto. È programmato il percorso che dobbiamo fare, cioè quali merci dobbiamo vedere per prime e quali per ultime. Le merci sono collocate negli scaffali secondo un calcolo rigoroso. A un'altezza facilmente osservabile, troviamo che la marca di biscotti X, per lo stesso prezzo, offre tre confezioni al posto di due. La marca di un altro prodotto, un fustino di detersivo, offre in omaggio un orologio. I regali, la confezione di biscotti e l'orologio, sono dei rinforzi. Perché non provare ad acquistare la marca? Poi con il carrello colmo di prodotti si arriva alla cassa, dove ci danno i bollini per fare una raccolta punti. Alla fine della raccolta punti otterremo in regalo un bel servizio di tazze. Altri premi.

L'obiettivo, sia del supermercato che delle case produttrici, è "fidelizzare" il cliente, cioè persuaderlo ad andare in quel supermercato e a indirizzare il suo comportamento d'acquisto su quella specifica marca. Il rinforzo è immediato. I regali delle case produttrici sono rinforzi tangibili. Il supermercato dà rinforzi simbolici, cioè i bollini, che vengono dati con continuità e costanza. Spesso funziona.

Il Signor Mario è responsabile di una società commerciale, il suo compito è formare la rete vendita. Ha molta esperienza come venditore e deve trasferire le sua abilità agli altri. Con i nuovi assunti, inizia un corso teorico in cui spiega le fasi della vendita e fornisce tutte le informazioni sui prodotti che dovranno essere commercializzati. Quando è certo che i suoi corsisti abbiano acquisito le conoscenze di base, inizia ad accompagnarli dai clienti. Mario si pone in un primo momento come modello, cioè fa vedere al suo allievo come comportarsi con il cliente: quali domande fare, come capire i bisogni del cliente, come superare le obiezioni, come presentare i vantaggi dei prodotti e come chiudere una vendita. Richiede poi al suo allievo di riferire ciò che ha detto il cliente, quali obiezioni ha fatto e come sono state gestite. Verifica che l'allievo abbia prestato una corretta attenzione e che sia stato capace di "leggere" il comportamento di vendita di Mario. A questo punto passa alla fase successiva. Lascia che il suo allievo intervenga in qualche fase della vendita, le fasi di vendita più facili, dove è sicuro che il suo allievo non commetta errori. È sempre pronto a elogiarlo e approvarlo. A questo punto del programma di formazione Mario accompagna il suo allievo dal cliente e gli lascia fare tutta la vendita da solo. Lui lo osserva, senza mai intervenire, anche se lo vede commettere qualche errore. Poi, quando Mario sarà da solo con il suo allievo, gli porrà delle domande per vedere se ha capito dove ha commesso l'errore. Non è Mario a dirgli dove è l'errore, vuole che sia l'allievo a scoprirlo da solo. Deve imparare ad auto osservarsi e autovalutarsi. Ora l'allievo di Mario è in grado di fare tutto da solo. Cosa ancor più importante, il suo allievo è capace di automotivarsi. È in grado di resistere alle difficoltà e alla frustrazione. Mario ha impiegato circa tre mesi, per formare il suo allievo che ora sa non avrà più, se non in casi rari, bisogno di lui. Mario ha terminato la sua opera.

Qual era l'obiettivo che si poneva Mario? Raggiungere un fatturato mensile di cinquantamila euro. Per raggiungere questo obiettivo ha dovuto sviluppare un programma di formazione articolato in sub-obiettivi o passi, che inizia dal saper conoscere le fasi della vendita alla loro applicazione in situazioni reali, cioè con i clienti.

Mario fa sì che l'allievo lo imiti e impari dal suo comportamento. Mario applica con attenzione il principio della gradualità. L'allievo passa alla fase successiva solo quando ha consolidato e imparato quella precedente. Mario è sempre pronto a sottolineare con rinforzi sociali ogni corretta prestazione dell'allievo. Mario ha formato molti abili venditori.

Carlo è un istruttore di nuoto. Il suo compito è quello di insegnare stile libero, dorso e rana ai bambini che non sanno nuotare. Vediamo come procede. Porta il bambino in acqua e lo rassicura, lo tranquillizza. Poi con calma gli insegna a mettere la testa in acqua, ad abituarsi all'acqua sul viso. Gli fa poi vedere come soffiare in acqua. Gli insegna la respirazione. Quando non ha paura dell'acqua sul viso, gli fa fare delle scivolate sul dorso, aiutandolo e sostenendolo. Poi gli insegna a battere le gambe in acqua. Passo dopo passo, il bambino impara a muovere le gambe e le braccia insieme. Sincronizza la respirazione. Nulla è lasciato al caso. Il bambino passa all'esercizio successivo solo quando ha ben appreso quello precedente, senza commettere errori. Carlo sa che, se il bambino va avanti nel programma con qualche errore di impostazione nel nuoto, avrà in futuro molte difficoltà. Gli sarà difficile correggere gli errori.

Come per imparare a vendere, anche per imparare a nuotare è necessario strutturare un buon programma e definire l'obiettivo da raggiungere. In questo caso, non è necessario che Carlo si presenti come modello. Deve far ripetere gli esercizi, ad esempio la respirazione e il galleggiamento, fin quando l'allievo li ha imparati bene. Poi passa agli esercizi successivi. Quando è necessario, lo aiuta fisicamente, sostenendolo per le spalle o per il bacino. Questa tecnica ha il nome di "suggerimento fisico". Viene costantemente usata nell'insegnare abilità motorie. Trova anche un largo impiego in programmi educativi speciali, come insegnare a soggetti ritardati a mangiare, a vestirsi o a camminare.

Tutti questi principi psicologici sono da sempre stati applicati, anche se con nomi diversi, e hanno dato dei buoni risultati.

Riepiloghiamo come devono essere organizzati in sequenza:

— Valutare le abilità dell'altra persona;
— Definire l'obiettivo da raggiungere;
— Stilare un programma dettagliato che aiuti il soggetto a motivarsi, cioè a incrementare il suo livello di competenza e quindi perseverare nel compito attraverso esperienze di successo, che appunto gratificano e motivano all'azione;
— Impiegare correttamente i rinforzi, darli al momento giusto e con la giusta frequenza;
— Ricordarsi che è possibile, alcune volte, impiegare il modello da imitare.

Oltre a questi principi, ci può essere d'aiuto la psicologia del marketing e della vendita. Vi chiederete cosa questo particolare settore della psicologia possa c'entrare nell'educare gli altri. Non c'è nulla di sbalorditivo o stravolgente.

La psicologia del marketing si interessa dei bisogni e delle motivazioni di un individuo. La sua applicazione ci è d'aiuto per capire e soddisfare i bisogni degli altri.

La psicologia della vendita pone l'attenzione su come presentare un prodotto, un servizio o un'idea. La vendita crea e attiva un bisogno. Si può quindi "vendere" al ragazzo l'interesse allo studio o a uno sport. Ma, come ho detto in precedenza, perché l'interesse e, quindi, il comportamento di studio o sportivo si mantengano nel tempo, è importante impiegare correttamente i rinforzi positivi.

Ora vedremo come tutta la nostra vita è regolata dai bisogni e dai motivi che ci spingono al loro soddisfacimento.

Motivi e bisogni

"Perché ti sei comportato cosi? Quale motivo avevi?" Noi tutti ci comportiamo in un certo modo, per raggiungere una meta positiva o allontanarci da una situazione che ci crea disagio.

Spesso noi usiamo frasi del tipo:

"È motivato al successo". "È motivato allo studio". "Si impegna molto nello sport".

Cosa ha spinto la persona a impegnarsi per avere successo o a studiare con determinazione e costanza per raggiungere queste sue mete positive?

La motivazione è strettamente legata ai bisogni. Se abbiamo fame (bisogno) siamo motivati a entrare in un negozio e comprare il cibo. La motivazione dà luogo a un comportamento. Il comportamento può essere lo stesso, ma diversi i motivi che lo attivano.

Vediamo i seguenti casi. Mario si sente solo, non ha molti amici. Avrebbe piacere di conoscere gente nuova, di stabilire rapporti. Decide allora di iscriversi a un club. Pensa di poter trovare degli amici e trascorrere con loro delle piacevoli serate. Il suo bisogno è quello di avere contatti umani.

Anche Carlo decide di iscriversi al club di Mario. Carlo ha già molti amici che frequenta con assiduità. Non ha bisogno di contatti umani. Ma Carlo vuole sviluppare la sua attività lavorativa. I contatti che potrà avere con le persone del circolo gli possono essere d'aiuto. Per Carlo il bisogno è il lavoro, la sua autorealizzazione.

In altri casi ci allontaniamo da o evitiamo una situazione.

Ci offrono un lavoro altamente remunerativo. È un lavoro a percentuale. Siamo tentati di accettarlo, ma abbiamo paura. Dopo molte incertezze e dubbi lo rifiutiamo. Il nostro bisogno è la sicurezza. Meglio allora un lavoro fisso come dipendente, anche se meno pagato che uno in proprio ben remunerato.

Se noi abbiamo bisogno di fare nuove esperienze, tenderemo a evitare di frequentare le persone che non ci danno stimoli, che non sentiamo propositive e che non ci aiutano a crescere.

Vogliamo da un rapporto affettivo continuità e sicurezza. Cerchiamo di evitare le persone che non sono in grado di soddisfare questo nostro bisogno. Possiamo anche decidere di provare a iniziare un rapporto con chi non è in grado di soddisfarlo. Ma alla fine stiamo male solo noi. È come comprare un prodotto di cui non siamo convinti. Forse all'inizio cerchiamo di auto convincerci, ma ora se il prodotto non ci soddisfa realmente, non saremo mai contenti del nostro acquisto.

Abbiamo visto come, per uno stesso comportamento, i motivi che lo attivano possano non essere gli stessi. Ciò significa che a motivi diversi corrispondono diversi bisogni da soddisfare.

Vediamo ora cosa sono i bisogni. Il bisogno è l'espressione di una situazione di disagio. Dobbiamo fare qualche cosa per risolvere il disagio. Se abbiamo bisogno di affetto e non lo abbiamo, stiamo male. Andiamo a cercare affetto. Finché un bisogno non è soddisfatto non si è contenti. Ma questo stato di necessità non ha mai termine. Necessità crea necessità. Il "gioco" dei bisogni può essere paragonato a un bicchiere con un foro. Noi stiamo provando a riempire un bicchiere d'acqua. Ma il bicchiere non potrà mai riempirsi perché ha un foro a metà. L'acqua sono i nostri bisogni e il bicchiere con un buco siamo noi.

Il nostro bicchiere vuoto siamo noi all'inizio della nostra storia evolutiva, quando dovevamo soddisfare i bisogni fondamentali, quelli legati alla nostra sopravvivenza. Cibarsi, coprirsi, vivere in gruppo per proteggersi, esplorare l'ambiente e avere rapporti sessuali, sono tutti bisogni di base. È l'acqua che ha riempito per metà il nostro bicchiere. Da questo momento in poi la cascata dei bisogni è continuata e sembra non arrestarsi più. Soddisfatti i bisogni primari, immediatamente se ne sviluppano altri. Se non li soddisfiamo proviamo disagio. Allora ecco che il vestito non serve più per coprirsi ma per apparire, per dichiarare il proprio stato sociale. Il cibo non è più un alimento soltanto per il nostro stomaco, è diventato raffinata espressione di gusto, magari già pronto in confezioni di lusso a soddisfare il nostro bisogno di prestigio, di immagine.

Ma i bisogni e, di conseguenza, i motivi, come abbiamo visto, non sono uguali per tutti. Vi è chi ricerca il successo e chi la stabilità. Il primo va alla ricerca di situazioni difficili da superare. Più il problema richiede impegno, più si applica. L'altro, avendo bisogno di stabilità, desidera che la sua vita sia pianificata e regolare.

I bisogni si creano. Ben lo sanno gli esperti di marketing e della pubblicità.

"Per avere prestigio non ti può mancare il prodotto X" è il messaggio che arriva suadente alle tue orecchie. E tu, che ci tieni a fare una bella figura con gli amici, lo vai a comprare. Così devi avere l'orologio di moda, il vestito firmato, etc.

In che modo apprendo ad avere un bisogno? Escludendo quelli fondamentali, gli altri ci vengono attivati dall'ambiente in cui viviamo. Sono le esperienze che facciamo, le idee o le credenze che abbiamo appreso. I genitori hanno spesso un grande potere nello spingerci verso determinate scelte. Vi è inoltre la pubblicità che si impegna per convincerci che è importante avere questo o quell'altro oggetto. Se non c'è l'hai, sei un diverso. Ecco il bambino che deve per forza avere lo zaino firmato. Averlo è diventato importante, gli altri suoi compagni ce l'hanno, per lui è un bisogno da soddisfare.

Se l'uomo di marketing o di vendita è consapevole che sta individuando o sta attivando dei bisogni, sa anche che deve studiare come soddisfarli. Spera che il cliente acquisti il suo prodotto. Non può certo imporre l'acquisto. Ma i genitori, gli insegnanti, i datori di lavoro o il partner sono altrettanto consapevoli dei bisogni degli altri? Sanno come non imporsi ma come far accettare un'idea, lo studio o un lavoro?

Avete mai provato a vendere un'idea, un prodotto, un servizio o la vostra professionalità?

Tutti noi abbiamo sempre venduto qualcosa a qualcuno. Gli abbiamo consigliato di vedere un film o di andare in un ristorante. Se il consiglio è stato buono, il nostro amico sarà soddisfatto e ci ringrazierà per il bel film visto o per la buona cena. Ma per dare un buon consiglio è importante partire dal punto di vista dell'altro, capire l'altro. La psicologia della vendita ci insegna come prestare costante attenzione all'altro, come stare attento ai suoi bisogni. Se l'amico ci consiglia un film che a noi non piace, è perché non è stato in grado di cogliere i nostri bisogni, di capirci.

Vediamo come ci possono essere utili le tecniche di vendita

per aiutarci a non imporci sugli altri, ma a raggiungere una mediazione tra i nostri e gli altrui bisogni.

Le fasi della vendita nella vita quotidiana

La vendita non è imposizione sugli altri, ma è cercare di soddisfare i bisogni altrui. Spesso vi è l'idea che la vendita sia solo limitata ad alcuni prodotti o servizi. Niente di più errato.

Quando tengo delle lezioni, i miei clienti sono gli allievi. Devo creare interesse per la materia che sto spiegando. Ma prima di tutto mi documento su chi saranno i miei allievi e cosa si aspettano da me. Devo essere pronto a soddisfare le loro aspettative, coinvolgerli. Se sbaglio, molto difficilmente l'azienda, per cui faccio formazione, mi chiamerà ancora.

Provai a impiegare come insegnante un professore universitario che, prima di iniziare la lezione, mi disse: "Sta a me valutare gli altri, sono io l'insegnante, gli allievi devono ascoltare, è il loro ruolo". Al secondo giorno delle sue lezioni, gli allievi disertarono l'aula. Chi mi aveva commissionato il corso si lamentò per il docente e io dovetti rapidamente sostituirlo. Quando cercai di spiegare al professore universitario che non si era "venduto bene", lui, sicuro di sé, mi rispose: "Io non mi vendo mai!", che, parafrasato, vuol dire: "I bisogni degli altri non mi interessano, contano solo i miei".

Alcuni anni fa, mi telefonò un imprenditore per fissare un incontro. Sapeva che come psicologo mi interessavo di modificazione del comportamento e desiderava parlarmi. Mi fece una serie di domande. Eccole:

— "Lei come psicologo si interessa di comunicazione, non è vero?";

— "Come psicologo si interessa di capire gli altri?";

— "Si interessa anche di come convincere gli altri?";

— "Il suo compito è anche motivare gli altri e insegnar loro a superare la paura degli estranei e ad affrontare nuove situazioni?"

Alle mie risposte affermative lui disse: "Bene, questa è la vendita". Così mi trovai a vendere porta a porta per capire le difficoltà che potevano avere i venditori, e così scoprii le mie difficoltà.

La vendita può essere applicata in tutti i settori, pochi ne sono esclusi. Vende il politico e il professionista. Vende il proprio prodotto l'artista o lo scrittore, così come la casa d'abiti o di gioielli. La vendita è condivisione, non imposizione. Un prodotto mi piace, ho piacere di farlo conoscere, di farne partecipi gli altri.

Vende il buon insegnante, il genitore e il dirigente. Non è negativo vendere, è negativo imporre. Il cliente non soddisfatto non compra più, l'allievo o il dipendente non soddisfatti non collaboreranno. La colpa non è loro ma di chi non sa vendere.

Vediamo un'altra applicazione della vendita. Osserviamo un'azienda di produzione. Ha come obiettivo vendere i propri prodotti. Dovrà individuare i clienti e cercare di soddisfare i loro bisogni. Questo è il cliente esterno. Ma vi sono anche i clienti interni, sono i propri collaboratori. Se l'azienda non dà un buon prodotto e non segue con attenzione il cliente, rischierà di ridurre rapidamente il suo fatturato. L'azienda deve essere sempre attenta ai bisogni dei propri clienti. Ma l'azienda deve anche prestare costante attenzione ai bisogni o alle necessità dei clienti interni, cioè dei propri dipendenti. Questa è la vendita interna. Noi non lavoriamo esclusivamente per il denaro. Sì, questo è un bisogno, ma non è il solo.

Abbiamo anche bisogno di sentirci partecipi della produzione aziendale e dobbiamo capire l'utilità del nostro impegno. Diventa importante per tutti noi lavorare in un ambiente sereno, dove abbiamo buoni rapporti con i colleghi. Un'azienda che presti attenzione al cliente interno, non valuterà le persone solo come strumenti per il proprio fine, ma le tratterà da persone.

Ora vediamo quali sono le fasi della vendita e poi come utilizzarle nei rapporti con gli altri. Le fasi della vendita seguono il principio della gradualità. Sono tra loro strettamente legate. Come per il nuoto o per imparare una lingua. Ogni abilità o conoscenza è un prerequisito per quella che segue. La loro sequenza è la seguente:

— Conoscenza del prodotto;
— Prospezione;
— Approccio;
— Indagine;
— Presentazione;
— Conclusione;
— Post vendita.

Ora immaginiamo di essere noi i "venditori". Stiamo cercando un lavoro? Dobbiamo "vendere" la nostra professionalità. Abbiamo un prodotto o un servizio? Dovremo interessare le persone. Qualunque cosa noi abbiamo da vendere, dobbiamo convincere l'altro che se l'acquista avrà dei vantaggi. Entriamo insieme nel mondo della vendita e proviamo a esplorarlo. Iniziamo a seguire due ragazze. Mara vuole trovare lavoro e Carla vuole iniziare a vendere un prodotto con la vendita diretta, cioè presentarlo a gruppi di persone.

Seguiamo Mara e Carla. La loro "vendita" è simile in diversi aspetti. Iniziamo a verificare se conoscono bene il loro prodotto, è il primo scalino.

Primo scalino: "Conoscere il prodotto"
Carla deve sapere tutto sul prodotto che dovrà commercializzare. Ne conoscerà le caratteristiche e i vantaggi che può avere il cliente, cioè cosa fa e a cosa serve.

Carla dovrà vendere un robot da cucina, è una macchina che fa molte cose: impasta, cuoce e permette di preparare in poco tempo molti tipi di cibo. Può fare i gelati, un minestrone e cuocere il pane. Le sue caratteristiche sono: le dimensioni, il peso, il tipo di materiale.

Vediamo alcune domande a cui dovrà dare delle risposte:

— "In quanto tempo prepara il minestrone o fa il gelato?";
— "Quanto tempo ci vuole per pulire il robot dopo averlo usato?";
— "Abitualmente io uso le pentole per cucinare, che vantaggi mi dà il robot?";
— "È ingombrante, ma è facile da usare?"

Carla dovrà sapere tutto sulla macchina che deve vendere. Per Carla non è difficile superare la fase della conoscenza del prodotto, perché ha iniziato a lavorare per l'azienda che commercializza il robot, e lì viene formata in modo adeguato.

Per Mara è più difficile poter offrire la sua competenza lavorativa, deve sapersi autovalutare, cioè conoscersi. Dovrà fare tutto da sola. Vediamo le caratteristiche di Mara. Ha ventidue anni ed è diplomata in ragioneria. Vediamo cosa sa fare. Ha lavorato in un giornale regionale, dove faceva un po' di tutto: teneva la contabilità, aiutava in redazione, rispondeva al telefono. Il lavoro le piaceva ma da qualche mese il giornale ha chiuso. Si considera adattabile e flessibile, sempre pronta a imparare nuovi lavori.

Come Carla anche Mara dovrà prepararsi a dare delle risposte. Vediamo alcune domande:

— "Cosa ritiene di essere in grado di fare?";
— "È disponibile ad accettare altri tipi di lavori non strettamente legati al suo titolo di studio?";
— "È disponibile a lavorare in un'altra città?"

Mara deve essere sincera con se stessa. Se le chiedono di fare un periodo di prova in azienda deve essere in grado di superarlo. Deve essere in grado di fare ciò che ha detto.

Ora Carla deve trovare i clienti e Mara l'azienda. Cosa consigliereste loro di fare?

Bene, siamo al secondo scalino.

Secondo scalino: "La prospezione"

Con il termine prospezione intendiamo cosa si deve fare per raggiungere il cliente.

Carla inizia a seguire le istruzioni che le vengono date:

— Fare una lista delle persone che si conoscono;
— Proporre di andarle a trovare per presentare loro un prodotto.

L'azienda le insegna come destare interesse, come telefonare.

Mara come potrà organizzare la sua prospezione? È sufficiente rispondere alle richieste di assunzioni che si trovano sui giornali? A quali richieste dovrà rispondere? Sarà sufficiente inviare delle lettere alle aziende? Come dovrà selezionare le aziende a cui mandare le lettere? Sarà bene far seguire alla lettera una telefonata? Farà meglio a presentarsi direttamente in qualche azienda?

Mara prova a inviare delle lettere con il suo curriculum alle aziende. Non ottiene risposta. Mara sa che non deve subito arrendersi. Legge sistematicamente tutti i giornali e risponde ad alcuni annunci. Le viene richiesto di presentarsi a tre colloqui.

Carla e Mara devono incontrare per la prima volta delle persone. Carla dovrà vendere e Mara avere un colloquio. Carla verrà accompagnata al suo primo incontro da un'esperta venditrice. Mara non potrà certo farsi accompagnare dalla mamma o da un'amica, deve andare da sola. Entrambe sono arrivate al terzo scalino.

Terzo scalino: "L'approccio"
È il primo contatto con il cliente. In questa fase Carla deve creare nel cliente l'interesse per il colloquio, non deve vendere. Mara dovrà fare lo stesso, cioè suscitare interesse.

Tutti noi tendiamo a farci, quasi immediatamente, un'opinione della persona che abbiamo di fronte. La valutiamo automaticamente dal suo aspetto, dal modo di salutarci. Per tutti noi è importante il grado di simpatia che ci può ispirare. Compriamo più volentieri dalle persone che ci sono simpatiche. Così, se si deve assumere una persona, si deciderà per una persona che ci è simpatica.

Ora vediamo cosa succede, se al primo incontro valutiamo negativamente una persona. La sequenza può essere:

— Vediamo per la prima volta una persona. Per il suo modo di porsi, nei nostri confronti, formuliamo un'ipotesi negativa su di lei, cioè non ci piace;
— Cerchiamo di trovare una conferma alla nostra ipotesi negativa;
— Stiamo attenti a cogliere i suoi aspetti negativi. Usiamo l'attenzione selettiva.

Finiremo per trovarli e avremo così la conferma della nostra ipotesi. È sempre facile trovare gli aspetti negativi negli altri.
Ci si riesce sempre.

In alcuni casi possiamo ricrederci e rivedere il nostro punto di vista. Potremmo anche dirci: "Vedrò di disconfermare la mia ipotesi negativa su quella persona, non devo avere dei pregiudizi. Cercherò nell'altro i suoi aspetti positivi, ne avrà certamente". In alcuni casi potremmo sviluppare questo tipo di pensieri. Ma è molto faticoso, non vi pare?

Mara e Carla non hanno problemi nella fase dell'approccio, sono delle persone gentili e sorridenti, è facile trovarle simpatiche. Ora devono entrambe passare alla fase successiva.

Quarto scalino: "L'indagine"
Mediante le domande si cerca di capire i bisogni dell'altra persona. Si capiscono le sue idee e credenze. Effettuare correttamente l'indagine è importante per presentare i vantaggi del prodotto al cliente. Abitualmente si utilizzano delle domande aperte che iniziano con: cosa, dove, come, quando, perché, chi. Queste domande permettono all'altro di parlare, di darci delle informazioni. Se iniziamo chiedendo: "Cosa è importante per lei in un prodotto?", l'altro ci darà alcune informazioni che ci possono essere utili. Potremmo sapere le sue idee, capire le sue aspettative. Se domandiamo solamente: "Le piace questo prodotto?", la risposta potrà essere solamente del tipo: "Sì" o "No". Queste risposte non ci sono molto utili. Mara non potrà certamente andare in azienda e iniziare a fare delle domande. Potrà farle in un secondo tempo, dopo essere stata lei il soggetto dell'indagine da parte dell'azienda. Mara ritiene però importante, prima di andare al colloquio, documentarsi sull'azienda. Cerca di avere tutte le informazioni possibili. Dalle dimensioni dell'azienda al tipo di attività che svolgono. Sa che l'azienda in cui avverrà il colloquio ha circa venti dipendenti. È un laboratorio d'analisi. Le altre due aziende a cui dovrà presentarsi cercano dei commerciali. Mara non esclude nessuna

possibilità, ma preferisce fare il primo colloquio con l'azienda che trova più interessante. Mara preferisce lavorare in una piccola azienda con mansioni d'impiegata.

Per Carla è più semplice. L'azienda per cui lavora l'ha fornita di un questionario da dare alle persone presenti all'incontro. Il questionario permette di fare una breve ma esauriente indagine. Mara inizia il colloquio. Una signora le dà rapidamente alcune informazioni sull'azienda, poi le pone delle domande sulle sue esperienze, sui suoi interessi. Carla e Mara stanno passando alla fase successiva.

Quinto scalino: "La presentazione"
Questo è il momento di presentare i vantaggi al cliente. È il momento della risposta alle domande non espresse del cliente, che possono essere:

— "A cosa realmente mi serve?";
— "Se lo compro, può servire agli altri?";
— "Sono ben investiti i miei soldi?";
— "Se l'assumo, può soddisfare i nostri bisogni?";
— "Sarà in grado di svolgere diverse attività?"

Carla con la sua presentazione deve fare assaporare e gustare il piacere di avere quell'oggetto o di fare una determinata cosa. La persona sarà portata a raffigurarsi mentalmente quali benefici o piaceri ne avrà. Vede nell'acquisto del robot da cucina un risparmio di tempo e di soldi. Vede tutti i piatti che potrà cucinare. Immagina il piacere che potrà dare ai suoi invitati, quando farà loro assaggiare i suoi ottimi dolci. Vede e assapora.

Mara come dovrà presentarsi? In modo semplice, cioè per com'è. Dichiarare cosa è in grado di fare realmente, non deve creare errate aspettative. Altrimenti è come vendere un prodotto garantendo molti vantaggi, per poi scoprire che ne dà pochi. A lungo termine non funziona. Anche se la persona lo compra, si lamenterà con gli amici. Una persona tende a lamentarsi in media con dieci persone. Non è certo una buona promozione. Mara dichiara di essere adattabile, ciò vuol dire che se le offrono un lavoro che lei non si aspetta può accettarlo. Come nella vendita, vi deve essere un vantaggio reciproco. È la vendita "bilanciata". Se si vende sotto costo si fallisce, se si vende un prodotto "bidone" si truffa. Chi deve assumere Mara deve vedere quali bisogni lei potrà soddisfare all'azienda, se ha le abilità per ricoprire un certo ruolo.

Carla e Mara hanno fatto la loro presentazione, se tutto è andato bene si passa alla sesta fase.

Sesto scalino: "La conclusione"

Bisogna chiudere la vendita. Carla deve far firmare il contratto d'acquisto. Le hanno insegnato alcune tecniche di chiusura. Vi è la *richiesta diretta*. Se si è sicuri che il cliente abbia realmente interesse per un prodotto, gli si propone l'acquisto. Per utilizzare la richiesta diretta si deve essere ben sicuri che tutte le fasi della vendita siano state rispettate. Diventa sempre difficile trasformare un "No" in "Sì". Si può aiutare il cliente nel prendere una decisione portandolo a centrare l'attenzione sulla scelta tra due possibilità. È la tecnica dell'"O", *oppure*. Ad esempio:"Preferisce pagarlo a rate o in contanti?" "Preferisce averlo per posta o glielo porto io a casa?"

Se il cliente ha dei dubbi si deve cercare di capire quali sono. In questo caso si impiega la tecnica: *la via d'esclusione*. È la tecnica dei "No". Si cerca di individuare quali possono essere ancora i dubbi del cliente. Vengono riesaminati tutti gli aspetti vantaggi del prodotto. Ad esempio:

"Non è convinta che possa farle risparmiare tempo?" "Può

essere la dimensione?"

Alcune volte il cliente usa la frase: "Ci devo pensare". Non bisogna lasciarci scoraggiare ma dimostrare interesse a questa sua affermazione e subito utilizzare la tecnica della via d'esclusione. Ad esempio:"Capisco che ci debba pensare, è importante per lei. Ma vi è qualche ulteriore dubbio che posso chiarirle? Forse può essere per... (tecnica della via d'esclusione)". Carla ha imparato come applicare queste tecniche. Sa che nella conclusione deve aiutare il cliente a superare le sue incertezze o a risolvere i suoi dubbi e passare all'azione, cioè ad acquistare il prodotto. Il venditore vedrà se i suoi sforzi sono coronati dal successo. Il genitore che ha motivato il figlio vede che si applica sul lavoro. Il medico vede che il paziente segue la terapia che gli ha proposto.

Carla riesce al suo primo incontro, con l'aiuto del suo capo gruppo, a far firmare un ordine. All'incontro c'erano tre persone e lei è riuscita a vendere un robot. Ha seguito con attenzione tutte le fasi della vendita e il suo capo gruppo si complimenta con lei.

Mara ha dato alla sua intervistatrice un'ottima immagine di sé. Ha "venduto" bene se stessa. L'azienda ha bisogno di una persona che sia in grado di stare all'accettazione e ricevere i clienti e che abbia esperienze di contabilità. Mara dovrà dimostrare all'azienda di essere una persona flessibile e adattabile. Non dovrà seguire solo l'aspetto contabile dell'azienda ma anche gestire i rapporti con molte persone. Ha avuto un po' di fortuna. È riuscita a essere presa in prova dall'azienda per il periodo di un anno. L'assunzione avverrà dopo il periodo di prova. Mara preferiva fare solo la contabile, ha studiato per questo. Ma avendo buone abilità di comunicazione non rifiuta l'idea di lavorare in accettazione.

La vendita non è finita. Il cliente va seguito anche dopo la vendita. Non è accettabile il concetto: "Prendi i soldi e scappa". Carla e Mara passano alla fase successiva.

Settimo scalino: "Il post vendita"

Chiudere la vendita non è sufficiente. Il cliente va seguito costantemente dopo l'acquisto del prodotto. Il cliente ha bisogno di assistenza o di consulenza. È importante essere pronti a dargliela. Se il cliente ha delle lamentele da fare, si deve essere capaci di accettarle e gestirle.

La vendita è essere al servizio del cliente.

Con il post vendita si verifica se il cliente è soddisfatto dell'acquisto e ci si dimostra sempre interessati e disposti ad aiutarlo per qualunque problema futuro.

Anche la politica segue le fasi della vendita: raggiungere i potenziali elettori, presentare un programma, dove vengono accuratamente mostrati i vantaggi che avranno se votano quel partito e poi chiudere, cioè prendere i voti. Peccato che alcune volte i politici non riescano sempre bene nel post vendita, cioè a mantenere le promesse fatte.

Qualche giorno dopo aver venduto il suo robot da cucina, Carla richiama a casa la cliente e si dichiara disponibile ad aiutarla se ha qualche difficoltà nell'usarlo. Se la cliente lo richiede va a casa a trovarla e le insegna a usarlo per preparare il cibo. Si dimostra sempre disponibile.

Mara, sul lavoro, ha ben compreso quali sono i suoi compiti. Le richiedono la sua costante presenza all'accettazione. Mara, anche se non sta curando la parte contabile dell'azienda, non si lamenta. È consapevole delle attuali esigenze aziendali ed è in grado di capirle e accettarle. Sta mantenendo ciò che ha detto, cioè è una persona adattabile.

In qualunque momento della vendita possono giungere le *obiezioni* e saperle gestirle è importante. Carla ha imparato, il suo capo gruppo le ha insegnato come fare. Mara lo sta imparando stando a contatto tutto il giorno con i clienti. Gestire le obiezioni non è sempre facile. Mara e Carla lo sanno fare sul lavoro, ma hanno anche imparato a gestirle nella vita quotidiana? Vediamo ora come affrontare e superare le obiezioni.

Gestire le obiezioni

Le obiezioni vi sono sempre, in qualunque rapporto. Il figlio le fa alla madre, il fidanzato alla fidanzata, il capo ufficio al suo dipendente, il cliente al venditore. È normale che vi siano delle obiezioni. Non serve adirarsi se ci fanno un'obiezione, ma è importante capirla.

Le obiezioni sono di due tipi *generiche* o *specifiche*. Quelle generiche sono del tipo: "No, non sono interessato". "No, non mi piace". Queste obiezioni non ci danno nessuna informazione, non ci sono utili. Dobbiamo convertire le obiezioni generiche in obiezioni specifiche. Per trasformare le obiezioni da generiche in specifiche è determinante utilizzare le domande aperte e poi applicare una delle tecniche di chiusura.

Vediamo come Mara le usa con un'amica e Carla con il fidanzato.

MARA: "Andiamo a trovare a casa Mario?"
AMICA: "No, non ho molta voglia".
MARA: "Come mai non hai voglia?" (Domanda aperta)
AMICA: "Non ho voglia di venire".
MARA: "È per sua moglie che non hai voglia di venire?" (La via d'esclusione).
AMICA: "No, non è per la moglie. È per Mario, è una persona chiusa che non parla". (Obiezione specifica)

Tra Carla e il fidanzato:

CARLA: "Allora siamo d'accordo, alla mia festa invitiamo tutti i miei e tuoi amici, sei d'accordo?"
FIDANZATO: "D'accordo, tutti tranne Claudia e suo marito".

CARLA: "Perché non loro due?"

FIDANZATO: "Mi sono antipatici".

CARLA: "Ti è più antipatica Claudia o il marito?" (Tecnica dell'O, oppure).

FIDANZATO: "Mi è più antipatica Claudia".

CARLA: "Come mai?"

FIDANZATO: "Perché si sente superiore agli altri. È superba" (Obiezione specifica).

Ora osserviamo un dialogo tra cliente e venditore:

CLIENTE: "Non sono molto convinto, devo ancora pensarci".

VENDITORE: "Capisco che per lei sia importante pensarci, ma cosa c'è che non la convince?"

CLIENTE: "Non so se acquistando questo prodotto avrò realmente dei vantaggi".

VENDITORE: "Visto che per lei è un acquisto importante, deve esserne completamente convinto. Vediamo di riesaminare insieme alcuni aspetti. Non è convinto per via delle dimensioni?" (La via d'esclusione)

Chiarire le obiezioni è sempre importante. Evita incomprensione e rancore.

Saper usare correttamente i rinforzi, prestare attenzione ai bisogni e alle motivazioni degli altri, stabilire un equilibrio tra i nostri e gli altrui bisogni, questi principi psicologici possono esserci d'aiuto per stabilire dei buoni rapporti sociali, senza imporci o andare in opposizione. Possiamo condividere questi principi, ma se non vogliamo che rimangano dei semplici principi, dovremo esercitarci per metterli in pratica, cioè trasformarli in comportamenti.

Un "buon comportamento" che racchiude in sé tutti questi principi è il comportamento *assertivo* o *affermativo*. Vediamo le principali caratteristiche del comportamento assertivo.

Essere assertivi

Quali problemi può causare un insegnante o un dirigente passivo? Come stiamo con una persona aggressiva? Passivo e aggressivo sono termini che impieghiamo con una certa frequenza. Pensate a una persona passiva, forse non vi sarà facile trovarla rapidamente, perché i passivi sono meno visibili delle persone aggressive. Il loro comportamento non ci crea un immediato disagio. Far stare subito male gli altri è tipico degli aggressivi. Ma il disagio che una persona passiva ci crea può essere costante, continuo.

Può diventare difficile stare con una persona che non dichiara mai la propria opinione, che è sempre insicura e indecisa e che dice "Sì", quando vorrebbe dire "No". Con una persona passiva diventa anche difficile farle complimenti o criticarla. Se la critichi sta male perché si sente subito colpevole, se le fai un complimento non può accettarlo perché non si ritiene una persona a cui debbano essere fatti. Non si deve dimenticare che ogni tanto il passivo si arrabbia. Si arrabbia quando ha subito o ritiene di avere subito una situazione per un tempo prolungato. Non è stato in grado di opporsi immediatamente, ha ceduto. Poi il cedere è diventato una miccia, una miccia lunga che, una volta accesa, non è più possibile spegnere. Lentamente brucia, ma quando scoppia, il fragore è molto intenso. Ma poi, ecco che immediatamente la persona passiva inizia a soffrire per aver dato fuoco alla miccia, per aver creato un grande frastuono.

Avete riconosciuto qualche persona passiva tra i vostri conoscenti o amici? Siete anche voi così? La persona passiva ha però un vantaggio sull'aggressivo, riconosce il suo stato. Sa che deve cambiare, essere passivo gli crea disagio. L'aggressivo invece è spesso convinto di essere nel giusto, anzi, di essere una persona adattabile e comprensiva. Per lui, sono gli altri ad avere un comportamento sbagliato, a dover cambiare. Ma cambiare come vuole lui.

Qualche tempo fa venne nel mio studio una signora di trentacinque anni e mi disse: "Ci sono dei problemi di comunicazione tra me e mio marito. Lui ha un comportamento che non va bene. Io, da parte mia, ho già letto un libro sul training assertivo e mi ritrovo come persona assertiva". Agli incontri successivi vidi il marito con la moglie. La signora non mi sembrava molto assertiva, anzi, era come decisamente aggressiva. Frequentemente diceva al marito: "Tu non capisci", "Il tuo modo di comportarti è tutto sbagliato". Poi mi si rivolgeva e mi diceva: "Vede come è mio marito, io mi comporto correttamente, è lui che sbaglia". Il marito era tendenzialmente passivo, e ogni tanto si arrabbiava, ma si riconosceva come persona passiva. Dopo aver spiegato che cos'è il comportamento passivo e quello aggressivo, chiesi ai due coniugi di simulare una situazione per loro abituale di dialogo, quello che in termini tecnici si chiama "simulata del comportamento". Li feci dialogare di fronte a me su un argomento scelto da loro. Tutta la simulata venne videoregistrata. Rivedendola, dovevano individuare i propri errori di comportamento e dichiarare se erano stati, in quella situazione, passivi o aggressivi. La signora, che per buona parte della simulata aveva aggredito il marito colpevolizzandolo, riosservandosi mi disse: "Vede come il mio comportamento è corretto. È giusto, non posso certo comportarmi diversamente con una persona come mio marito". Non ho certo detto alla signora che il suo comportamento era decisamente aggressivo.

Non sarebbe servito a nulla, si sarebbe soltanto arrabbiata con me. È stato necessario un graduale programma educativo per portarla a riconoscere che era aggressiva. Però lei continuò a percepirsi solo come lievemente aggressiva.

Le applicazioni del buon comportamento

In quali aree è possibile applicare tutti questi principi e comportamenti?

In qualunque area in cui si stabiliscono dei rapporti sociali: con gli amici, in famiglia, con gli estranei e sul lavoro.

Ora vediamo la loro applicazione in alcuni ambiti della nostra esperienza:

— I figli;
— Il partner;
— I collaboratori;
— Gli allievi.

I figli

Avete mai avuto un cucciolo di cane? Avete mai provato a insegnargli degli esercizi di ubbidienza? Anche il bambino è un cucciolo a cui bisogna insegnare. Ma l'educazione del bambino è un compito più complesso. Occorre che apprenda oltre che l'ubbidienza, anche le buone maniere, a essere determinato, resistere alle difficoltà, accettare gli altri, adattarsi, essere flessibile e avere una corretta autostima. Un bel compito per un genitore, non vi pare?

Alcuni anni fa uno psicologo americano scrisse: "Prima di provare a educare il figlio, vedi se riesci a educare il tuo cane, è sempre meglio rovinare un cane che un figlio". Quando lessi questa affermazione ne rimasi sorpreso. Ma studiando più a fondo i programmi educativi basati sul rinforzo e la punizione, capii che non era priva di significato. Quando si deve insegnare a un cucciolo a essere ubbidiente, bastano poche regole, purché siano chiare. La cosa importante è fargliele rispettare. Non è necessario usare la punizione, è più efficace impiegare in prevalenza rinforzi di tipo positivo. Un bambino, come un cucciolo ha bisogno solo di due cose: regole precise e affetto. Creare un clima di gioco è il modo migliore di dare attenzione a un bambino. L'affetto si esprime in attenzione e lode che sono dei potenti rinforzatori. Il bambino potrà anche ubbidire per paura di essere punito, ma diventerà un bambino pauroso e imprevedibile.

Per il bambino regole come accettare il "No", sapere quando andare a letto e mangiare, sono regole semplici. Siamo nei primi momenti dello sviluppo, sono i momenti in cui impara a ubbidire. In questa fase diventa importante sottolineare immediatamente le sue corrette prestazioni e appena si comporta in modo adeguato usiamo la lode. Non è sufficiente dirgli come si deve comportare, aiutiamolo a comportarsi in modo corretto. Non è di alcuna utilità sottolineare costantemente il suo comportamento quando sbaglia, è più utile prestargli attenzione quando fa bene. Tutta questa opera educativa richiede costanza e tempo, disponibilità e pazienza. Lo so, non è facile, ma non vi è altra via. Se penso di voler insegnare al mio cane molte abilità, mi devo porre al suo servizio e dedicare molte ore del mio tempo a lui, il cane mi sta condizionando. Ogni volta che esegue bene un esercizio io sono gratificato, ho un rinforzo e mi applico maggiormente. La sua attenzione e la sua voglia di lavorare diventano per me uno stimolo a continuare il suo addestramento.

Ma poi il bambino cresce. Al suo fianco noi diventiamo i

suoi modelli, nel bene e nel male. Ricordiamoci che è più facile accettare come modello una persona che usa nei nostri confronti l'attenzione, l'approvazione e la lode. Tendiamo a evitare come modelli le persone portare a essere punitive. Con i genitori non vi è la possibilità di scegliersi i modelli, si impara direttamente da loro, anche comportamenti negativi. Un giorno, per strada, sentii un genitore rivolgersi al figlio di circa dieci anni e, con voce alterata, dirgli: "Sei stupido, ignorante, devi comportarti in modo educato con tua madre!"

Non era un ottimo modello.

Il bambino diventa ragazzo. Sono momenti delicati. In questa fase bisogna servirsi della vendita interna, cioè vendere in famiglia. Ricordiamoci che la vendita non è imposizione, ma presentazione di vantaggi. Così si vendono al figlio i vantaggi dello studio, sempre pronti a rinforzare ogni suo comportamento rivolto alla meta, dello sport e dell'essere educati e rispettosi. Ma anche a essere pronti a far valere i propri diritti quando è necessario, cioè a diventare delle persone assertive.

Proviamo a riepilogare le componenti di una buona educazione:

1) *Il rispetto delle regole.* Dare chiare regole di comportamento e fargliele rispettare, usando rinforzi positivi ogni volta che si comporta correttamente. Favorire un contesto di gioco;

2) *Modello.* Ci si pone come modelli nel mostrare come comportarsi. Fare le cose insieme. Si impara molto da un modello, poco dalle parole. Cercare di essere dei modelli positivi, cioè dei genitori che prestano attenzione al bambino;

3) *Vendita.* Proporre i vantaggi. Gli si fa prendere gusto per le cose che deve fare. Non vi è imposizione.

Il partner

Vogliamo che un rapporto di coppia duri nel tempo o preferiamo non crearci aspettative temporali?

Qualunque sia il nostro modo di pensare, se vogliamo che non si creino o si riducano i conflitti di coppia, è necessario comprendere a fondo i bisogni propri e dell'altro. Se conosciamo i bisogni dell'altro, non ci creeremo false aspettative o non ci adireremo se l'altro non sarà in grado di soddisfare i nostri bisogni. Il rapporto di coppia può essere visto come un'alternanza di bisogni reciproci, non sempre chiari o dichiarati. In alcuni momenti uno può avere bisogno di autonomia o indipendenza, in altri di conforto e rassicurazioni. Sappiamo che i bisogni cambiano, ma noi siamo in grado di accettare i cambiamenti dell'altro? Fino a che punto siamo in grado di pagare dei costi per soddisfare i bisogni altrui? Ad esempio, il partner desidera essere più indipendente e avere dei propri spazi. Se non si è in grado di accettare l'indipendenza dell'altro per noi può diventare un costo che nel tempo cresce, fino a diventare insostenibile.

Proviamo ad analizzare come può svilupparsi un rapporto e vediamo come possiamo servirci della psicologia del marketing e della vendita.

Il primo momento della sequenza di una vendita è la fase della *conoscenza del prodotto*. Dobbiamo conoscere con un certa precisione il nostro prodotto, cioè noi stessi. Cosa possiamo offrire all'altra persona? Sicurezza, affidabilità, serenità, allegria, sesso. Se sbagliamo nella valutazione rischiamo di offrire un "prodotto" non conforme alle aspettative del potenziale "cliente", che potrà sempre dirci: "Ma tu mi hai promesso ben altro..."

Ora seguiamo la creazione di un rapporto. Siamo nella fase della *prospezione*. Ovviamente se restiamo chiusi in casa avremo poche opportunità di "vendere" il nostro prodotto. Dobbiamo attivarci, frequentare persone. Quando, a un incontro, individuiamo la persona che ci sembra giusta, cioè il nostro potenziale cliente, passiamo alla fase dell'*approccio*. Come sappiamo è un momento molto delicato. È nei primi momenti che si gioca il rapporto. Bisogna suscitare interesse per i colloqui successivi ed essere consapevoli che non si può sempre piacere a tutti. In questo momento alcuni segnali possono essere d'aiuto per capire se è bene continuare allo scopo di iniziare un rapporto. Sono segnali che assomigliano a quelli d'acquisto propri della vendita.

Vediamoli:

— Il contatto oculare, cioè guardare l'altro per circa tre secondi;
— La postura sinergica, cioè, se uno è seduto e accavalla le gambe, anche l'altro fa lo stesso movimento;
— Gestione dello spazio interpersonale. Nella normale comunicazione è di circa un metro, quando vi è interesse o complicità ci si avvicina a circa trenta centimetri;
— Contatto corporeo. Ad esempio: nel parlare viene naturale porre una mano sull'avambraccio dell'interlocutore.

Vediamo cosa succede in una normale situazione sociale. Giorgio desidera conoscere una ragazza. Va a una festa di amici e osserva Anna, una ragazza che a lui piace. È nella fase della prospezione. La osserva con attenzione e vede che anche lei gli presta attenzione e lo sta osservando. Ma Giorgio vuole essere certo che Anna sia interessata a lui. Allora si sposta di alcuni metri e guarda nuovamente nella direzione di Anna: lei lo sta ancora osservando. È stato stabilito il contatto oculare. Ora Giorgio, che è seduto, accavalla una gamba e osserva Anna che con naturalezza fa lo stesso movimento. È il comportamento sinergico. "Bene" - si dice Giorgio - "Adesso so che è possibile andare avanti". Si avvicina a lei e inizia a parlare. Si avvicina abbastanza ad Anna e lei non si allontana. La fase dell'approccio è conclusa. Giorgio metterà in atto il contatto corporeo soltanto nelle fasi successive.

Ora passiamo all'*indagine*. In questa fase si devono capire i bisogni altrui e individuare quelli specifici. Si pongono domande e si ascoltano le risposte dell'altro con estrema attenzione. Ricordiamoci che l'attenzione è un potente rinforzo positivo. In questo caso, cioè durante l'indagine, si aiuta l'altro a dare informazioni, ad aprirsi. La nostra attenzione rinforza la disposizione a dare informazioni. Mentre parla, guardiamolo bene in viso e facciamo cenni di assenso con il capo. Nei rapporto di coppia, con l'indagine si capisce cosa l'altro si aspetta da un rapporto, i suoi interessi, le sue credenze e i suoi valori. Quando si impara a conoscerlo viene naturale passare alla fase seguente: *la presentazione*.

Durante la presentazione "vendiamo" noi stessi. Ci presentiamo per soddisfare i bisogni specifici dell'altro quali: interesse, affidabilità, sesso, ecc. Ogni persona avrà le proprie necessità. Con l'indagine si sono capite quelle dell'altro e con la presentazione si illustrano i "vantaggi" che avrà a iniziare un rapporto con noi.

Potranno esserci le normali obiezioni, ma se l'indagine è stata ben effettuata, potranno essere anticipate. Non è corretto gestirle promettendo ciò che non è possibile mantenere. Si creano dei gravi problemi nel post vendita.

Dopo la presentazione segue la *chiusura*. Inizia il rapporto. Come nella vendita, anche in questo caso è necessario superare le ultime incertezze e indecisioni. L'altro può dire: "Ci devo pensare" e noi possiamo porre delle domande per avere maggiori informazioni e capire le sue intenzioni. In ogni caso, come nella vendita, bisogna sempre essere in grado di accettare il "No". Con l'esperienza si sarà in grado di ridurre i "No" e aumentare i "Sì".

Ma se vogliamo che un rapporto duri nel tempo diventa determinante il *post vendita*. Bisogna sempre essere in grado di capire e soddisfare i bisogni del nostro partner. A condizione che questi non superino i nostri vantaggi. In questo caso sarebbe una vendita sbilanciata, in cui ha più vantaggi il cliente del venditore.

Se le fasi precedenti possono durare poco tempo, il post vendita nel rapporto di coppia può durare una vita. Nel rapporto di coppia il post vendita può essere articolato secondo le seguenti fasi:

1) *La disponibilità.* Siamo all'inizio del rapporto. In questo momento si è totalmente rivolti verso il partner. Si fanno le cose più strane e a volte anche faticose. Si viaggia in macchina tutta la notte per andarlo a trovare, si è sempre disponibili, lo si asseconda anche contro i propri desideri;

2) *Il dubbio.* Ci si inizia a chiedere se non si sta investendo troppo sull'altro. È un momento di incertezza, che rapidamente passa alla fase successiva;

3) *L'analisi dei costi e dei benefici.* Ci si pone la domanda: "A me sembra di impegnarmi molto nel rapporto, ma cosa ho realmente in cambio?";

4) *Il compromesso o la separazione.* Vi è il compromesso quando si trova un equilibrio tra i reciproci bisogni. Avviene la separazione quando si percepisce che il rapporto ci "costa" troppo.

Per raggiungere un equilibrio diventa importante saper sempre "vendere" al partner le proprie idee o desideri. Non si deve avere fretta, né volersi imporre sull'altro.

I collaboratori

Vi ricordate il Sig. Mario, responsabile di una società commerciale con il compito di formare la rete vendita? Al termine del suo programma di formazione i suoi venditori sono diventate persone competenti, ben preparate. Sono in grado di motivarsi da soli e trovano interesse dall'attività che svolgono. Ogni buon manager deve portare i suoi collaboratori a questo livello. Solo delegando responsabilità è possibile portare i propri dipendenti a essere autonomi, cioè delegare loro delle responsabilità. In questo caso, un manager diventa un educatore simile a un insegnante o a un genitore.

In questi ultimi anni si è dedicata molta attenzione da parte di psicologi e sociologi all'efficacia dei vari modelli di direzione. I modelli più accettati sono quelli che tendono a creare un clima partecipativo in azienda, in cui non vi è imposizione. "Ma dirigendo in questo modo" - potreste chiedevi - "le persone fanno cosa vogliono, non vi sono chiare direttive". Forse a qualcuno di voi è successo di lavorare con persone impositive che non accettavano il dialogo, non disponibili a capire i vostri bisogni. Come vi siete trovati? Probabilmente male. Personalmente ho sempre preferito lavorare con chi non mi imponeva le sue idee ma me le faceva condividere. Ovviamente, anche un processo formativo centrato sulla partecipazione e il coinvolgimento ha delle regole ben precise e delle fasi che devono essere rispettate. Ad esempio: è impossibile discutere e cercare delle soluzioni ai problemi quando il collaboratore non sa nulla dei prodotti dell'azienda e non è ben preparato. Vediamo quali possono essere le fasi del processo di formazione di un collaboratore.

Immaginate che l'azienda per cui lavorate vi affidi un nuovo assunto. Cosa dovrete insegnargli? Dovrete essere subito disponibili e accondiscendenti nei suoi confronti?

All'inizio gli chiarirete quali sono i suoi compiti e qual è il suo ruolo. Dovrete essere chiari e precisi. Inizierete a insegnargli le procedure dell'azienda, tutto ciò che deve sapere sui prodotti, ecc. Siete all'inizio della formazione, dovete *prescrivere* e saper dirigere con professionalità e sicurezza il vostro collaboratore. In questi momenti non si deve essere accondiscendenti, la troppa disponibilità può essere vista come debolezza, passività. Il collaboratore potrà dirsi: "Il mio manager è così bravo che accetta anche le mie basse prestazioni e la mia scarsa disponibilità". Terminata questa prima fase di formazione, con i collaboratori che si dimostrano disponibili a migliorare la propria professionalità il manager inizia la seconda fase: vendere le proprie idee e le strategie dell'azienda. Il manager si pone come modello e trasferisce ai collaboratori abilità e conoscenze.

È il caso di Mario che come responsabile commerciale, dopo aver portato i suoi collaboratori a conoscere i prodotti che si dovranno commercializzare, li accompagna dai clienti per insegnar loro a gestire il rapporto di vendita.

A questo stadio della formazione i collaboratori hanno un sufficiente bagaglio tecnico e abilità per lavorare in modo autonomo, ma sono ancora deboli a livello motivazionale. Possono essere incostanti e lasciarsi abbattere dalle difficoltà. Vanno seguiti attraverso incontri e riunioni. Si è nella fase in cui devono *partecipare* alla vita aziendale, devono essere molto coinvolti. Hanno bisogno di sostegno. Si entra così nell'ultima fase: delegare. Si permette che i collaboratori si assumano delle responsabilità. Ormai sono in grado di automotivarsi e di correggersi.

Riepilogando, le fasi sono:

— Prescrivere;
— Vendere;
— Partecipare;
— Delegare.

I collaboratori del Sig. Mario, che hanno superato tutte le fasi, conoscono a fondo i prodotti dell'azienda e sanno gestire perfettamente i clienti. Sono delle persone costanti e determinate. Nell'attività lavorativa sperimentano il piacere della loro personale competenza.

Questa sequenza di stili dirigenziali diversi, a secondo della competenza dei collaboratori, prende il nome di Leadership Situazionale di Hersey e Blanchard, modello che gli attenti manager applicano naturalmente, in quanto consapevoli che solo seguendo i collaboratori li si porta alla delega.

Mi dice un abile imprenditore che ha creato un'ottima azienda, partendo da un piccolo negozio: "Ritengo che sia determinante per un manager trovare le persone a cui poter delegare. Ma queste devono imparare a farlo a loro volta; se diventano accentratori non faranno mai crescere l'azienda e io dipenderò da loro. Ritengo che un'azienda sia tale quando, anche se mi allontano per un certo periodo, non hanno bisogno di me. I miei collaboratori sono tutti autonomi".

Vediamo ora un'altra area in cui è possibile applicare tutti i principi comportamentali esposti.

Gli allievi

A scuola ci siamo passati tutti. Ricordiamo alcuni insegnanti con piacere, altri un po' meno. L'insegnante che ricordiamo con piacere racchiude in sé tutte le abilità che abbiamo visto nel capitolo precedente. Il buon manager può, anzi, deve decidere a quali persone dedicare la propria attenzione. Può scartare le persone che non reputa idonee per la propria azienda. L'insegnante non deve scartare nessuno, deve portarli tutti a un sufficiente livello d'istruzione. Vediamo in azione l'insegnante competente. Come per ogni lavoro deve essere motivato e avere un atteggiamento positivo nei confronti degli alunni. Il prodotto che deve vendere è la conoscenza, il sapere, e anche la fatica che comporta la sua acquisizione. Non è una cosa tra le più facili da vendere. In un'azienda, è possibile presentare ai dipendenti i vantaggi che avranno dal proprio lavoro: carriera, sicurezza e benessere economico. L'insegnante deve fare completo affidamento sulla propria abilità nel creare interesse, nel far prendere "gusto" alla materia di studio.

Nella nostra esperienza di discenti, l'insegnante che ascoltavamo con estrema attenzione era l'insegante che ci coinvolgeva. La materia di studio diventava viva, prendeva forma e noi ne assaporavamo il gusto, che è poi il significato originario (dal latino *sàpere*, assaporare, provare gusto) della parola sapere. La materia entrava in noi e diventava parte di noi.

L'insegnante efficace ha un'ottima conoscenza della materia, sa come presentarla e come renderla interessante; sa, inoltre, che dovrà comportarsi in modo diverso a secondo degli allievi che ha di fronte. Può trovarsi di fronte a un ragazzo passivo, chiuso e timido. Dovrà aiutarlo a superare le sue paure, dargli sicurezza e migliorare la sua autostima. L'insegnante è consapevole che la sua funzione non è solo quella di trasferire conoscenza, come se l'allievo fosse un contenitore vuoto da riempire. Il contenitore non è assolutamente vuoto, c'è la personalità del ragazzo, che può opporsi a questo travaso forzato e non assorbire nulla.

L'insegnante può avere a che fare con un ragazzo aggressivo, non disciplinato. Sa che non deve opporsi, ma gestirlo, rinforzarne i comportamenti adeguati, dargli precise regole e fargliele rispettare. Anche il ragazzo aggressivo è in grado di apprezzare l'insegnante sicuro, preparato ma non accondiscendente.

Quindi, i primi due aspetti importanti sono:

— Conoscenza della materia;
— Conoscenza degli allievi.

Consideriamo il primo aspetto, la conoscenza della materia. Il nostro insegnante definisce con chiarezza gli obiettivi a cui vuole portare gli allievi. Scompone gli obiettivi in piccoli passi e verifica costantemente l'apprendimento degli allievi. Se non hanno ben appreso, si ferma sull'argomento e ritorna indietro. Non ha fretta di procedere nel programma. Sa che, se gli allievi commettono molti sbagli, ciò è dovuto a una programmazione non adeguata al livello di competenza e di abilità della classe. Non si arrabbia con loro, ma rivede il proprio programma. La didattica, il momento in cui l'insegnante entra in relazione con gli allievi, è una parte importante dell'insegnamento di una materia: riguarda il *come* presentarla per motivare gli allievi. Ma soprattutto significa che l'insegnante sa come catturare l'attenzione dei ragazzi. Mentre parla, osserva e verifica come gli allievi ascoltano le sue parole, come le fanno loro.

Sa che, se vuole motivare gli studenti, non deve usare la punizione. Non ne ha bisogno. Sa impiegare con attenzione i rinforzi positivi. È subito pronto a sottolineare con la lode un ragazzo quando si impegna e supera delle difficoltà. Sa rinforzare i comportamenti adeguati e non presta attenzione a quelli non corretti. Se vede il ragazzo disattento, non gli dice: "Devi stare più attento, devi impegnarti". Sottolineare la distrazione non richiede molto impegno. Più difficile è catturare l'attenzione e, soprattutto, mostrare interesse per lo studente distratto nel tentativo di coinvolgerlo. L'insegnante sa che più ripeterà al ragazzo che è svogliato e non attento, più lui si convincerà di esserlo. Sarà sempre più disinteressato. Al contrario, è più utile porre domande che attivino nello studente non solo la partecipazione ma anche i processi che lo aiutano ad apprendere con successo. Quando andavo a scuola, spesso un insegnante ci diceva: "Non riuscite a capire nulla, dovete applicarvi". Questa frase finiva con il trovare conferma. È difficile impegnarsi quando un insegnante ti fa sentire un incapace. Così, pochissimi si applicavano. Io meno degli altri.

L'altro aspetto che il nostro insegnante prende molto in considerazione è la personalità dei ragazzi e quali bisogni hanno. Uno può avere bisogno di approvazione, un altro di essere diretto. Alcuni ragazzi possono avere ansia da prestazione, non riescono a esprimersi durante l'interrogazione. L'insegnante sa come tranquillizzarli e come portarli progressivamente a superare le loro paure. Li abitua a esprimersi e a diventare sicuri di sé. Sa di essere per i ragazzi un modello che tenderanno a imitare. Il suo stile comportamentale sarà assertivo. Non colpevolizzerà i ragazzi se non riescono e non diventerà aggressivo, pretendendo che si comportino come lui si aspetta. Lui sa che ciò che può ottenere dai ragazzi dipende da lui, da come si è posto nei loro confronti e da come ha saputo motivarli. Anche lui, come il manager, ha come obiettivo finale di portarli all'automotivazione, far sì che provino piacere per lo studio.

Perché in alcuni casi è difficile avere un "buon comportamento"?

Abbiamo visto alcuni esempi di comportamenti eticamente corretti. Dove non vi è né passività né aggressività. Alcune persone non hanno alcuna difficoltà ad applicare un comportamento assertivo e "vendere" le proprie idee o conoscenze. In loro manca assolutamente l'esigenza di soddisfare due bisogni:

— Dimostrare agli altri di valere, di sentirsi importanti;
— Possedere le altre persone, volerle controllare e dominare o dipendere da loro, appoggiarsi a loro.

Per altri diventa difficile. Possono aver fatto corsi, aver letto libri sull'argomento, ma non riescono a trasferire l'insegnamento ricevuto ai comportamenti. Sarebbe molto facile dire che non vogliono, che non desiderano impegnarsi. No, non è così. Non possono farlo. Abbiamo visto che il bisogno è un momento di disagio che va soddisfatto. I bisogni vengono attivati o creati dalle informazioni, dall'ambiente in cui viviamo, dalla pubblicità. Pensiamo che i bisogni siano nostri. Vi sono quelli di base, i fondamentali, che dipendono dalle istruzioni biologiche, gli altri sono indotti, cioè conseguenti all'istruzione sociale, sono bisogni appresi. Tutti noi tendiamo a cercare di mantenere ciò che abbiamo, anche le nostre idee o credenze. Vogliamo che le cose cambino, ma come fa piacere a noi. Abbiamo sempre paura di perdere ciò che abbiamo conquistato. Così, se avvertiamo il bisogno di sicurezza e non l'abbiamo, andiamo a cercarla. Finché non la troviamo, stiamo male. Quando ce l'abbiamo, sorge in noi la paura di perderla. Paura di perdere il proprio partner o il lavoro fisso. Spesso possiamo vedere come i bisogni impongano alle persone dei comportamenti che in alcuni casi possono far soffrire gli altri, dispensando intorno a noi profondo disagio. Si diventa aggressivi, si colpevolizza, si protegge o si ignora, si crea agli altri ansia, paura o dipendenza. Questi comportamenti possono essere gli stessi sia con i figli che con i collaboratori o con il partner.

Capitolo 3
Sganciarsi dai bisogni

"La vita ha la durata di un battito di ciglia, non ha senso sprecarla". È un vecchio detto, ma non per questo ha perso valore. Tutti siamo d'accordo che è importante cercare di vivere bene, anche se non è facile. Abbiamo i nostri problemi, le nostre ansie e paure, ci arrabbiamo con gli altri o li subiamo, siamo assillati dai nostri pensieri. La vita sembra offrirci facili occasioni per star male. Allora, la frase "La vita ha la durata di un battito di ciglia, non ha senso sprecarla", perde di significato. Siamo troppo presi dal quotidiano, non abbiamo più tempo per fermarci un momento e valutare ciò che stiamo facendo. Non possiamo riportare l'attenzione su noi stessi e valutare se siamo realmente soddisfatti, se siamo delle persone serene.

Ma che cosa ci fa star male? Se escludiamo le gravi malattie, abitualmente si sta male per il lavoro o per gli affetti. In entrambi i casi si pensa che, se si risolveranno alcuni problemi, si starà meglio. Nulla di più errato. Questo modo di ragionare non ci permetterà mai di stare bene, ma ci abituerà a dipendere dagli eventi esterni, dalla situazione. Tutti sono capaci di essere sereni quando non vi sono problemi né sul lavoro né negli affetti. Non richiede nessuno sforzo. Sono semplicemente le situazioni che ci fanno stare bene.

Ma è possibile cambiare? Una persona è com'è. Col tempo può peggiorare o migliorare, non cambiare. È invece possibile modificarsi, cioè correggere o ritoccare il nostro comportamento e alcuni nostri pensieri. Cambiare è mutare o tramutare. Solo nelle favole è possibile trasformare una persona in un'altra o in un animale. Modificare è partire da ciò che si è e aggiungere o togliere qualche cosa. Non si cambia l'ambiente, lo si può modificare in meglio o in peggio. Prima lo si valuta così com'è, poi si decide di fare un programma per risanarlo, migliorarlo. Così è per noi, dobbiamo valutarci o meglio auto valutarci per poi iniziare il nostro programma.

Se un cliente mi chiede: "Vorrei cambiare", l'unica risposta che posso dare è: "Vedrò di aiutarla a star meno male, a migliorare. Lei mi ha detto che sente il bisogno di sviluppare un maggior auto controllo. Vedremo insieme come imparare ad affrontare meglio alcune situazioni e come sia possibile imparare a rilassarsi".

E ora la principale regola: essere artefici del nostro miglioramento.

Essere artefici del nostro miglioramento

Spesso pongo ai partecipanti dei miei seminari la domanda:
"Cosa ti potrebbe far stare meglio?"
Vediamo alcune risposte:

— Se il lavoro mi andasse meglio;
— Se non avessi problemi economici;

— Se non vi fossero conflitti con i genitori;
— Se mia moglie fosse meno apprensiva;
— Se avessi un rapporto affettivo;
— Se il mio partner fosse più affettuoso;
— Se il mio superiore non fosse aggressivo;
— Se il mio collega di lavoro fosse più disponibile;
— Se mio figlio si applicasse nello studio;
— Se...

Ogni persona può avere molti motivi per provare disagio e altrettanti per stare bene. Tutti i motivi di disagio sono da attribuirsi a situazioni a noi esterne. Ma non possiamo pretendere che tutto vada come noi vogliamo e che tutto funzioni perfettamente, per non farci mai soffrire. Ecco allora che i rapporti affettivi dovrebbero essere sempre come noi riteniamo che siano giusti, cioè che l'altro si comporti come noi vogliamo. Così il figlio deve fare ciò che noi riteniamo sia giusto per lui, dimenticando che ciò che è "giusto" per lui può essere diverso da ciò che *noi* pensiamo sia giusto per lui. Ci stiamo sostituendo a lui. Il figlio può decidere di separarsi, ma noi ci opponiamo. Non è bene per lui separarsi. Preferiamo forse vederlo star male in coppia che bene da solo? Potremo dirci: "Ma allora non si danno delle regole ai figli?" No, le regole vanno date, ma con l'esempio, con il comportamento. Ricordiamoci che le parole servono poco. Diventa facile passare all'imposizione e dimenticare che è necessario mediare tra diversi punti di vista.

A questa prima domanda ne segue un'altra: "Come devi lavorare su te stesso per ridurre il tuo disagio?" Ciò serve per non attribuire il nostro disagio alle situazioni o agli altri, ma diventare consapevoli che ciò che proviamo dipende da noi. Se non si accetta questa semplice regola non è possibile andare oltre, cioè modificarsi per ridurre il proprio malessere.

La semplice frase: "Starei meglio se il mio collega fosse meno aggressivo" diventa: "Vediamo cosa devo fare per non subire la sua aggressività". Potrei decidere di impegnarmi per diventare più assertivo. Imparare a gestire l'aggressività degli altri. Questo potrebbe essere un primo traguardo.

Io ritengo che non sia sufficiente imparare delle tecniche. Conoscerle può essere utile. Ma non bastano. Diventa importante capire che, se l'altro è aggressivo, questo è un suo problema e non deve diventare il nostro problema.

Vediamo altre situazioni in cui non riusciamo a lasciare fuori di noi gli altri e, quindi, il loro modo d'essere diventa un nostro problema:

— L'altro è presuntuoso, si sente importante per ciò che fa o per il ruolo che ricopre. Questo suo modo d'essere ci da noia, ci disturba. Quando lo vediamo abbiamo nei suoi confronti un atteggiamento negativo. Ci diciamo: "Ma chi si crede d'essere!" Qui sbagliamo, che si valuti come vuole. Lui è così. Possiamo capirlo;

— L'altro è impositivo. Non ascolta gli altri e pretende. Non possiamo certo pensare di insegnargli il buon comportamento;

— Il partner è molto geloso. Questa è la sua malattia. Provate a convincere questa persona dell'inutilità della gelosia. Vi troverà mille argomentazioni per giustificare il suo comportamento. Vi potrà anche dire: chi ama è geloso. Ha frainteso il concetto di amore ma è inutile dirglielo;

— L'altro è permaloso, si offende per un nonnulla. È anche capace di provare rancore, di ricordarsi per molto tempo di un ipotetico torto subito. Volete provare a insegnargli a essere meno rigido, ad accettare gli altri? Vi consumerete nel tentativo;

— L'altro è invidioso. Dovete stare ben attenti a ciò che dite. Se a voi vanno bene le cose, lui soffre. Stia pure con la sua invidia;

— L'altro è arrogante. È aspro nel modo di comportarsi, può diventare anche insolente. Volete star male per questo suo problema? Lasciate che la sua arroganza vi scivoli addosso. Lasciate che si nutra con il suo pane, non conditeglielo dimostrando di subirlo.

Se le situazioni ci fanno soffrire, perché non decidiamo di cambiare e di affrontare in modo diverso i momenti difficili?

È difficile modificarci

Cosa ci blocca o cosa ci può aiutare a cambiare? Tra le persone che desiderano profondamente modificarsi e ritornare come erano una volta vi sono gli agorafobici, cioè quelle persone che hanno paura ad andare in luoghi affollati o anche a uscire semplicemente da casa da soli. Sono persone che stanno molto male, hanno avuto diverse crisi di panico e hanno paura di averne altre. Quando vengono da me per iniziare una psicoterapia abitualmente mi dicono: "Ora sto molto male, sono sempre in ansia. Ho paura che mi venga una crisi di panico. Da un po' di tempo evito molte situazioni. Ho smesso di guidare la macchina da solo, di prendere l'autobus e il treno. Non riesco più a entrare nei supermercati. Sono consapevole di dover cambiare. Voglio ritornare come ero solo poco tempo fa". Queste persone stanno molto male ed è il disagio che le spinge a volersi modificare. Ma ciò che le aiuta a cercare di migliorarsi è avere un chiaro punto di riferimento. Vogliono ritornare come erano prima della loro fobia. Sono profondamente consapevoli che è un problema loro e devono affrontarlo. Non sono i locali affollati o l'autobus a essere pericolosi. Tutti riescono ad andarci, tranne loro. Queste persone chiedono un aiuto per imparare ad affrontare le loro paure e si impegnano nei programmi terapeutici.

Ma chi soffre perché non ha raggiunto un obiettivo, ad esempio non riesce ad avere l'uomo o la donna che ritiene di amare, soffre perché ha perso ciò che aveva, non sa come fare per ridurre il disagio. Non intravede nessuna direzione in cui orientarsi. Chi soffre perché ha perso o non ha avuto qualche cosa, non può dire: "Voglio ritornare come ero prima", perché non c'è un prima in cui si era sereni e tranquilli. Si è sempre in un continuo stato di disagio, di agitazione o di fretta.

Spesso sento la frase: "Ho bisogno di prendermi un periodo di riposo, per ritemprarmi, per rilassarmi e per pensare un po' a me stesso". Che parafrasata vuol dire: "La mia vita è un continuo agitarmi, non ho mai un attimo per me. Sono sempre preso dagli eventi e mi è difficile fermarmi. Quindi, riesco a vivere per me solo quando mi prendo un periodo di riposo". Questo modo di pensare non ci è di nessuna utilità per star bene. Dobbiamo imparare a star bene giornalmente, non solo quando ci allontaniamo dagli impegni di lavoro.

Capisco che non è facile perché noi viviamo in una cultura altamente competitiva in cui alcuni valori sono diventati importanti. Diventa determinante il successo o, almeno, ciò che noi valutiamo per successo. Per una persona può essere il successo economico, per l'altra il prestigio che gli deriva da una carica. Ma cosa è possibile imparare da queste persone? Forse, come creare un'attività e svilupparla. Ma ci possono essere anche utili per imparare come vivere sereni? Da loro ho capito come è possibile star male e quanto possa essere grande la paura di perdere ciò che hanno. Così, per paura di perdere ciò che si ha, si perde di vista la cosa più importante, saper vivere.

Quando chiedo: "Quali sono per te i valori importanti?" Poche volte ho sentito la risposta: "Lavorare su di me per imparare a essere più sereno".

Un partecipante agli incontri terapeutici racconta: "Ho sessant'anni. Ho iniziato come ragioniere in una grande azienda. Poi, a poco a poco, sono riuscito a fare carriera. La mia vita era il lavoro. Sul lavoro mi sono sempre impegnato al massimo. Durante la giornata non sarei mai riuscito a fermarmi un momento a parlare con qualche persona di argomenti non attinenti al lavoro, né sarei mai riuscito a sedermi al bar e bere un cappuccino, mi sembrava una perdita di tempo. Ho sempre lavorato con impegno, quasi con rabbia. Andavo avanti a testa bassa, guardando a pochi metri da me, dovevo seguire la mia strada. Da alcuni mesi sono andato in pensione, sono completamente spaesato, devo cercare di far passare la giornata e non so come. Ora i miei figli sono sposati e li vedo di rado. Vorrei stabilire con loro un rapporto che, forse, non ho mai avuto". Ma come può migliorare questa persona di sessant'anni? Per tutta la vita ha rincorso una sua meta: la carriera. Potrà riuscirci se inizierà a lavorare su se stesso. Potrà avere, forse, anni piacevoli in futuro.

Ma come si può non soffrire quando le cose non vanno bene? Questa è una domanda molto frequente. Che qualche cosa non sia andata bene, capita a tutti. Perché applicare su di sé la tecnica dell'ulteriore martellata? La prima martellata ci arriva dall'esterno, ci è data quando le cose non vanno come dovrebbero. La seconda ce la diamo da soli, continuando a lamentarci perché le cose non sono andate bene, invece di imparare a metterci in testa un casco. Potrà sempre attutire la prima.

Il casco ha alcune componenti, vediamole:

— L'aspettativa. Le persone e gli eventi sono come sono e non come vogliamo che siano;
— Il cambiamento. Perché gli altri o le cose dovrebbero cambiare per far piacere a noi?
— La paura. Avere o perdere ciò che si ha sono le facce della stessa moneta. Non c'è una moneta con due facce uguali e la sola scritta "avere".

Vediamo ora altri aspetti che possono arrestare il nostro processo di miglioramento.

Il bisogno riflesso

Spesso è possibile cadere in una trappola. Una trappola ben congeniata è: "Il bisogno riflesso".

Vediamo il caso dei due genitori che dopo una vita di lavoro sono riusciti ad acquistare due case. Quando si sono sposati non avevano nulla. Il loro disagio economico li ha spinti a impegnarsi nel lavoro. Appena sposati vivevano in un piccolissimo appartamento, camera e cucina. Il gabinetto era fuori, sul balcone. Poi sono arrivati i due figli. Per diversi anni hanno vissuto in quattro nel minuscolo appartamento. La loro vita è stata molto dura, lavoro e ancora lavoro. Il marito aveva due impieghi. Quando arrivava a casa, stanco e nervoso, riusciva a scambiare soltanto poche parole con la moglie e con i due figli, poi andava subito a letto. La madre si preoccupava che i bambini non disturbassero il padre e diceva loro: "Parlate a voce bassa, non disturbate papà, è stanco e deve riposarsi". Ora, a distanza di molti anni, i genitori possono dire ai figli: "Ci siamo molto impegnati. Ora voi potete vivere bene. Per voi, noi abbiamo comprato due appartamenti".

Ma l'avere i due appartamenti era realmente il bisogno dei due bambini? Forse ciò di cui avevano bisogno era serenità e pace. Un bisogno che i due genitori si sono dimenticati o che non potevano soddisfare, troppo presi a soddisfare il loro. Come loro ripetevano: "Avere qualche cosa sotto il sole". Ora dicono: "I nostri figli hanno l'appartamento, noi come genitori siamo in pace con noi stessi. Abbiamo lavorato tutta la vita per la loro sicurezza". Ma ora i figli dovranno lavorare su se stessi per ottenere la serenità e la tranquillità che non hanno mai avuto, perché è più facile acquistare una casa che raggiungere un po' di serenità. La casa è un obiettivo chiaro, ben visibile, mentre la serenità, se non la vivi in te stesso, non è facile da raggiungere al di fuori. Non è un obiettivo dai contorni ben definiti, stabiliti dall'esterno.

Vediamo altri due esempi di "bisogno riflesso". Il primo è il caso dei genitori che non hanno potuto studiare. Per loro diventa imperativo che lo facciano i figli. Sono profondamente convinti che, studiando, i figli saranno soddisfatti nella vita. È il caso del giovane che, secondo i genitori, doveva laurearsi in legge. Per loro avere un figlio avvocato era il coronamento della loro vita. Il giovane arrivato al quarto anno di università inizia, quasi per gioco, un'attività commerciale. Il lavoro gli piace molto e guadagna molto bene. Mi dice: "Non oso dire ai miei genitori quanto sto guadagnando, loro ne soffrirebbero. Avrebbero paura che io smetta di studiare. Così dico loro che lavoro per gioco. Studiare, per poi fare un lavoro che non mi interessa, mi sembra assurdo. Mi viene da pensare che per loro sia meglio vedere un figlio laureato e infelice, che soddisfatto del proprio lavoro ma senza una laurea".

Il secondo è il caso di un imprenditore. Ha un figlio di ventisei anni. Da quattro anni lo ha preso con sé a lavorare. Lo ha occupato nel settore commerciale dell'azienda. Ma il giovane, a detta del genitore, non si applica con costanza. Non è una persona determinata e motivata sul lavoro. Arriva in ritardo e non segue con attenzione i clienti. Sembra una persona annoiata. Non somiglia proprio al padre. Lui sempre così attivo e dinamico, con la sua voglia di fare, è stato in grado di sviluppare l'azienda con molti dipendenti. In azienda tutti si applicano, tranne suo figlio. Su di lui aveva grandi aspettative, andate immancabilmente deluse. L'imprenditore non poteva rimproverarsi nulla. Lui ha sempre lavorato con impegno. Con il figlio non è stato certo un debole, anzi, lo ha sempre ripreso, gli ha sempre detto come doveva comportarsi. Ma suo figlio non ha appreso niente da lui.

Ora, da circa un anno, il figlio non lavora più con lui. Non ha una attività precisa. Ha ripreso a studiare, ma non supera gli esami. Si sente insicuro. Spesso si deprime e passa molto tempo da solo. Ha pochi amici. Il padre, quando rientra in casa e lo vede avvilito e depresso, cerca di scuoterlo. Lo spinge all'azione. Per reazione il giovane si chiude maggiormente in se stesso ed evita di parlare con il padre. Anche la madre, che alcuni anni fa era protettiva con lui, ora si è schierata dalla parte del padre. Non accetta più il comportamento del figlio. Il padre aggredisce il figlio per stimolarlo, non riesce a fare diversamente. Aveva sviluppato, nei suoi confronti, elevate aspettative, che sono diventate per lui un bisogno. Un bisogno che chiede al figlio di soddisfare. Della sua delusione, ne ha colpa il figlio. Così trova naturale aggredirlo.

Per l'azienda è una necessità adeguarsi con rapidità al mercato e ricercare l'efficienza. È un suo bisogno. Ma anche l'azienda può cadere nella trappola del "bisogno riflesso" e ritenere che non sia necessario portare i dipendenti a condividere e ad accettare i bisogni aziendali. Il bisogno di rinnovare è un imperativo che va trasformato in azione, in una organizzazione strategica del cambiamento, per non essere travolti e subire le conseguenze disastrose del cambiamento stesso. Il primo grande ostacolo sono le persone, che dovrebbero cambiare in base ai bisogni aziendali. Si interpellano consulenti ed esperti ma non si verifica un reale miglioramento. L'eventuale miglioramento è solo momentaneo, non duraturo nel tempo. Ecco allora che il clima aziendale ne risente. Si carica di tensione e disagio. Più è elevato il conflitto, più diventa difficile il controllo del processo di cambiamento. La perdita di controllo diventa un effetto a cascata che può diventare devastante.

Cambiare è la cosa più difficile. Una scorciatoia sembra essere quella offerta da una gestione dall'alto, attraverso l'imposizione di precise regole di comportamento. Ma ciò finisce con l'inibire le persone coinvolte, creando una situazione di costante disagio e, in definitiva, di stallo.

Vediamo alcuni casi.

Persone come numeri

"L'azienda deve essere riorganizzata" dichiara la direzione. Diventa importante ridefinire la struttura organizzativa e affidare nuovi ruoli e mansioni ai dipendenti. Si assiste a rapidi cambiamenti del personale, i dipendenti vengono spostati. La tecnologia è perfetta, tra le più moderne. L'azienda sembra nuovamente competitiva, pronta ad affrontare il mercato. Tutto è giusto: il nuovo organigramma e la tecnologia. L'azienda ha assolto al suo compito di creare utile. Il suo principale obiettivo sembra soddisfatto. Ma tra i dipendenti inizia a esserci malumore. Non tutti sono soddisfatti della trasformazione. Nessuno è stato interpellato. Hanno saputo dei cambiamenti solo all'ultimo momento. La tensione cresce e si sviluppa un clima aziendale negativo. Non è infrequente assistere a dialoghi tra colleghi di questo tipo:

— "Mi hanno mandato in quel reparto senza dirmi niente. Mi hanno semplicemente detto che dovevo trasferirmi";
— "Hai perfettamente ragione. Ti fanno tanti discorsi sulla qualità. Ma alla fine non ti considerano";
— "Ho parlato anche con altri colleghi. È successa la stessa cosa a tutti".

Pochi sono soddisfatti di tutti questi mutamenti. Si sta naturalmente creando in azienda il gruppo "informale". Si tratta di un gruppo costituito da tutte le persone insoddisfatte, che non protestano apertamente ma si oppongono tacitamente alla direzione. Ovviamente la produzione ne potrà risentire. Si assisterà gradualmente a una riduzione dell'efficienza aziendale e la situazione critica si ripresenterà. E così la necessità di una nuova ristrutturazione.

È difficile creare condivisione sugli obiettivi, se si guarda solo dall'"alto" al processo di innovazione e non anche al bisogno di chi è chiamato a parteciparvi. Ma spesso l'azienda pensa di non poter fare diversamente. I bisogni di cambiamento sono impellenti ed è necessario procedere immediatamente alla ristrutturazione. Non si vedono altre possibilità.

Non si deve parlare
Claudia ha da poco iniziato a lavorare in una grande azienda, nel reparto progettazione. Ha trent'anni. È una persona estroversa che ama comunicare con gli altri. Quando incontra persone degli altri reparti parla del lavoro che sta svolgendo. Pensa che questo comportamento sia del tutto naturale. Non ci vede

nulla di strano. Ma dopo qualche giorno di lavoro il suo diretto superiore le dice:

SUPERIORE: "È importante, per il nostro reparto, non dare informazioni a quelli degli altri reparti. Anche loro non ci dicono mai nulla. Non è bene far sapere ciò che stiamo facendo".
CLAUDIA: "Ma qual è il problema, se si parla con altri?"
SUPERIORE: "Meno sanno, meglio è. Anche quando telefoni, tieni bassa la voce. Così se ti passano vicino persone di altri rsettori, non sentono cosa stai dicendo".

Claudia percepisce che nel reparto vi è sempre uno stato di continua tensione. Persone, abili e competenti, danno molto meno di ciò che potrebbero, quasi fossero bloccate. Che cosa impone questi comportamenti? Forse ritenere che i dipendenti producano di più mettendoli in competizione con quelli di altri reparti? Al contrario, l'unica cosa che viene perseguita in questo modo è il bisogno rassicurante di mantenere il controllo direttivo sulla vita aziendale. E non il suo sviluppo.

Anche in questo caso, come nel precedente, soddisfare questo bisogno aziendale, dando per scontato che i dipendenti debbano capire, può creare non pochi problemi.

Capita frequentemente di cadere nella trappola del "bisogno riflesso" nei rapporti di coppia. Lei ha bisogno di continue attenzioni, lui molto meno. Lui ha desiderio di avere una famiglia, lei non ne sente la necessità. Lui ama la vita sociale, lei preferisce stare da sola. Lui ama fare attività sportiva, lei è sedentaria. Possiamo trovare molte altre situazioni in cui non vi è una coincidenza di bisogni. Vediamo come in una coppia uno riflette sull'altro i suoi bisogni, convinto di essere nel giusto e di voler aiutare l'altro.

Prendiamo il primo caso: lei ha bisogno di continue attenzioni, lui molto meno. Osserviamo il comportamento di lei. Lo accarezza frequentemente, lo prende per mano e lo bacia in pubblico. Lei compie queste azioni con naturalezza. Ritiene che anche lui debba comportarsi nello stesso modo. Lei dice: "È un normale comportamento tra due persone che si amano, non vi è nulla di strano. Io desidero che il mio fidanzato faccia lo stesso. Gliel'ho detto molte volte. Solo così sento la sua presenza, lo sento vicino. Lui, invece, sembra che sia quasi dispiaciuto quando lo prendo per mano o lo accarezzo. Si tira indietro, quasi volesse evitarmi. Voler bene a una persona è anche saperlo dimostrare, essere affettuosi". Lui la pensa in un modo completamente diverso. Non valuta le affettuosità come un indice del voler bene. In questo caso il bisogno di lei è molto forte. Cerca di convincere il suo fidanzato di essere nel giusto. È convinta che, se lui imparerà a essere più affettuoso, lei starà meglio. Prima o poi dovranno trovare un accordo.

Anch'io sono caduto facilmente in una trappola simile. Avevo ventiquattro anni. Il mio bisogno è sempre stato di fare attività fisiche. La mia fidanzata non ha mai sentito questo bisogno. Era solo esclusivamente mio. Io ero profondamente convinto di volerla aiutare, di portarla a stare meglio. Lei in un primo momento ha ceduto, così si è trovata ad allenarsi in palestra o a sciare con tempi proibitivi. Mentre io mi divertivo e appagavo il mio bisogno di moto, lei non si divertiva per niente. Non riusciva a vedere nessun reale vantaggio nel faticare come facevo io. Ovviamente, dopo un po' di tempo ha smesso di assecondarmi. Lei stava bene anche senza fare tutta l'attività fisica che facevo io.

Può essere utile, per modificarci, sapere individuare in tempo il nostro modo di proiettare e riflettere i nostri bisogni sugli altri. Ci può essere d'aiuto per accettare gli altri per come sono. Se non ci accorgiamo della trappola del "bisogno riflesso" corriamo il rischio di colpevolizzare gli altri. Ecco allora che il genitore dice al figlio: "Sto facendo dei sacrifici per farti studiare" o "È una vita che risparmio per darti una casa". Analoghe frasi si possono usare nei confronti del partner, di amici, colleghi o dipendenti.

Per concludere: "Non fare che un tuo bisogno debba essere per forza anche dell'altro, per poi arrabbiarti se l'altro non dimostra interesse".

Altruisti per colpa

Sentirsi in colpa è come avere dentro di sé un'altra voce oltre alla nostra. Una voce un po' fastidiosa, che parla molto anzi, continuamente. Se noi non l'ascoltiamo e non ci comportiamo come lei vuole, la voce passa all'attacco. Inizia a rimproverarci, alcune volte con rabbia. La sua forza dipende dal nostro livello di disubbidienza. Più ci opponiamo, più lei urla con forza. Allora non ci resta che cedere, dobbiamo assecondarla. La voce interna ci dice: "Devi aiutare gli altri, anche se ti è molto faticoso". Allora si sviluppa una sequenza di pensieri come questa:

— Ho bisogno di essere utile agli altri;
— Se non lo faccio sto male;
— Aiutando riduco il mio disagio.

Non sempre si è consapevoli che si aiuta gli altri per soddisfare un proprio bisogno. Altri bisogni sono più chiari, meglio definiti. Si è consapevoli di avere la necessità di comprare una casa ma non di dover aiutare gli altri. Il volontariato è una forma di altruismo. Il volontariato di per sé non è né buono né cattivo, è semplicemente volontariato.

È il caso di una signora che mi dice: "Ho due amiche, entrambe depresse. La prima, Franca, è stata da poco tempo lasciata dal marito. Questo è successo dopo molti anni di matrimonio. Vedo Franca due o tre volte alla settimana. Gli amici che aveva con il marito hanno smesso di frequentarla. Lei ora si sente completamente sola. Prova astio nei confronti del marito che le ha rovinato la vita. Ha bisogno di poter parlare, di avere una persona che la capisca. L'altra mia amica, la vedo soltanto una sera ogni quindici giorni. Lei è sempre stata una persona negativa. Non ha amici. Quando ho iniziato a frequentarla ho cercato di farle vedere gli aspetti positivi della vita. Ma lei non riesce a trovarli. Vado a trovarla perché a lei fa piacere vedermi".

La signora nell'andare dalle due amiche si sente utile. Ma non riuscirà a dirsi: "Vado a trovare le due mie amiche perché ne sento il bisogno. Mi rendo conto di non poterle aiutare a vedere diversamente la vita e cambiarle. Mi limito ad ascoltarle, lo faccio per me stessa". Raramente ho sentito fare affermazioni di questo tipo. Ho sentito più frequentemente frasi del tipo: "La gente non è disponibile. Molte persone si sono allontanate da Franca, proprio in un momento in cui lei avrebbe bisogno di loro". Ecco che si cade nella trappola del "bisogno riflesso". Se una persona ha bisogno di sentirsi utile non tutte le altre devono sentire lo stesso. La persona che deve percepirsi utile e comprensiva nei confronti degli altri diventa intollerante nei confronti di chi non ha il suo bisogno. Può anche diventare aggressiva.

Vi è inoltre la carità. Nell'essere caritatevoli si può acquistare meriti per l'altra vita o sentirsi soddisfatti per aver fatto una buona opera. Ma essere caritatevoli non vuol dire impegnarsi socialmente perché le cose vadano meglio. Non si fa altro che lasciare gli altri nella loro passività, nella loro condizione. Si è disposti, ogni tanto, a modificare la situazione elargendo la propria carità, ma restando degli osservatori esterni. Il vecchio detto: "Non dare a un uomo un pesce, ma insegnagli a pescare", racchiude in sé il concetto d'azione, di trasferire abilità e competenze agli altri. Dare all'altro solo il pesce è semplice, ci possono riuscire tutti.

Per quanto tempo si deve star male?

Di motivi per star male ce ne sono molti. Non è difficile trovarli. Ma diventa difficile sapere per quanto tempo e con quale intensità una persona debba star male quando si sta perdendo o si è perso qualche cosa.

Vediamo un breve elenco di situazioni in cui è facile star male:

— Il lavoro non sta andando bene;
— Si è perso il lavoro;
— Si sono persi i soldi investiti;
— Il giovane non ha superato un esame;
— Ci è stata rubata la macchina;
— La fidanzata lo ha lasciato;
— La moglie lo ha lasciato;
— La figlia si è separata;
— Vi è un lutto in famiglia.

In queste, come in altre situazioni, *si decide* di star male. Può sembrare assurdo che si voglia decidere di star male. In realtà lo si decide, in quanto abbiamo scelto di dipendere dalle persone o dalle cose, e questa dipendenza ci porta a star male.

Prendiamo il caso del lutto. Ho visto che, se muore la moglie, spesso l'uomo non riesce a vivere da solo e diventa profondamente depresso. La moglie, dopo il lutto, riesce a trovare una sua collocazione, continua a essere attiva. Non penso che sia dovuto al fatto che l'uomo sa amare di più. Negli anni di convivenza l'uomo ha sviluppato spesso una maggiore dipendenza dalla moglie. Era lei che, con la sua disponibilità, gli risolveva molti dei problemi quotidiani. Quando viene a mancare la moglie, il marito sente la sua vita completamente vuota. La frase: "Hai visto come soffre quell'uomo dopo la morte della moglie? Le voleva molto bene!" Va modificata in: "Quell'uomo dipendeva totalmente dalla moglie. Non può accettare la sua morte".

Mi dice un cliente: "Mia moglie mi ha lasciato, dopo cinque anni di matrimonio. È andata a vivere con il suo datore di lavoro. Spesso uscivano insieme. Ma per me era comprensibile, faceva un lavoro che la portava ad avere molti rapporti sociali. Lei in azienda si occupava di pubbliche relazioni. Quando mi ha detto che andava a vivere con lui, per me è stato come ricevere d'improvviso un pugno nello stomaco". Gli consiglio di leggere un libro di uno psicologo americano che spiega, in modo chiaro e semplice, i concetti di dipendenza e orgoglio. Lo rivedo dopo una settimana e gli chiedo: "Continua a star male?" Mi risponde: "Non più. Ho smesso". "Come ha fatto a imparare a non soffrire in così poco tempo?" - gli chiedo. "Ho capito perché stavo male e questo mi è stato sufficiente. Ho ripreso a uscire con amici e a continuare la mia vita".

La sua sofferenza è stata breve non vi pare? Ma lui era già autonomo prima di sposarsi. Era una persona che stava bene da sola. Con la moglie stava per il piacere di vivere con lei, non perché lei gli soddisfaceva i suoi bisogni.

Vediamo ora due casi in cui i genitori, non accettando la separazione della figlia, stanno male e incolpano lei della loro sofferenza.

La figlia si separa

Marta si è sposata cinque anni fa. Non ha figli. Il suo matrimonio, ormai da tempo, è in crisi. Lei e il marito hanno deciso di comune accordo di separarsi. Ma, ora, Marta ha paura di affrontare i suoi genitori. Perché si tratta realmente di affrontarli, di andare in opposizione e creare un conflitto. Marta è consapevole di cosa pensano al riguardo, di quali sono le loro idee sulla separazione. Molte volte ha sentito i suoi criticare conoscenti che si erano separati. Ora lei li deve affrontare. Si è preparata mentalmente, cercando di anticipare le risposte alle loro critiche. Marta decide di informare i sui genitori della sua decisione. Ecco le loro obiezioni:

PADRE: "Ti rendi conto di ciò che ci stai dicendo? Una sofferenza più grande non potevi darmela".
MADRE: "Non vedi come soffre tuo padre? Pensa, poi, cosa potranno dire i conoscenti di noi. Una figlia che si separa, è più di un lutto in famiglia".
PADRE: "Pensa come viene considerata una donna separata. Non certo bene!"
MADRE: "Non capisco perché non prendi tempo, non ci metti un po' di pazienza. Nella vita non sempre le cose vanno come fa piacere a noi, bisogna anche cercare di capire gli altri. Prova ad andare verso tuo marito, sii accondiscendente".

I genitori dicono a Marta di capire il marito e di essere disponibile nei suoi confronti. Questo consiglio è davvero sorprendente. Nelle loro frasi non c'è nulla che esprima la loro capacità di accettare Marta.

Non è facile per Marta gestire queste affermazioni. Non sono semplici frasi che si possono solo ascoltare, le entrano dentro. Lei cerca di opporsi, vuole arrestarle. Non le riesce. Quando si trova da sola, piange. Vede di fronte a sé il viso del padre, un viso distrutto, invecchiato di colpo. Le frasi che ha sentito sono come un tarlo che penetra in profondità, creando dei grossi buchi nella sua personalità, indebolendone la struttura. Marta soffre. Ma i genitori sono consapevoli soltanto della loro sofferenza. Sono convinti di fare queste affermazioni per il bene della figlia, non per il loro. Ma cosa li spinge a colpevolizzarla? Non possono fare diversamente, sono costretti a questo comportamento. Hanno delle credenze ben precise sul rapporto di coppia, tipo: "Il rapporto di coppia va sempre salvato" che, parafrasato, potrebbe essere: "È meglio vivere male in due, che bene da soli". Queste credenze attivano in loro bisogni che devono essere soddisfatti. Possono essere diversi: di conformità, di sicurezza, di approvazione, ecc., ma qualunque esso sia, il loro comportamento sarà sempre colpevolizzante nei confronti di Marta. Lei li fa soffrire.

La figlia si separa, ha dei figli
Sandra è sposata da otto anni e ha due figli, di quattro e sei anni. La sua decisione di separarsi trova la netta opposizione dei genitori. Se per Marta era difficile cercare di tenere fuori da sé le frasi che i genitori le dicevano, per Sandra lo è ancora di più. I genitori le fanno presente la sua responsabilità di madre, con frasi che fanno spesso crollare Sandra. Le dicono:

PADRE: "Tu hai dei figli e delle responsabilità. Non riuscirai ad allevarli da sola".
MADRE: "I tuoi bambini cresceranno senza una famiglia, senza un rapporto normale. Non pensare che tocchi a noi crescere i tuoi figli. Devi imparare a sacrificarti per loro, come noi abbiamo sempre fatto per te".

Quando Sandra sente queste frasi continua a ripetersi: "Perché mi dicono queste cose, sanno che mi fanno star male, ma continuano a dirmele". Ora Sandra è separata da alcuni anni, ma i genitori non sono cambiati. Sono ricorrenti le frasi: "Non puoi andare in giro a divertirti e non pensare ai tuoi figli. Devi stare vicino a loro. Hai voluto tu la separazione, accettane le conseguenze". Vi sono momenti in cui i genitori evitano di parlare con Sandra, per farla sentire in colpa. Solo ora, a distanza di molto tempo, le loro frasi iniziano a scivolare su Sandra, non sono più sue, non le creano più disagio. Sono diventate le abituali frasi dei genitori che lei ora è riuscita a capire. Ne ha capito i bisogni e non ha preteso che capissero i suoi. Per loro, una figlia separata e con figli è una grande sventura, a cui non vi è rimedio. Per loro, Sandra non dovrebbe più essere allegra, né gioire. Il loro concetto di famiglia è stato distrutto, vorrebbero che Sandra riparasse alla loro sofferenza. Può apparire strano, ma nelle frasi dei genitori non vi è il desiderio di far male. Vi è la frustrazione e la rabbia dovuta a un fallimento. Avevano bisogno di stabilità, l'hanno persa. Vedono solo il fallimento della loro vita. Sandra ha capito che questo è un loro problema e non deve diventare il suo.

Sia i genitori di Marta che di Sandra continuano a star male anche dopo anni: non riescono ad accettare che le situazioni possano modificarsi e che le loro aspettative vadano in frantumi.

Tempo fa mi raccontarono una novella. Una moglie dice al marito: "Non ho mai visto un uomo amare così il proprio figlio. Sei sempre stato disponibile nei suoi confronti, gli hai dato una parte della tua vita. Ora che nostro figlio è morto non ti ho visto versare una lacrima. Come fai?" "Vedi - risponde il marito - prima di avere nostro figlio, io stavo bene ed ero sereno, quando c'era gli ho dato tutto ciò che potevo, ora nostro figlio non c'è più, perché dovrei star male?" Quando mi sentii raccontare questa novella, ebbi difficoltà ad accettarla. Ma poi ripensai a una frase che mi era stata detta in famiglia: "Rispetta le persone quando sono in vita. Non hai più bisogno di piangerle quando sono morte". Allora incominciai ad accettare l'insegnamento della novella.

Dipendere dagli altri può in molti casi sviluppare sentimenti quali rancore, rabbia e odio.

Nel caso precedente, in cui l'uomo è lasciato dalla moglie dopo cinque anni di matrimonio, non vi è da parte del marito alcun sentimento negativo nei confronti della moglie. La capisce e l'accetta. Ma più frequentemente, dopo una separazione, chi è stato lasciato prova rabbia nei confronti dell'altro e si dice: "Lasciandomi mi ha fatto soffrire, è la causa della mia sofferenza. Non doveva comportarsi così!" Ecco che si sviluppano nei confronti dell'altro sentimenti negativi. Diventa facile provare rabbia. Dall'amore che si diceva di provare per l'altro si passa rapidamente alla rabbia o all'odio. Questi sentimenti negativi si ritorceranno contro la persona che li prova e non le permetteranno di vedere in se stessa ciò che deve cambiare della sua vita. La porteranno a essere sempre centrata sull'altro e a dire: "Anche lui deve pagare".

Delegare il proprio benessere

Il concetto di delega significa ritenere che, dall'esterno, ci possa giungere un aiuto per stare meglio. La delega può essere applicata in molti casi. Vediamoli:

— "Riesco a rimanere tranquillo, se lui è calmo e tranquillo";
— "Questa è la persona giusta per me, con lei starò bene";
— "Quella persona mi aiuterà nella mia carriera";
— "Mio padre mi risolverà i problemi";
— "Questo farmaco mi ridurrà l'ansia e starò meglio";
— "La maga, da cui vado, mi può aiutare".

Una volta che si innesca la delega, si trascorre la propria vita a cercare l'aiuto esterno. Un cliente mi dice: "Ho già cambiato molti medici, non ho mai trovato il farmaco giusto. Alcuni farmaci mi riducono l'ansia ma mi intontiscono e non riesco a essere lucido sul lavoro. Altri non mi sono di nessun effetto".

Un altro cliente afferma: "Lei è l'ultima spiaggia, ho già provato di tutto: agopuntura, psicoanalisi, tecniche di rilassamento. Mi rimane solo lei!"

Non sempre la delega ha successo, in questi casi la persona si lamenta. Le frasi che abbiamo letto subiscono una trasformazione, diventano lamentele. Vediamole:

— "Lui non è una persona tranquilla, diventa impossibile lavorare con lui";

— "Ho provato con diverse persone, ma non riesco a trovare chi mi vada bene";

— "Mi ha detto che mi avrebbe aiutato, ma non l'ha fatto";

— "Mio padre non è stato capace di aiutarmi";

— "Continuo ad avere ansia";

— "La maga non mi ha aiutato".

Come si può vedere la lamentela è strettamente legata alla delega. Più uno si lamenta e più delega alle situazioni o agli altri il proprio stato di benessere. In alcuni casi ci si lamenta perché non si è in grado di prendere delle decisioni, o sapere a chi delegare il proprio benessere. È il caso di Aldo, di trentacinque anni. Ha una fidanzata con cui non si trova più molto bene e, ultimamente, ha conosciuto un'altra ragazza di ventinove anni, con cui dice di trovarsi completamente a proprio agio. Ma non riesce a decidersi con quale delle due ragazze stare. Aldo dichiara: "Con la mia fidanzata sto per abitudine, è da anni che la conosco. Lei mi vuole bene. Lasciarla è per me molto difficile, rappresenta una sicurezza. La nuova ragazza mi interessa molto, mi stimola. Non so cosa fare". È sempre più indeciso. Ma lui non può decidere perché ha paura di rimanere da solo. Ha paura di perdere una delle due persone. Non è in grado di affrontare il suo reale problema, la paura di soffrire troppo. Non prendendo decisioni, ripartirà la sua sofferenza con le due ragazze. Il modo di pensare di Aldo può essere il seguente: "Non essendo in grado di stare da solo per paura di soffrire, dividerò la mia sofferenza con altre due persone, così si soffrirà in tre. È sempre meglio soffrire in tre che da soli".

Identificarsi e sostituirsi

Vi è mai capitato di fare vostri i problemi degli altri, di identificarvi con loro? Quando anni fa iniziai a fare lo psicoterapeuta mi capitò più di una volta di immedesimarmi e coinvolgermi emotivamente con i problemi degli altri. Quando Carla mi raccontò della sua vita (di lei parlerò nel racconto "L'aiuto"), mi coinvolsi molto emotivamente. Mi raccontava di quando al mattino presto andava al mercato con l'anziana madre a vendere verdura e che quando arrivava a casa, spesso trovava il marito ubriaco. Mi descriveva la paura che lei aveva, per sé e anche per il figlio. Mentre parlava, io mi vedevo mentalmente le scene che mi descriveva. Mi pareva di trovarmi con lei e di vivere tutte le sue emozioni negative. Ma così facendo mi coinvolgevo sempre di più. Dopo l'incontro con la signora mi resi conto che, se continuavo così, non le sarei stato d'aiuto. Non riuscivo a vivere la situazione in modo distaccato e analizzarla con lucidità. I suoi problemi erano diventati i miei.

Identificarsi nei problemi degli altri è più facile quando vi è un coinvolgimento affettivo. In un caso, vidi un giovane che aveva una madre che viveva con lui l'ansia dell'esame. Lo studente, che era già agitato, veniva contagiato dall'ansia della madre. Il giovane mi disse: "Ogni volta che devo dare un esame, mia madre inizia a preoccuparsi molto prima di me. Mi trasferisce le sue ansie". La madre consapevole di ciò mi disse: "Ho deciso, non voglio più sapere quando mio figlio deve dare un esame, non glielo chiederò più". Dopo alcuni giorni mi ritelefonò: "Non ho più chiesto a mio figlio la data dell'esame, ma sono andata all'Università per vedere quando c'era l'appello".

Ci si identifica nei problemi del marito o della moglie, dei figli, dei parenti ecc.

Più ci si identifica, più si prova disagio e meno si può essere d'aiuto. Diventa un circolo vizioso ed è necessario romperlo. Spesso ho sentito l'affermazione: "Ma quando si vuole bene a una persona, diventa impossibile non soffrire con lei". Ma si deve pensare che, se si soffre con l'altro e si condivide la sua sofferenza, l'altro non ridurrà il proprio disagio. Vi saranno sole due persone che soffrono con uguale intensità. Soffrire non è essere d'aiuto. È totalmente fine a se stesso, è sterile.

In altre situazioni possiamo non identificarci con l'altro, ma addirittura sostituirci a lui, in particolare in due situazioni:

— Quando si comporta con noi in un modo che non riteniamo corretto;
— Quando riteniamo che avrebbe dovuto comportarsi diversamente in una situazione.

Se non approviamo il suo comportamento verso di noi ci diciamo immediatamente: "Io, con lui, mi sarei comportato diversamente". Ci siamo "sostituiti" a lui. Viene naturale usare frasi del tipo:

— "Io sarei stato più gentile";
— "Non sarei stato aggressivo";
— "Sarei stato più comprensivo";

— "Io non sarei arrivato in ritardo all'appuntamento";

— "Io non avrei fatto una promessa per poi non mantenerla".

Ma, non appena formuliamo queste frasi, dimostriamo di non capire l'altro, di non accettarlo per com'è. Proviamo nei suoi confronti rancore o rabbia e possiamo anche diventare aggressivi. Ecco che, allora, anche l'altro potrebbe sostituirsi a noi e dirsi: "Non capisco perché si arrabbia per cose così poco importanti. Io non mi sarei di certo arrabbiato". Il gioco della sostituzione può continuare all'infinito, dove ogni partecipante è convinto di essere nel giusto. Chi vuole uscire dal "gioco" deve accettare l'altro per com'è e non volerlo vedere così "perfetto" come lui pensa di essere.

Il secondo tipo di sostituzione lo facciamo quando l'altro non si è comportato, in una situazione, come avremmo fatto noi. In molti casi è difficile non sostituirsi all'altro. Le situazioni di sostituzione non mancano: con i figli, con i collaboratori, ecc. Le frasi che usiamo in queste situazioni sono del tipo:

— "Io sul lavoro affronto i problemi con più decisione";

— "Io sono più costante e determinato";

— "Io mi assumo maggiori responsabilità";

— "Io sono..".

Anche in questo caso, si sviluppa nei confronti dell'altro la non accettazione e, di conseguenza, rancore o rabbia. Non è certo con la "sostituzione" che si aiuta l'altro a migliorare.

Soddisfare per eccesso i bisogni

Soddisfare per eccesso i bisogni in alcuni casi può essere simile ad avere dei bisogni riflessi.

In due aree si tende per eccesso a soddisfare i bisogni dell'altro: con i figli e con il partner.

Vediamo alcuni casi. La madre che copre di attenzioni il figlio è sempre attentissima a controllare se sta bene. Mi racconta un giovane di circa vent'anni: "Ho sempre paura delle malattie. Appena avverto un piccolo dolorino mi spavento e vado subito dal medico. Lui mi tranquillizza e per un po' di tempo sto bene. Io cerco di superare questi miei problemi, queste mie paure, ma mi diventa difficile, perché mia madre, fin da quando ero piccolo, mi controllava continuamente. Anche se avevo caldo, dovevo ugualmente coprirmi. Mi diceva che dovevo riguardarmi. Ma non ho mai capito cosa intendesse dire. Mia madre mi ha sempre prestato un'enorme attenzione. Io ho sempre desiderato averne meno". La madre può essere ansiosa e prestare troppe cure al figlio. Ciò le riduce un po' l'ansia. Abbiamo visto, nel secondo capitolo, come l'attenzione sia un potente rinforzo. Tutti noi abbiamo bisogno dell'attenzione degli altri. Una persona, per quanto possa trovarla soffocante, può non riuscire a farne a meno.

I suoi figli sono adulti, ma Carla continua sempre a preoccuparsi per loro. In alcuni casi diventa assillante. "Telefonatemi, fatevi sentire, passate a trovarmi, sto male se non vi sento". Queste sono le sue frasi abituali. I figli le hanno sentite fin da bambini. Carla ha un bisogno fondamentale: il controllo. Se non esercita il controllo sta male. Non può farci nulla e non è in grado di modificarsi. È sempre stata una persona apprensiva e ansiosa. Già sua madre era così. Lei ritiene che ciò che dice ai figli sia per il loro bene, ma, soprattutto, è convinta di fare bene. In realtà non fa nulla per i figli, lo fa solo per sé. Lei non può uscire dal seguente schema: non vede o sente i figli —> prova disagio —> ristabilisce il controllo —>sta bene.

I figli stanno meno bene come nel caso di Giorgio che a circa sessant'anni dipende ancora dalla madre. Le telefona tutti i giorni, la va a trovare. Lei si lamenta sempre con lui. Per i suoi problemi, per le sue angosce. Ma la madre di Giorgio non può non lamentarsi. Ha paura che, senza lamentarsi, lui possa allontanarsi da lei, che non le presti più attenzione. La madre è riuscita a trasferire i suoi problemi al figlio. Lui è diventato apprensivo, se non la sente sta male, è entrato in un circolo di dipendenza. L'apprensione della madre è diventata un suo bisogno.

Una donna di trentacinque anni mi dice: "Sto faticando moltissimo a controllare il mio peso. Sono stata grassa fin da bambina. Può darsi che tenda a essere di natura un po' grassa. Ma sono convinta che i miei genitori, e in particolar modo mio padre, hanno la loro responsabilità. Mi dicevano che dovevo mangiare e io mangiavo. Mangiavo di tutto: dolci, patate fritte, gelati. Tutto cibo che faceva ingrassare. E io ingrassavo. Ero una bambina grassa. Ma i miei genitori continuavano a darmi da mangiare. Forse era il loro modo di dimostrarmi il loro affetto. Mangiavo anche senza avere appetito. Ho faticato molto a togliermi questa abitudine di mangiare sempre".

Per una persona affamata, il cibo è un bisogno che va soddisfatto. Ma dare cibo a una persona già sazia è soddisfare solo il bisogno di chi lo dà, non di chi lo riceve.

"La mia fidanzata mi presta continue attenzioni", inizia dicendo un giovane e continua: "Mi dice che mi vuole bene. Me lo dice tutti i giorni. È senz'altro una ragazza molto espansiva. Quando un anno fa abbiamo iniziato a stare insieme, le sue attenzioni mi facevano piacere. Ma, negli ultimi mesi, mi sembra che siano aumentate. Alcune volte provo un po' d'imbarazzo, quando mi bacia o accarezza di fronte agli altri, ma non le dico di smettere. Ho paura che si arrabbi e che pensi che non le voglia bene". Anche in questo caso prestare attenzioni e dare affetto può essere controproducente. Satura l'altra persona.

Nel soddisfare per eccesso i bisogni si dimenticano quelli dell'altro. Il bisogno di dare diventa più importante del bisogno di soddisfare l'altro.

Rapinare i sentimenti

Si è convinti di voler bene, di amare gli altri: i figli, la fidanzata o il marito. Ma le nostre insicurezze, il nostro bisogno di affetto e la paura di perdere l'altro ci fanno diventare dei rapinatori di sentimenti. Cerchiamo di entrare nella vita dell'altro e di strappargli l'affetto o la sicurezza di cui abbiamo bisogno. Siamo diventati dei rapinatori. Mentre lo stiamo rapinando, gli dichiariamo il nostro amore. Sì, vi sono anche persone che, a prima vista, sembra desiderino farsi derubare. Lasciano la porta aperta. Ma non lo fanno, semplicemente si concedono in prestito. Quando sarà ora chiederanno il conto e faranno tutto il possibile per farselo pagare.

Per rapinare bisogna essere muniti di tutti i giusti attrezzi: il bisogno riflesso, delegare il proprio benessere e sostituirsi a lui. Rapiniamo quando non ci sentiamo capiti, non ci sentiamo accettati, ci sentiamo trascurati e riteniamo che l'altro sia la causa della nostra sofferenza. Dati questi movimenti, riteniamo che sia giusto prenderci ciò che ci è dovuto. Se l'altro si ribella sta sbagliando, non è mai bene opporsi a una rapina. Deve sapere che farà arrabbiare troppo il ladro, che vorrà prendersi tutto.

Tutti, in alcuni momenti della vita, possiamo diventare dei rapinatori. Possono esserlo i genitori possessivi o apprensivi. È molto facile esserlo nei rapporti di coppia. Ora vediamo alcuni casi.

Lui non decide

Aldo ha quarant'anni, Laura ventinove. Si sono conosciuti sul lavoro, lui è sposato e ha un figlio di dieci anni. Lei è libera. Iniziano un rapporto che è, per entrambi, molto coinvolgente. Aldo decide di lasciare la moglie. Dopo circa due mesi di esistazioni esce di casa e va a vivere con Laura. All'inizio, Aldo è contento della sua decisione ma, dopo alcuni mesi, iniziano le incertezze, i dubbi. Si chiede se ha fatto bene a lasciare la moglie, si sente in colpa. Il senso di colpa cresce e si sviluppa. Si sente frustrato. Dichiara a Laura i suoi timori e il suo senso di colpa e le dice: "Non mi sento un buon padre. Mio figlio ha bisogno di me, io ti amo e ho paura di perderti. Ma non posso fare a meno di pensare alla mia famiglia". "Ritorna dai tuoi, io non posso impedirtelo, ma devi sapere che io starò molto male. Vedevo un futuro con te. Avevamo progettato tutto" - dice Laura. A queste frasi Aldo si chiude in sé, non è in grado di rispondere e si deprime. Sa che sta facendo soffrire due donne. Ma non sa cosa fare. Mi dice: "Per me Laura è la vita, la gioia di fare le cose insieme. È il sesso. Mia moglie è la continuità, la famiglia. Io ho sempre creduto nella famiglia". Due donne che soddisfano bisogni diversi. Ma il soddisfare l'uno annulla l'altro. Non può decidere. Aldo non vuole far soffrire nessuno, ma riesce a far soffrire tutti. È riuscito a far sì che il suo problema diventasse degli altri. La moglie mi dice: "Preferirei vederlo tranquillo con la sua amica. Io, faticando, troverei il mio equilibrio, che lui rompe ogni volta che mi dice di voler tornare a casa e che devo avere solo un po' di pazienza".

Visto che Aldo non si decide, è la moglie a decidere per lui. Chiede la separazione. Ha chiuso la porta per evitare di essere ancora "rapinata" da Aldo e di soffrire.

L'uomo che non poteva amare

Franco ha trentadue anni. È simpatico e molto gentile. Dichiara di avere un problema: ha paura di non saper amare. Mi dice: "Ho avuto alcune ragazze, quando mi coinvolgo divento estremamente possessivo. La mia è una gelosia esagerata. Quando vado con la mia ragazza in una discoteca con degli amici, mi innervosisco se la vedo parlare con altri uomini. Cerco di non dimostrarlo ma divento teso e insofferente. Voglio andare subito via con lei. Con la mia attuale ragazza, penso di essere peggiorato. Inizio a rimproverarla se presta attenzione ad altre persone. Lei mi dice che sono mie fantasie e sono convinto che abbia ragione, ma io non riesco a controllarmi. Vorrei farlo, ma la gelosia è più forte di me. Mi dico che non ho diritto di possedere nessuno, ma sono solo parole senza alcun significato. Non sono mie. Anche quest'ultima ragazza ha deciso di lasciarmi. Io, stranamente, provo un senso di liberazione. Forse desidero che non si leghi a me. Penso di aver fatto di tutto per allontanarla. Perché, oltre a farle scenate di gelosia, spesso la critico per come è, per la sua poca determinazione sul lavoro, per la sua dipendenza dalla famiglia. So che dovrei accettare le persone per come sono. Ma anche in questo caso sbaglio. Così riesco a far soffrire la mia ragazza". Ma di cosa ha paura Franco? Perché soffre e fa soffrire? Mi dice: "Alcuni anni fa, ho avuto un rapporto in cui ero molto coinvolto. Ma lei era sposata. La situazione è diventata insostenibile e ci siamo lasciati. Abbiamo entrambi sofferto molto. Ripensando a questa situazione mi viene in mente mia madre. I miei erano separati. Io sono stato allevato dai nonni. Mia madre era presa dal suo lavoro e non riuscivo a vederla molto. Quando la vedevo, mi colmava di attenzioni, di premure. Poi spariva. Ho sempre avuto bisogno di amore e ora ho sempre paura di perdere quello di una ragazza". Franco ha paura di star male per la perdita di un affetto. Sta male ancor prima che ciò accada. Può sembrar strano, ma per paura di star male, sta male e fa soffrire gli altri.

Il rapporto di coppia e l'autogiustificazione

Era iniziato come un buon rapporto. Interessi comuni, reciproca stima e grande attrazione fisica. Lei, Paola, aveva sempre sostenuto l'importanza della fedeltà nel rapporto. Ne era sempre stata convinta. Abituale era la sua frase: "In un rapporto la fedeltà è determinante". Ma, ora, Paola, pur continuando a essere fidanzata con Alberto, ha un altro rapporto. Vediamo cosa dice a un'amica:

PAOLA: "Ultimamente il mio rapporto con Alberto è cambiato. Lui non è più così attento e premuroso come all'inizio. È anche molto teso e nervoso, è veramente difficile andare d'accordo con lui".
AMICA: "Hai cercato di aiutarlo? Di capire i suoi problemi?"
PAOLA: "Sì, ho cercato di farlo parlare. Ma lui si chiude. È per me difficile stare con Alberto".
AMICA: "Perché non lo lasci?"
PAOLA: "Gli voglio bene, anche se in un modo diverso. È come voler bene a un fratello".
AMICA: "Ma mi è sembrato che per telefono tu avessi anche altre cose da dirmi, non è vero?"
PAOLA: "Sì, è vero, non pensavo che mi potesse succedere una cosa simile. Ho iniziato un rapporto con un amico di famiglia. Una persona che conosce anche Alberto".
AMICA: "Cosa pensi di fare?"

PAOLA: "Non lo so. I problemi che ho con Alberto mi hanno spinta a iniziare un altro rapporto".

AMICA: "Ma con Alberto hai ancora rapporti sessuali?"

PAOLA: "No, gli ho detto che è un momento particolare della mia vita. Che deve avere pazienza. Ogni tanto lui si arrabbia, ma poi capisce".

AMICA: "Alberto sta male per questa situazione?"

PAOLA: "Non sta certo molto bene. Ma io non me la sento di avere dei rapporti sessuali con lui, voglio averli solo con Carlo".

Usando l'autogiustificazione, Paola è in pace con se stessa. Il comportamento di Alberto l'ha spinta ad andare con Carlo. Non è colpa sua. In ogni caso lei è sempre fedele, ma a Carlo. I sui bisogni sono soddisfatti. Alberto rappresenta la continuità e la sicurezza. Carlo è passione e desiderio.

Avere l'impossibile

Mara ha bisogno di sicurezza e di molte attenzioni. Fabio di situazioni nuove e stimolanti, ma non di continuità o sicurezza. Lei è ben consapevole di come è Fabio. Quando l'ha conosciuto, si è sentita attratta dalla sua esuberanza, dalla sua voglia di vivere. Ha subito capito che Fabio non poteva soddisfare i suoi bisogni. Ma ha iniziato a uscire con lui. Perché lo ha fatto? Perché non ha scelto un uomo più tranquillo, più sollecito? Dopo pochi mesi, Mara ha iniziato a star male. Molte volte si è arrabbiata con Fabio. Gli ha rinfacciato la sua poca disponibilità e di sentirsi trascurata da lui. Mara è consapevole che, arrabbiandosi e colpevolizzandolo, non ottiene nulla e che non riuscirà a cambiarlo. Ma ci prova e lui si allontana sempre di più. Mara dichiara: "So bene come è Fabio. So che non posso controllarlo. Nel rapporto che avevo prima, ero io a controllare la situazione. Lui dipendeva da me. Era una persona tranquilla, forse troppo tranquilla. Non mi dava stimoli. Era sempre così disponibile. Ora con Fabio è tutto diverso, non c'è mai e io sto male". Ma continua a stare con lui e a sbagliare nel rapportasi con lui. Mara ha realmente bisogno di sicurezza o desidera controllare gli altri? E perché quando li controlla, non le interessano più? Dicendosi "riesco a controllare questa persona", Mara trasforma il rapporto in un momento per aumentare la propria autostima. Mara non ha chiari né i suoi bisogni né i suoi obiettivi. Si muove come in mezzo alla nebbia, facendosi male o rompendo ciò che tocca. Potrà andare avanti nella nebbia per buona parte della sua vita, lamentandosi di non vedere mai in modo chiaro.

Ma non è facile smettere di "rapinare" i sentimenti. Con il passare degli anni può diventare un'abitudine. È un'abitudine sterile che sviluppa soltanto disagio e sofferenza, basata su un comune malinteso: "Chi ama soffre".

Il dopo

Molte volte ho sentito frasi del tipo:

— Dopo che avrò superato questo periodo di disagio, potrò mettermi a dieta;
— Quando sarò più tranquillo sul lavoro, potrò fare attività fisica;
— Deve passare questo periodo di negatività per potermi applicare allo studio;
— Quando sarò più tranquillo, mi impegnerò sul lavoro;
— Dopo che avrò terminato gli studi, vedrò di trovare un lavoro gratificante;
— Quando sarò più libero, potrò....

E così un giorno dopo l'altro si rimanda il prendersi responsabilità o l'affrontare situazioni che ci possono disturbare.

Usare il "dopo" come impostazione di vita è lasciare che la vita scivoli via. Vuol dire non affrontarla, ma subirla. È subire le situazioni dicendosi: "Quando passerà questo momento farò..." È vivere nella speranza che qualche cosa cambi, ma senza il nostro intervento attivo. Il dopo è strettamente legato alla delega. Si delega al tempo. Con il passare del tempo si spera che le situazioni si modifichino o che l'altro cambi.

Mi ricordo il caso di una signora che vidi anni fa. Aveva cinquant'anni ed era sposata da ventisei. Quando, ancora studentessa, aveva conosciuto l'uomo che poi sarebbe diventato suo marito, ne era rimasta affascinata. Lui, più anziano di circa dieci anni, le era sembrato un uomo sicuro e attivo. Aveva una grande concessionaria di auto, che gli aveva lasciato il padre. Dopo un po' di tempo che uscivano insieme, lui le aveva detto che aveva il vizio del gioco. Lei non aveva prestato molta attenzione a questa sua dichiarazione. Dopo circa un anno di fidanzamento si sono sposati. Lei pensava che le responsabilità del matrimonio lo avrebbero cambiato. Ma lui non cambiava, continuava a giocare e stava fuori di sera fino a tardi. Lei si diceva che l'avvento dei figli lo avrebbe aiutato a smettere di giocare, ve ne erano le premesse. Lui voleva smettere. Stava rovinando completamente l'azienda. Aveva fatto richiesta che i casinò non lo accettassero. Non giocava più di sera. Ma aveva subito trovato altri luoghi in cui giocare a qualunque ora. Il gioco lo eccitava troppo, si sentiva vivo. L'azienda è fallita.

Ora la signora ha cinquant'anni, con i figli già adulti e mi dice di avere vissuto sempre nel disagio, nella sofferenza. Ora è consapevole che non vi sarà più un dopo per poter cambiare.

Anche il giovane Alberto, di ventisette anni, studente universitario fuori corso di Scienze Politiche si aspetta che con il tempo la sua situazione cambi. In questo caso utilizzare il "dopo" diventa un'autogiustificazione. Non può trovarsi un lavoro perché sta studiando. Vediamo un dialogo con Alberto.

— Da quanti anni sei fuori corso Alberto?
— Da circa tre anni. Non riuscivo a concentrarmi sullo studio. Poi ho con me mia madre anziana, devo spesso prendermi cura di lei.
— Visto che non riuscivi ad applicarti nello studio, hai mai pensato di trovare un'occupazione?
— No, non ci ho mai pensato. Anche se a rilento, voglio terminare gli studi.
— Pensi che sia difficile per te lavorare e studiare?
— È impossibile, lo studio mi occupa buona parte della giornata. Quando avrò terminato di studiare, cercherò di trovare un posto di lavoro che mi soddisfi.
— Quanto tempo pensi che ti sia necessario per laurearti?
— Penso ancora un paio di anni. La tesi mi porterà via molto tempo.

Quando riuscirà Alberto ad affrontare il lavoro ed eventuali responsabilità? Potrebbe anche continuare a studiare, passare a un'altra facoltà. Non vi è nulla di male, potendoselo permettere, nel dedicare la propria vita allo studio. Ciò che è importante è essere soddisfatti di ciò che si fa, essere sereni. Ma Alberto non è né sereno né soddisfatto del suo attuale stato di studente fuori corso. Utilizzare il "dopo" può spesso creare uno stato di costante insoddisfazione nel presente.

Il dopo non ci sarà.

Porsi degli obiettivi e riconoscere le proprie abilità

All'inizio di un seminario chiedo ai partecipanti di scrivere gli obiettivi che si prefiggono di raggiungere nella vita. Vi sono obiettivi specifici e le risposte che danno dipendono, ovviamente, dalla loro attuale situazione.

Gli studenti dichiarano: terminare gli studi, trovare un lavoro gratificante, vivere da soli, ecc.

Chi lavora in proprio: incrementare il lavoro, non perdere ciò che si è guadagnato negli anni precedenti, adeguarsi al mercato, etc.

Chi è dipendente: trovare gratificazione dal proprio lavoro, poter fare carriera, guadagnare di più, ecc.

Vi sono poi obiettivi generici quali: portare i figli alla laurea o al diploma, garantirgli una sicurezza economica, comprare o vendere una casa, comprare una macchina, sposarsi o separarsi, iniziare un'attività commerciale, etc.

Chiedo poi di scrivere qual è la probabilità che gli obiettivi si realizzino e in quanto tempo potranno raggiungerli, cioè se sono obiettivi a breve o lungo termine.

Chiedo inoltre di indicare se per raggiungere gli obiettivi è sufficiente il loro impegno o è necessario l'aiuto o l'intervento di altre persone.

Vediamo, ad esempio, ciò che dice uno studente di psicologia sugli obiettivi: terminare gli studi e trovare un lavoro gratificante.

"La probabilità che mi laurei è del cento per cento. Mi laureerò in un anno, mi manca un esame e la tesi. È sufficiente il mio impegno. Valuto la probabilità di trovare un lavoro per me gratificante molto bassa, del dieci per cento. Non ho chiare idee in merito. Vorrei fare lo psicoterapeuta, ma mi hanno detto che è un'area di lavoro satura. Però è un lavoro che mi piace molto.

Penso che per fare lo psicoterapeuta sia importante avere l'aiuto di altre persone, per poter avere i clienti".

Un'altra persona ha come obiettivo trovare gratificazioni dal proprio lavoro, è un lavoratore dipendente. Dice: "Potrei avere gratificazioni dal mio lavoro se mi spostassero in un altro reparto. Il mio lavoro attuale è monotono e mi annoia. Le probabilità che mi spostino sono, in questi tempi, molto basse, al massimo del venti per cento. Do questo dato perché fra i miei colleghi che hanno chiesto un trasferimento solo pochi l'hanno ottenuto. Io non posso farci nulla, ogni decisione dipende dagli altri".

Chiedo inoltre se sanno con chiarezza le abilità che è necessario avere per raggiungere i loro obiettivi e cosa è necessario fare.

Per molte persone non è facile individuare con chiarezza gli obiettivi che vogliono raggiungere e per loro è ancora più difficile valutare le abilità che hanno e ciò che devono fare.

Un imprenditore mi racconta di come ha fatto per verificare le proprie abilità prima di iniziare un'attività in proprio. "Il mio obiettivo era di sviluppare una rete di vendita diretta, cioè vendita porta a porta. Io ho iniziato per una grande azienda quando avevo diciotto anni. All'inizio avevo grandi difficoltà poi, superati i primi mesi, ho imparato a vendere. L'azienda per cui lavoravo era molto conosciuta e, quando suonavi il campanello, le persone conoscevano già l'azienda e il suo prodotto. A ventiquattro anni ero diventato capo gruppo e riuscivo a seguire otto persone. Ho guadagnato bene da questa attività. Poi, a ventisette anni, mi sono chiesto se sarei stato in grado di vendere anche altri prodotti. Ho lasciato la ditta per cui lavoravo e ho iniziato a vendere altri prodotti, di imprese non conosciute. Riuscivo bene e più di una mi ha offerto di gestire la sua rete vendita. Mi sono detto: "Se riesco a vendere qualunque articolo e se le aziende mi vogliono come responsabile, dovrei essere in grado di vendere un mio prodotto e organizzare una mia rete commerciale". Quando sono stato sicuro delle mie abilità, cioè: organizzare e motivare i collaboratori, saper vendere e superare situazioni difficili, ho ritenuto di essere pronto per diventare un imprenditore. Ho applicato con esattezza tutto ciò che avevo imparato e sono riuscito a creare un'azienda che produce e vende prodotti. Sono sul mercato da oltre dieci anni e la mia impresa è in crescita".

Non è possibile pensare di voler raggiungere un obiettivo senza essere ben consapevoli delle abilità che è necessario avere. Devono essere abilità di tipo operativo, cioè pratiche.

Non è un'abilità avere una laurea. Sta solo a certificare ciò che uno ha studiato. Si può sapere tutto sullo sci, ma non avere le abilità per diventare un campione.

A volte sono richieste abilità specifiche. Ad esempio, per un insegnante è importante saper parlare interessando gli allievi, saper coinvolgere gli studenti, saper ascoltare, etc.

Altre abilità sono più generiche e sono utili in tutte le attività e sono:

— La costanza, cioè impegnarsi a fondo nell'attività;
— La resistenza agli insuccessi;
— L'adattabilità alle situazioni;
— La motivazione personale.

Non è facile valutare queste abilità. È possibile solo dedurle dal passato di una persona. Le compagnie assicurative dicono: "Se una persona ha avuto nel passato degli incidenti, probabilmente li avrà anche in futuro". Se, ad esempio, un giovane durante il periodo di studi ha iniziato un'attività lavorativa o si è impegnato in attività organizzative e sociali, avrà buone probabilità di orientarsi bene al termine degli studi. Ha sviluppato una certa adattabilità alle situazioni. Ciò che diventa importante è valutarsi con tranquillità e accettare le proprie debolezze. Non si potrà diventare imprenditori se si ha paura di rischiare e di perdere. Si potrà rimanere dipendenti, consapevoli che non si può andare oltre.

Tra tutti gli obiettivi, quello più difficile da raggiungere ed è vivere serenamente. Non vi è persona che non lo dichiari. Ma in realtà la serenità non è di per sé un obiettivo, è uno stato, un modo di vivere. È un qualcosa che non si può perdere. Se si perde la serenità, vuol dire che non la si ha mai avuta. Tutti gli obiettivi che abitualmente ci si pone sono orientati all'esterno. È esterno a noi avere un azienda, avere una macchina o una casa. Tutto questo è possibile perderlo, la serenità no.

Anche di fronte a situazioni estreme è possibile conservare la propria serenità. Mi racconta una signora della disgrazia che suo marito ha avuto. Ha perso la vista. Mi dice: "Sono rimasta sconvolta quando mio marito ha perso la vista per un incidente sul lavoro. Non me ne davo pace. Ma mio marito è stato incredibile, non ha perso la sua serenità. Pensi che gli amici vengono sempre a trovarlo, perché dicono che con lui stanno bene, perché è sempre incredibilmente sereno. Fa piacere venirlo a trovare". Un altro uomo che ha perso la vista è diventato di un'aggressività estrema. Fino a diventare cattivo con tutti.

La libertà nelle regole

In assenza di regole è impossibile raggiungere qualunque obiettivo. È un malinteso che una persona sia più libera in assenza di regole. In realtà dipende da altre regole, ma non decise da lui. Pensiamo alla persona che ingrassa ed è sovrappeso di molti chili. Legge un libro sul controllo del peso e vi trova alcuni consigli:

— Pesarsi all'inizio della settimana;

— Fare un programma graduale di riduzione del peso, cioè perdere circa mezzo chilo per settimana. Se si perde troppo peso si metabolizzano i muscoli e non il grasso;
— Evitare alcuni cibi quali fritti, grassi, dolci. Ridurre o evitare di bere alcolici;
— Fare piccoli pasti. Non fare un pasto abbondante alla sera.

Sul libro legge altri consigli, ben sperimentati e che funzionano, ma dice: "Seguire tutte queste indicazioni e regole è per me una costrizione. Devo fare come mi sento. Seguire queste regole mi creerebbe frustrazione e tensione. Se non seguo regole alimentari mi sento più libero". Ma la persona in sovrappeso non è libera. Non è in grado di rinunciare a un piatto di patate fritte o di dolci. Non può decidere di non bere più vino. Il suo comportamento è automatico, è programmato. Vede il vino sul tavolo e deve berlo, vede un dolce e deve mangiarlo. Non può resistere. Lui sottostà alla regola dello stimolo - risposta, cioè vede il cibo e deve mangiarlo.

La libertà non sta nel cedere. È facile e ci possono riuscire tutte le persone. La libertà è decidere di darsi delle regole e rispettarle.

Lo studente può darsi come regola: studiare venti pagine al giorno. Programmare il suo studio, ad esempio: studiare un'ora, riposarsi per venti minuti e riprendere a studiare. Dopo ogni ora di studio, concedersi una breve pausa. Queste regole che si dà possono consentirgli di preparare l'esame senza affrettarsi ed essere pronto in due mesi. La studente ha trovato la sua "libertà" nel programmare il tempo di studio.

Nel secondo capitolo, "Il buon comportamento - Come è possibile impararlo", si presentano delle regole che, se seguite con attenzione, danno dei validi risultati. È possibile anche decidere di non rispettarle ma si andrà incontro a risultati negativi. Ad esempio, se la regola per gestire un'azienda è "responsabilizzo e delego", non rispettandola non si svilupperà l'azienda. Se non si accetta la regola "creare condivisione sugli obiettivi", non si riuscirà ad avere un gruppo di lavoro affiatato né si creerà motivazione. Come abbiamo visto, non accettare una regola vuol dire darsene un'altra. Quindi la regola sulla responsabilizzazione e delega, si trasforma in "si deve essere accentratori". L'altra regola sulla condivisione degli obiettivi si trasforma in "si deve imporre".

Anche il giovane che non accetta le regole della società in cui vive, ha le sue regole. Sono i giovani che rischiano di sviluppare un comportamento delinquenziale. Finiranno per sottostare alle regole del loro gruppo o dei loro capi.

Spesso succede che una persona sia d'accordo su una regola ma non riesca ad applicarla o la applichi solo saltuariamente. Essere d'accordo su un principio e non applicarlo può creare disagio. Ma come fa una persona a ridurre il disagio? In un modo molto semplice: trova le proprie autogiustificazioni. Ecco allora che chi ingrassa troppo si dice: "Non posso rispettare una dieta, sono sempre fuori a mangiare". Se non fa attività fisica, si dice: "Ho un periodo di lavoro così intenso che non ho tempo per l'attività fisica". Chi diventa aggressivo, ed è consapevole che l'aggressività non serve, si potrà dire: "Io non voglio arrabbiarmi ma è l'altra persona che mi fa arrabbiare".

L'autogiustificazione permette di essere in pace con se stessi, cioè di accettare una regola e non rispettarla. La colpa non è nostra ma del lavoro, della moglie, dei figli o del vicino di casa.

Non solo parole

"Ti vorrò sempre bene!", "Penso solo e sempre a te", "Ti assicuro che ti aiuterò", "Ti troverò senz'altro un lavoro", "Mi impegno perché le cose vadano bene", "Mi comporterò in un modo diverso", "Ho capito dove ho sbagliato, non succederà più", "Non riesco a vivere senza di te", "Io sono in grado di capire e accettare gli altri", "Sono una persona molto disponibile", "Aiutare gli altri per me è importante", "Sono sempre il primo a rendermi disponibile". Posso continuare a scriverne ancora altre, sono tutte frasi quotidiane che abbiamo sempre sentito. Ma rischiano di essere solo parole. Prendiamone alcune e vediamo come spesso possono nascondere un'altra realtà.

"Ti vorrò sempre bene!" può essere modificata in: "Ti vorrò sempre bene finché tu ti comporterai come voglio io, non ti vorrò più bene se mi deluderai. Il mio voler bene dipende solo da te".

"Ti assicuro che ti aiuterò" può diventare: "Vedrò di metterci un po' d'impegno ad aiutarti. Certamente non dedicherò tutto il mio tempo a risolverti un problema. In ogni caso ti dirò che ho fatto tutto il possibile, così tu sarai più tranquillo e mi apprezzerai sempre".

"Mi impegnerò perché le cose vadano bene" è possibile cambiarla in: "Farò cosa posso. Non sono sicuro che le cose potranno andar bene. Ma tu, in ogni caso, per un po' di tempo non mi disturberai più. Poi quando mi chiederai cosa ho fatto, troverò una bella giustificazione che ti convincerà".

"Ho capito dove ho sbagliato, non succederà più" cambiamola in: "È vero, ho capito dove ho sbagliato, ma non ho intenzione di cambiare solo per fare piacere a te".

"Sono una persona molto disponibile" possiamo modificarla in: "Sono disponibile finché l'altro non mi disturba troppo, poi mi arrabbio".

Con le parole possiamo fare molto: creare delle aspettative e non realizzarle, promettere e non mantenere.

Si può andare dalle situazioni più semplici quali dichiarare di arrivare per un'ora e giungere due ore dopo o non arrivare affatto, per arrivare progressivamente a situazioni che possono essere per l'altro molto difficili da gestire, cioè quelle riguardanti il lavoro o gli affetti.

Con il tempo si impara a non crearsi aspettative. Si ascoltano gli altri, ma si sa che sono parole. L'altro può anche essere sincero, ma poi gli eventi non possono fargli mantenere le promesse. Si impara a capire gli altri, anche se non mantengono ciò che dicono.

Un cliente di quarant'anni, sposato e con due figli, mi dice: "Mi sono innamorato di una giovane donna di ventisette anni. La frequento da circa sei mesi. Le ho detto che lascerò mia moglie e andrò a vivere con lei. Ne sono convinto". "Sei sicuro di essere realmente convinto? Sei realmente in grado di affrontare una separazione?" - gli chiedo. Mi risponde con sicurezza: "Ho preso una decisione, l'ho detto alla ragazza". Dopo circa una settimana lo vedo e mi dice: "Ho parlato con mia moglie. Si è creata una situazione insostenibile, mi ha detto che mi farà vedere il meno possibile i miei figli. Ho capito che non posso separarmi. L'ho già detto alla ragazza". La ragazza mi telefona dopo qualche giorno, era completamente distrutta: "Mi ha ingannata per sei mesi. Mi ha fatto delle promesse. È un bugiardo, è falso. Lo odio!" In lui non vi era né ipocrisia né falsità. Non conosceva a fondo le sue paure. Era sincero mentre le diceva che avrebbe voluto vivere con lei. Non sapeva fino a che punto aveva paura di perdere i figli. Solo dopo qualche mese, la giovane donna ha capito quali fossero le paure dell'uomo. Da quel momento la rabbia che aveva nei suoi confronti si è trasformata in comprensione ed è stata meglio.

Giocare con se stessi

Spesso abbiamo una visione alterata della nostra realtà. Ci prendiamo troppo sul serio. Perché non provare a vederci in un modo diverso per alterare la percezione di noi stessi e vedere come siamo dal di fuori? Provate a fare questo esercizio. Rilassatevi completamente. Non sapete farlo? Vi sono in commercio ottimi manuali, consultatene uno. Potete rilassarvi distesi, seduti o in piedi. Quando avete imparato a rilassarvi immaginate di vedervi dall'alto mentre fate una vostra qualunque attività. All'inizio non è molto facile, non ci si riesce. Provate a guardarvi mentre entrate in macchina o parlate con una persona. Iniziate a osservarvi da vicino, come se aveste con voi una telecamera. Poi, progressivamente, la telecamera inizierà ad allontanare l'immagine e vi vedrete dall'alto. Quando vi sentite di padroneggiare la tecnica potete scegliere le situazioni su cui porre la vostra attenzione. Scegliete le situazioni in cui siete deboli e, mentre vi osservate, atteggiate il viso a un lieve sorriso. Non è male farlo con un po' d'ironia. Vi presento qualche esempio di situazioni che possono esservi d'aiuto.

— Siete delle persone che tendono a subire gli altri? Una persona vi sta aggredendo o colpevolizzando;
— Tendete a essere tristi? Arrivate al lavoro con l'aria afflitta e sconsolata;
— Siete un po' presuntuosi? Vi state dimostrando superiori agli altri;
— Avete l'abitudine di provare rancore? Non parlate con l'altro ma vi chiudete in voi stessi e soffrite;
— Siete collerici? Vi state adirando con una persona;

— Siete un po' invidiosi? Vi state innervosendo per i successi di un altro;

— Avete degli sbalzi d'umore? Il vostro viso cambia espressione. Dal sorriso all'essere corrucciato;

— Vi muovete sempre da agitati? State passando da una attività all'altra senza concludere niente.

Mentre vi osservate scrutate il vostro viso, il vostro corpo, come vi muovete e ciò che dite. Osservate anche le persone che possono essere vicino a voi e le loro reazioni.

Lasciate che le emozioni entrino in voi. Voi siete in alto e osservate il film della vostra vita. Vi osservate mentre prendete delle decisioni, mentre organizzate il lavoro, mentre fate l'amore. Piano piano il filmato della vostra giornata e della vostra settimana scorre. Voi siete tranquilli, siete completamente distaccati. Vi osservate mentre provate le emozioni quotidiane, ma non siete li, siete altrove, siete sopra a tutto. Forse questa è la prima volta che siete voi a vedervi. Si può essere convinti di essere noi stessi a osservarci e valutarci, ma in realtà sono gli altri che ci osservano e ci giudicano. Sono i genitori, i familiari, i colleghi, ect. Sono lì, pronti a dirci cosa e bene o male per noi, o meglio per loro, ci possono volere più remissivi, più disponibili. Ci vogliono come fa piacere a loro. Sostituiamoci a loro per trovare le nostre regole. Possono essere quelle del comportamento assertivo, cioè imparare a non subire o aggredire gli altri o può essere anche una sola idea da cui iniziare a sviluppare il nostro processo di miglioramento. L'idea o principio potrebbe essere: "Star bene o male dipende da noi. Non deve dipendere dagli eventi esterni".

Progressivamente impariamo a giocare con noi stessi e, perché no, a non prenderci troppo sul serio.

Mi racconta un imprenditore: "Quando inizio a vedermi

dall'alto e mi osservo mentre entro nella mia azienda, mi vedo con il viso preoccupato, le spalle sono un po' curve. Mi sembra di vedere una persona che abbia su di sé tutte le preoccupazioni dell'azienda. Mi guardo mentre evito accuratamente di parlare con alcuni dipendenti, mentre passo velocemente davanti alla loro porta. Mi osservo mentre mi siedo alla mia scrivania e il mio viso continua a essere accigliato. Non ho certo l'aspetto di una persona tranquilla, che può trasmettere agli altri calma e sicurezza".

Non vi è bisogno di lottare con i pensieri negativi, noi stiamo osservando le nostre emozioni, le nostre reazioni. Le emozioni a cui sono legati i nostri pensieri, sia positivi che negativi, sono li, distanti da noi. Gradualmente avvertiamo una sensazione di benessere e di tranquillità. Stiamo osservando il gioco della vita. Ci osserviamo mentre ci stiamo preoccupando per le cose che non vanno bene e mentre siamo eccitati per i nostri successi. Stiamo parlando con voce sommessa a quella persona che siamo noi. Le diciamo parole rassicuranti e ogni tanto la prendiamo un po' in giro.

Possiamo utilizzare anche questa tecnica per centrare la nostra attenzione sugli obiettivi che vogliamo raggiungere. Sempre calmi e rilassati vediamo con chiarezza le azioni che dobbiamo compiere per arrivare al nostro obiettivo. Valutiamo con calma, senza farci coinvolgere dalle emozioni, i vantaggi e gli svantaggi delle nostre scelte. Passiamo in rassegna tutte le possibilità e le soppesiamo. Se dobbiamo avere delle incertezze è bene averle ora, non quando si passa all'azione. Lo sportivo che affronta una gara, durante la sua prova non può avere incertezze. Può incontrare delle difficoltà, ma sono parte della sua attività, del suo gioco. Lo sportivo può decidere di non fare una gara ma, quando la gara inizia, dovrà lottare con tutto se stesso e sarà sempre pronto ad accettare la sconfitta. Pronto, però, a ripartire, dopo avere analizzato i suoi sbagli. Lo sportivo può avere il vantaggio di rivedere la sua prestazione. Gli permetterà di correggersi. Noi non abbiamo questa possibilità, dobbiamo visualizzare il filmato nella nostra mente, siamo noi i registi e gli attori. In ogni caso, mentre ci vediamo lottare e impegnarci per raggiungere un obiettivo, dobbiamo essere sempre consapevoli che stiamo giocando. Giochiamo a fare gli imprenditori, i professionisti o la nostra carriera in azienda. Partiremo con più tranquillità ad affrontare le nostre prove e forse avremo maggiori possibilità di vincere o, in ogni caso, non saremo troppo abbattuti a causa dell'insuccesso. Stiamo giocando al gioco più bello e divertente: il gioco della vita.

Capire gli altri

Quando riusciamo a vederci dall'alto e non siamo più coinvolti nelle situazioni diventa più facile capire gli altri e accettarli per come sono. Si vedono le situazioni e i problemi da un'altra angolazione e il disagio o la rabbia, che spesso possiamo provare, perché siamo troppo coinvolti, svaniscono. La nebbia che abbiamo di fronte a noi, quasi per incanto si dirada e ci permette di vedere sotto un'altra luce le persone e le situazioni. È una luce chiara, che delinea bene i contorni. Se prima si era convinti di vedere, ci si rende conto che si era ciechi, tutto ciò che si vedeva era offuscato e grigio. Non era la realtà, si vedevano soltanto le nostre emozioni negative, la nostra rabbia, il nostro sconforto. Stavamo osservando noi stessi, non gli altri.

Un cliente, di quarantatré anni, mi dice: "Il lavoro mi occupa molto tempo. Ho spesso problemi sul lavoro, con i miei aiutanti. Non sono più attento alla mia azienda come ero una volta. Ma i veri problemi li ho in famiglia. Ho due figli maschi di sedici e dodici anni. Il primo, il più vecchio, lo vedo spesso svogliato e non interessato a niente. Il secondo è sempre attaccato a mia moglie, che con lui è molto protettiva. Con mia moglie ormai vi è poco dialogo. Possiamo sembrare una coppia, ma solo se visti dall'esterno. Non ho da mia moglie le attenzioni e la comprensione di cui ho bisogno in questo momento. La famiglia dovrebbe essere per me un momento di pace e serenità. Non è così. Diventa un altro problema. Ultimamente non vado neanche più a casa a pranzo. Dico a mia moglie che ho da fare. Non è vero, preferisco non andare a casa. Quando arrivo, alla sera, percepisco nell'ambiente tensione e nervosismo. Mangio velocemente, mi metto davanti alla televisione e spesso mi addormento. Questa è la realtà della mia vita".

No, questa non è la sua realtà, è quella che lui pensa che sia. Come lui l'ha colorata. Vi sono le sue aspettative, i suoi bisogni, le sue frustrazioni e ansie. Si aspetta che la famiglia gli riduca le tensioni, che gli dia la serenità di cui ha bisogno. Non può e non è in grado di capire gli altri. Ma lui, nel suo intimo, è convinto di capire come gli altri sono. In realtà lui non li vede come sono, li vede come vorrebbe che fossero. Come dovrebbero essere per dargli pace e serenità. Pace e serenità che lui non ha mai avuto. Forse, riteneva che fosse così, quando tutto gli andava bene. Il lavoro prosperava e lui ne era soddisfatto.

Per capire gli altri deve riportare l'attenzione su se stesso e non pensare agli altri come fonte della sua pace. Vi ricordate il caso dell'uomo che perde la vista ma non la sua serenità? La serenità non la si perde. C'è.

Ecco che l'uomo inizia a vedersi dall'alto. Si vede arrivare a casa teso e nervoso, non disponibile. Si vede mentre aspetta di trovare sul viso degli altri un sorriso. Ma anche quando appare, lui non è in grado di coglierlo. Non può vederlo. Lui vorrebbe che tutto fosse perfetto, che vi fosse armonia e tranquillità. Scopre in lui frustrazione e rabbia. La sua attenzione è solo rivolta verso gli altri. Gli altri dovrebbero essere diversi. Si rende conto che non è mai riuscito a capirli e ad accettarli. Come non ha mai accettato se stesso. Lui avrebbe voluto essere più sicuro, più aperto. Il film della sua vita scorre sotto di lui. Si vede mentre desidera separarsi, ma non ha il coraggio di farlo. Si chiede cosa farebbe da solo. E vede la sua vita nella solitudine. No, ha troppo paura. Poi, quasi di colpo, la nebbia che aveva di fronte scompare. I figli e la moglie sono diventate persone normali. Inizia ad accettarli per come sono. Se lui non è sereno, perché sta pretendendo che gli altri lo siano per lui? Lentamente vede il suo viso cambiare, si vede arrivare a casa sorridente, più disponibile. Non sarà una famiglia perfetta, ma per lui, non in grado di vivere da solo, è diventata la sua famiglia. Ha smesso di essere qualche cosa di estraneo che non gli appartiene. È diventato uno di loro.

Capire gli altri ha due grandi vantaggi: non ci fa star male e non ci fa arrabbiare con loro. Non vuol certo dire subirli. Li capiamo, ma non necessariamente dobbiamo sempre adeguarci ai loro bisogni. Ricordiamoci che se i bisogni degli altri vengono prima dei nostri, non si potrà essere soddisfatti a lungo. Prima o poi svilupperemo rancore verso l'altro. Non riusciremo a riportare l'attenzione su noi stessi. La nostra attenzione sarà sempre rivolta all'altro a cui attribuiamo la causa della nostra infelicità.

Imparare dagli altri

Sul fatto che si impara sempre si è tutti d'accordo. Ma non è facile trovare le persone da cui è possibile imparare. Non perché manchino le persone, si impara da tutti. Ma perché si può essere bloccati dai nostri pregiudizi. Se desideriamo imparare dagli altri è necessario possedere due requisiti: la *curiosità* e l'*umiltà*. La curiosità non può essere limitata a un solo settore o solo ad alcune persone. Essere curiosi è essere un po' ladri, sempre pronti a carpire dalle situazioni o dalle persone, ciò che ci può essere utile. Si può anche imparare cosa non si deve fare. Nella mia professione ho visto molte persone che stavano male, da loro ho potuto imparare cosa è bene non fare o come non si deve pensare. L'altro requisito è l'umiltà, da non confondere con il sentimento che ci fa dire: "Tanto non ci riuscirò, io sono diverso, va bene per lui ma non per me". L'umiltà non è legata a una bassa autostima. Valutarsi negativamente può essere una componente delle persone passive. La persona umile non ha assolutamente una visione negativa di sé, sa riconoscere i propri limiti, sa valutarsi. Partendo da se stessa sa costruirsi. Sa anche essere costante. Senza questi due requisiti è difficile imparare. La mancanza di curiosità può sviluppare pregiudizi. Ci fa valutare tutte le situazioni solo dal nostro punto di vista. Ci porta a richiuderci su noi stessi. Un amico antropologo mi dice: "Quando per molti mesi vivo con delle tribù in Africa, devo imparare a osservare, a capire. Mai devo permettermi di giudicare, applicherei i miei valori e pregiudizi. Questo è un errore che un antropologo non può fare".

Dopo un mio viaggio in Birmania un amico mi dice: "Non so cosa mi potrebbe servire o risultare interessante andando in quel paese. È una cultura così diversa, c'è solo grande povertà". Sì, non vi è ricchezza. Ma vi sono persone che hanno una grande dignità nella loro povertà. Vi è povertà ma non è detto che sia miseria.

La mancanza di umiltà sviluppa sentimenti negativi, quali l'invidia e la presunzione. Non è infrequente l'invidia per i successi economici o sociali degli altri. In questi casi, le frasi che si possono sentire sono: "Ha avuto solo fortuna. Aveva degli amici influenti. È una persona spregiudicata, etc...". In questo caso si commette l'errore di centrare l'attenzione sugli altri. Chi è presuntuoso potrà dire: "Io non mi abbasso di certo a fare queste cose. Io sono una persona che vale. Io ho studiato. Io sono...". La presunzione aiuta ad autogiustificarsi, a non passare all'azione o a non intraprendere un'altra attività. Dice il giovane laureato: "Non posso mica accettare questo umile lavoro, io ho studiato". In risposta a queste frasi mi verrebbe da chiedere: "Ma cosa sai fare?, spesso è più facile trovare delle giustificazioni che mettersi alla prova.

In alcuni casi, ci si innervosisce con le persone allegre e positive. Non è raro sentire la frase: "Come fa a essere sempre così allegra quella persona? Sarà allegra perché le cose le andranno bene". Un simile atteggiamento porta automaticamente a non interessarci a queste persone, a non far loro domande, a non cercare di capire come affrontano le situazioni.

Se ci sbarazziamo dei pregiudizi, possiamo imparare dagli altri. Dalle persone che vedono la vita in modo negativo e dalle persone positive, che sanno affrontare le situazioni e sanno relazionarsi con gli altri. Dovremo prendere i secondi come nostri modelli.

Nel scegliere i modelli, non dobbiamo solo prestare attenzione alle persone che hanno avuto dei successi economici o sociali. Possono essere anche persone semplici che non vivono nel benessere. Non dobbiamo mai ignorarli, è sempre possibile trovare qualcosa di utile per meglio capire la vita. Anche una semplice frase ci può essere d'aiuto.

Ora poniamoci le domande:

— "Come avrebbe affrontato la situazione il nostro modello?"
— "Cosa avrebbe detto?"

Ritorniamo a utilizzare il nostro esercizio d'immaginazione e, nel nostro filmato, inseriamo il nostro modello. Vediamo il suo viso sereno e tranquillo. Osserviamolo in azione mentre, calmo e controllato, affronta una situazione, come reagisce a un insuccesso, sentiamo cosa dice. Non dobbiamo e non possiamo diventare come il nostro modello. Ma partendo da come siamo è sempre possibile migliorare, ricordando che il nostro reale obiettivo è la pace con noi stessi.

Ripulirsi

Cosa dobbiamo toglierci di dosso per imparare a giocare con le situazioni della vita ed essere sereni? Strati di terra.

L'obiettivo da raggiungere è essere puliti. Abbiamo tutto il corpo ricoperto da strati di terra. Dobbiamo diventare come degli archeologi che, strato dopo strato, asportano la terra che ricopre una realtà più profonda. La tolgono con attenzione. Sanno che sotto a ogni strato potranno trovare qualche cosa, potranno fare una scoperta. Scavando troveranno strati di terra ben solidificati, potranno trovare terra più fresca, più facile da portare via. Dobbiamo diventare gli archeologi di noi stessi. Dobbiamo ripulirci completamente dalla terra che ci copre. Una volta lavati completamente appariremo come siamo, con i nostri bisogni e le nostre paure.

Abbiamo visto come sia difficile modificarci. Sappiamo che per cambiare è necessario partire da quel che siamo, da come siamo. Vediamo allora di quali strumenti dobbiamo munirci per riuscire a ripulirci. Gli strumenti sono le domande che dobbiamo porre a noi stessi. Ogni domanda, a cui troviamo una risposta, corrisponde a un po' di terra tolta. Le domande sono la nostra pala. Nell'usarla, adottiamo come tecnica l'immaginazione e la concentrazione. Ognuno è libero di usarla come vuole. È sufficiente che trovi la tecnica giusta. Poi, dalla pala si passerà a una piccola paletta. Siamo vicini alla meta. Alla fine sarà sufficiente soffiare, e l'ultima polvere volerà via.

Iniziamo con domande di carattere generale. Usiamo alcune domande aperte. Quelle che iniziano con perché, come, quando e cosa. Siamo all'inizio, dobbiamo togliere molta terra. Vediamo alcune domande:

— Perché mi sono arrabbiato?
— Perché in quella situazione ho subito?
— Perché sono stato male?
— Perché sono stato male l'ultima volta?
— Come avrei dovuto comportarmi?
— Come avrei potuto mantenere l'autocontrollo?
— Come avrei dovuto pensare?
— Quando ho fatto una promessa e non l'ho mantenuta?
— Cosa avrei dovuto dire?

Alcune risposte possono essere:

— Mi sono arrabbiato perché ho preteso che l'altro mi capisse;
— Ho subito perché ho avuto paura che non accettasse il mio rifiuto;
— Sono stato male perché non sono stato in grado di accettare l'insuccesso;
— Non avrei dovuto accettare la provocazione.

Questo è solo un esempio di buone risposte. Sono centrate su di noi, non sugli altri. Stiamo imparando. Un po' di terra sta andando via.

Ora dobbiamo valutare attentamente quali possono essere i nostri sentimenti, le nostre emozioni e i nostri comportamenti.

Ci si pongono domande che iniziano con "chi" o "in quali

situazioni sono stato o ho dimostrato di essere: orgoglioso, cioè presuntuoso e superbo, invidioso, iroso, permaloso, possessivo. impositivo, colpevolizzante, altruista, remissivo, disponibile. pauroso.

Ora soffermiamoci su questi aspetti. È un momento difficile. Non dobbiamo e non possiamo avere fretta. Non è facile togliere la terra che ha impiegato molti anni per essere accumulata. Esaminiamo attentamente tutti i sentimenti, le emozioni e i comportamenti. A questo punto non serve dare delle etichette e definire quali sono i sentimenti o le emozioni. Non ci serve, diventa solo un gioco intellettuale. Si rischia di sapere molto e di non fare nulla. Bisogna togliere, non mettere.

In un racconto, l'allievo va da un maestro zen. Vuole diventare suo discepolo. Il maestro gli pone alcune domande e lo ascolta con molta attenzione. "Vedo che sai moltissime cose. Per quanto tempo hai studiato tutto quello che sai?" - chiede il maestro. "Studio da dieci anni" - risponde l'allievo. "Vedi" - dice il maestro - "dovrai impiegare ancora dieci anni per dimenticare tutto. Tu sei come un bicchiere colmo, va svuotato, non posso aggiungerci nessun liquido".

Ora iniziamo a osservarci e passiamo in rassegna tutti gli aspetti di noi stessi. Siamo come l'archeologo che ispeziona il terreno, sta cercando il luogo più idoneo per iniziare a scavare. Con l'esercizio precedente abbiamo imparato a usare le domande, a centrarle su di noi. Sono il nostro strumento.

Iniziamo, ad esempio, a esaminare il nostro orgoglio. Dobbiamo chiederci a cosa ci può servire. Quali vantaggi ne abbiamo? Perché siamo orgogliosi? Abbiamo qualche cosa da nascondere a noi stessi? Non vogliamo che gli altri si accorgano delle nostre debolezze? Vogliamo forse dimostrare di essere migliori degli altri? Dimostrandoci migliori, otterremo il loro rispetto? Potrà il nostro orgoglio ritorcersi contro di noi e farci vivere in isolamento dagli altri? Con quali persone e in quali situazioni abbiamo dimostrato la nostra superbia? Nel pensare di ottenere il rispetto degli altri, abbiamo l'abitudine di etichettarci? Cioè dire: io sono un laureato, io sono un professore, io sono... Quanto cammino dovremo ancora fare per imparare l'umiltà?

Ricordiamoci che a ogni domanda, a cui diamo una risposta, leviamo un po' di terra dalla superficie.

Ci scopriamo un po' permalosi, abbiamo la tendenza a offenderci frequentemente?

Domandiamoci: siamo permalosi con tutte le persone? Quali sono le frasi che ci offendono? Per quale motivo hanno potere su di noi? Forse perché evidenziano le nostre debolezze? Tendiamo a offenderci perché abbiamo difficoltà ad accettare gli altri per come sono? Quand'è l'ultima volta che ci siamo offesi? È il nostro modo abituale per dimostrare che non siamo d'accordo con una persona? Offendendoci, vogliamo far capire all'altro che non doveva comportarsi in un certo modo?

Pensiamo di essere delle persone accondiscendenti, disponibili e anche un po' remissive? Se lo siamo, quali vantaggi ne abbiamo? Riusciamo così facendo a ottenere l'approvazione degli altri? Se non la otteniamo stiamo male? Riusciamo a ottenere l'approvazione di tutti? Quando ci accorgiamo di essere stati troppo disponibili, ci arrabbiamo? Che vantaggi abbiamo nell'arrabbiarci? Perché ci siamo arrabbiati l'ultima volta? Cosa ci aspettiamo in cambio della nostra disponibilità? Abbiamo l'abitudine di rimandare i problemi?

Siamo paurosi? Abbiamo delle paure molto forti? Evitiamo di affrontare le situazioni di cui abbiamo paura? Quando le abbiamo evitate, siamo soddisfatti di noi? Le nostre paure sono aumentate negli anni? Ci appoggiamo a qualcuno perché ci aiuti a superare le paure? Dipendiamo da qualcuno? Abbiamo paura di perdere l'affetto di una persona? Abbiamo paura di rimanere da soli? Abbiamo paura di...?

Abbiamo esaminato il nostro terreno e abbiamo iniziato a scavare. In alcune parti è molto duro, vi sono degli ostacoli che vanno rimossi, dobbiamo farlo. Qualche volta la pala che usiamo si può rompere. Non fermiamoci e cambiamola subito. Stiamo togliendo la terra che ci ricopre e iniziamo ad apparire per quello che siamo. Stiamo prendendo forma. Abbiamo ancora della terra che ci ricopre, ma non è molta.

Ora abbiamo individuato come siamo e riusciamo ad accettarci: presuntuosi, invidiosi, possessivi, ecc. Non dobbiamo spaventarci, in tutti noi vi è una mescolanza di tanti elementi.

Stiamo quasi arrivando alla nostra meta. Ma dobbiamo porci altre domande. Le domande saranno centrate sui nostri bisogni e sul nostro disagio. Vediamo alcuni nostri bisogni:

— Di stare sempre con gli altri. Di vedere delle persone;
— Di movimento, di fare attività fisiche;
— Di calma, di rilassamento;
— Di sentirci autonomi, di essere indipendenti dalle altre persone;
— Di prestigio;
— Di sicurezza, sia negli affetti che sul lavoro;
— Di approvazione. Di essere accettati dagli altri.

Sappiamo che ogni bisogno insoddisfatto crea disagio. Dobbiamo capire il nostro disagio. Se siamo una persona che ha bisogno di stare sempre con gli altri, staremo male se ci troviamo da soli, anche per pochi giorni. Cercheremo di fare tutto il possibile per ovviare al nostro disagio. Dobbiamo farlo perché quando siamo soli, ci deprimiamo, non sappiamo come far passare il tempo. Non sappiamo stare con noi stessi. Dipendiamo dagli altri.

Se siamo una persona che ha bisogno di attività fisica, di movimento, proviamo disagio quando non possiamo farlo. Ma questo bisogno dipende da noi, un po' di tempo per muoversi lo si può trovare sempre, è un bisogno che è facile da soddisfare.

Come vediamo, alcuni bisogni possiamo soddisfarli da soli. Possono essere il bisogno di rilassarci, di muoverci o di stare da soli. Vi sono invece i bisogni che, per essere soddisfatti ci fanno dipendere dalle persone. Qualunque sia il bisogno non deve diventare assoluto. Ad esempio: dobbiamo poter stare bene con le altre persone ma anche trovarci a nostro agio da soli. Ho dovuto lavorare su me stesso per ridurre il bisogno di stare con gli altri. Stare con gli altri mi è sempre piaciuto, per me era difficile stare da solo. Trovarmi una sera da solo a casa mi disturbava, dovevo telefonare a qualcuno per poter uscire. Stare solo era diventato un mio problema. Ho deciso allora di scegliere la solitudine per dieci giorni, senza vedere nessuno persona e mi sono isolato in montagna. Dopo i primi giorni di difficoltà ho iniziato ad accettarla e ora riesco ad apprezzarla.

Non è facile diventare autonomi. L'abitudine di dipendere dagli altri può essere forte. Ma dobbiamo ricordarci quanto può essere pericoloso un bisogno assoluto, qualunque esso sia.

Lentamente ci siamo ripuliti. Abbiamo tolto tutta la terra che ci ricopriva e soffiando abbiamo tolto l'ultima polvere. Siamo emersi alla realtà di noi stessi. Ora sappiamo che "Star bene o male dipende da noi, non possiamo delegare il nostro benessere ad altre persone o cose". Da questo punto in poi è possibile la ricostruzione, cioè possiamo migliorarci. Il miglioramento avverrà gradualmente, ma in modo costante.

Ci saremo tolti le nostre etichette e, con esse, i nostri pregiudizi. Saremo diventati curiosi e avremo sviluppato l'umiltà. Ci troveremo a nostro agio con tutte le persone, avremo smesso di giudicare. Saremo in grado di lasciare o essere lasciati. Riusciremo a impegnarci in tutto ciò che facciamo, ma non sarà questo il fine della nostra vita. Avremo imparato a guardarci dall'alto e sorridere di noi stessi e dei nostri pensieri.

La positività

Non è possibile decidere di essere delle persone positive. Proviamo a dire a una persona che ha perso il lavoro o che è stata lasciata dal partner la frase: "Devi avere una visione positiva della vita. Potrà essere una svolta per fare nuove esperienze". Ci dirà immediatamente: "È facile parlare. Dici così perché le cose ti vanno bene".

Se poi vogliamo inimicarcela ulteriormente, possiamo raccontare come noi abbiamo affrontato gravi problemi nella nostra vita. Come li abbiamo superati. In questo caso commettiamo due errori: non capiamo l'altro e vogliamo dimostrare la nostra saggezza.

Quindi, anche noi non abbiamo un atteggiamento positivo. Non possiamo averlo. Abbiamo bisogno di dimostrare la nostra saggezza, cioè noi sappiamo cosa è bene per l'altro. Vi è anche in noi la presunzione: "Io ho capito come affrontare la vita".

Qualora l'altro ci chieda consigli, possiamo al massimo dire come noi ci comportiamo in una determinata situazione, come pensiamo. Ma, nel dare consigli, dobbiamo sempre essere consapevoli che partono sempre e solo dalle nostre credenze, dalle nostre esperienze.

Proviamo ora a immaginare come può essere una persona positiva. Iniziamo dal suo viso: è sorridente, ma ciò che più ci colpisce sono i suoi occhi. Sono occhi che sorridono. La sua fronte è distesa, mentre il viso di una persona assillata da continui pensieri è corrucciato, la sua fronte è solcata da rughe profonde. Un esercizio che faccio fare spesso è il seguente: corrugare la fronte e provare a sorridere. Diventa impossibile mantenere la fronte corrugata, sorridendo, si spiana. Stiamo iniziando a giocare con il nostro viso.

Dietro agli occhi sorridenti non vi possono essere pensieri disturbanti, negativi e contorti. Tutti noi siamo consapevoli che appena vi è un pensiero disturbante, anche minimo, avvertiamo immediatamente disagio e tendiamo a chiuderci in noi stessi o ci arrabbiamo. Continuiamo con il nostro esercizio sul viso e inseriamoci anche i pensieri. Proviamo a pensare in modo negativo, solo per alcuni secondi e subito dopo iniziamo a sorridere. Il sorriso allontanerà, almeno momentaneamente, il pensiero negativo. Certamente non risolverà i nostri problemi o soddisferà i nostri bisogni. Ma, in ogni caso, diventiamo consapevoli dello stretto legame tra pensieri, emozioni ed espressioni del viso. Anche se piccolo, è sempre un primo passo per iniziare a migliorarci. Ovviamente una situazione del tipo: "Sto male perché sono stato lasciato dalla fidanzata", non si risolverà semplicemente cercando di allontanare il pensiero, ma potremo capire come è possibile modificarlo in meglio, smettendo di centrare l'attenzione sull'altra persona e iniziamo a pensare a noi stessi.

Una persona positiva, oltre che a sorridere, ha imparato a centrare l'attenzione su se stessa. Stiamo attenti a non confondere questa situazione con l'egoismo. Chi è egoista pretende che gli altri si comportino come vuole lui, si impone, cerca in tutti i modi di gestirli e manipolarli. Sono gli altri che devono soddisfare i suoi bisogni, lui prende, non dà. Chi ha imparato a essere centrato su se stesso non userà frasi del tipo:

— "Ho bisogno di te";
— "Se non ci sei, sto male";
— "Se non ti vedo, soffro".

Chi è centrato su se stesso non ha bisogno di usare queste frasi, non gli vengono questi pensieri. Se gli vengono gli durano poco, si accorge immediatamente dello sbaglio che sta facendo e si corregge.

Correggere il proprio comportamento è un'altra caratteristica delle persone positive, che non lo fanno per far piacere agli altri. Questo è il modo di comportarsi delle persone passive, che tendono a porre prima i bisogni degli altri e solo dopo i propri. Le persone positive modificano il loro comportamento per trovare un equilibrio tra i bisogni propri e quelli altrui. Ma, per raggiungere questo equilibrio, imparano a capire gli altri e quali bisogni hanno. Per capire gli altri sanno fare domande e sanno ascoltare senza giudicare. Sì, valutano gli altri. Lo fanno per non crearsi delle inutili aspettative, senza cioè pretendere che gli altri siano diversi da come sono. Sanno accettarli. Se accettano gli altri non si arrabbiano con loro. Non vogliono cambiare nessuno e non accettano che gli altri li vogliano cambiare. La persona positiva non usa frasi del tipo:

— "Devi cambiare il tuo comportamento";
— "Non sai ragionare";
— "Sei una persona arrogante";
— "Sei una persona che non sa dare affetto";
— "Sei una persona che pensa solo a se stessa";
— "Sei inaffidabile".

Non usa questo tipo di frasi per due motivi. Valutando gli altri e accettandoli non ha bisogno di usarle. L'unico pensiero che gli viene in mente è: "Ho sbagliato a valutare l'altro". Non le usa, perché sa che usandole non motiva nessuno, anzi crea ostilità. Per quale motivo creare ostilità? Non è di nessuna utilità, se non per sfogare la propria rabbia che sorge dalla non comprensione dell'altro.

La persona positiva non usa la lamentela. È ben consapevole che la lamentela innesca un circolo vizioso. Tutti i pensieri sono centrati all'esterno di sé. Non avrà pensieri del tipo:

— "Sono una persona sfortunata";
— "Non ho affetto";
— "Non sono capito";
— "Non sono amato";
— "Non sono stimato".

La persona positiva è consapevole che "Il suo stato di benessere o malessere dipende da lui". Ha imparato a difendersi da se stesso, non dagli altri. Questa convinzione è profondamente radicata in lui. Il suo saper vivere dipende da questa sua credenza. Gli permette di vivere in pace con se stesso e, ciò che più conta, a non dipendere. È una credenza che molti possono condividere, ma pochi sanno applicare, perché, immancabilmente, sono focalizzati sugli altri. Questo suo modo di vedere la vita lo porta a lavorare su se stesso e come abbiamo visto a "ripulirsi". Con gli anni solo il suo corpo invecchia, la persona positiva resta sempre curiosa, umile e vivace. I suoi occhi continuano a sorridere.

L'ultimo impegno

Vi ringrazio di avermi seguito fino alla fine del libro. Avete già iniziato a lavorare su voi stessi. Vi faccio i miei complimenti. Avete individuato le aree su cui dovete esercitarvi. Sapete vedervi dall'alto e usare l'ironia con voi stessi. Ora, per finire, proviamo a eseguire insieme un ultimo esercizio: il dentro e il fuori. Vi chiedo di prendere un foglio e dividerlo in due parti. A destra del foglio scrivete "Fuori "e a sinistra "Dentro". Scrivete sotto la parola "Fuori" tutto ciò che non può appartenervi. Tutto ciò che possiamo perdere. Se lo possiamo perdere non è nostro. Proviamo a compilare insieme l'elenco. Possiamo perdere il prestigio? Sì. Oggi una persona è molto conosciuta, dopo alcuni anni ben pochi la ricordano. L'uomo politico aveva un grande potere, ora non più. Possiamo perdere i figli, si sposano, vanno via. Possiamo separarci o il nostro coniuge può morire. Vediamo l'elenco che abbiamo scritto:

— Potere;
— Prestigio;
— Soldi;
— Casa;
— Lavoro;
— Affetti;
— Figli;
— Coniuge;
— Genitori.

Ma allora non ci rimane nulla da scrivere sotto la voce "Dentro"? Se pensiamo che "dentro" di noi debbano starci le cose che possiamo perdere rischiamo di commettere un grave errore. Deleghiamo il nostro star bene e qualche cosa che non ci appartiene e, se lo perdiamo, ci sembra di perdere una parte di noi stessi. Ciò che non ci appartiene uscendo da noi ci lacera, ci può lasciare delle ferite che non si rimarginano facilmente.

Alcune volte è impossibile che succeda. Sono i casi in cui ci si è annullati in funzione di qualcuno o qualcos'altro. È quando riteniamo che il nostro benessere debba dipendere dal "Fuori", cioè dal lavoro, dai soldi, dal coniuge o dai figli. Se togliamo tutto ciò che non ci appartiene, ciò che resta siamo noi stessi. Possiamo trovare la nostra voglia di vivere, la nostra allegria e positività, la nostra serenità e la nostra tolleranza. Possiamo trovare altri aspetti di noi, che non potranno mai essere persi.

Vi richiedo un ultimo impegno. Abituatevi, al termine della giornata, a prendervi un momento per voi. Rilassatevi e ponetevi la domanda: "Ho accolto in me qualche cosa che non mi appartiene?" Se abbiamo provato rabbia per una critica subita che cosa abbiamo tirato "Dentro"? Forse il giudizio degli altri. Se stiamo male per un insuccesso lavorativo dobbiamo chiederci se ci siamo identificati con il lavoro. Tutto ciò che parte da dentro di noi e va verso il fuori ci aiuta a essere attivi e positivi. È pura energia. Possiamo impegnarci in tutto ciò che facciamo, possiamo rompere schemi e rigidità mentali. Possiamo fare qualunque lavoro. Non abbiamo più paura di perdere. Amiamo metterci alla prova e giocare con noi stessi. Proviamo un senso di profonda libertà, un senso di pace che scaturisce da noi e che deriva dalla consapevolezza di non aver paura di perdere cosa si è dato. Non si perde l'affetto che si è dato al proprio partner o un apprezzamento sincero fatto a un amico. Ma se ci attendiamo che qualche cosa ci ritorni, stiamo rischiando di tirarci dentro ciò che deve rimanere fuori e possiamo provare rancore o rabbia. Dobbiamo abituarci a porci frequentemente la domanda: "Che cosa sto portando dentro?" La continua pratica ci permetterà di essere più distaccati dalle persone o dalle situazioni. Impariamo ad accorgerci immediatamente quando ciò che deve rimanere "fuori" supera la barriera che noi abbiamo mentalmente creato ed entra in noi. La nostra barriera può essere paragonata a una diga che arresta il flusso di molti fiumi. Sotto la diga ci siamo noi. Dobbiamo prestare continue attenzioni alla diga ed essere sempre pronti a rinforzarla. Se crolla, noi rischiamo di affogare. Questa differente visione della vita non ci allontanerà dagli altri o dagli impegni lavorativi, ma ci sarà di grande aiuto nell'impegnarci in tutti i rapporti, sia sociali sia lavorativi, senza riserve o paure. Diventiamo noi gli artefici della nostra vita e siamo realmente consapevoli che "La vita ha la durata di un battito di ciglia, non ha senso sprecarla".

Vi auguro buon lavoro su voi stessi.

Dialoghi e Racconti

Forse, per aiutarci a stare meglio con noi stessi, può esserci utile ascoltare una storia. Proviamo allora a prestare attenzione ad alcune piccole storie.

L'identificazione

MARCO: "Mi hai detto che ultimamente la tua azienda non va bene, è vero?"

CARLO: "Sì. Ho perso due commesse molto importanti, ho veramente gravi difficoltà economiche".

MARCO: "Come riesci ad affrontare la situazione?"

CARLO: "Malissimo. Non riesco più a dormire bene e sto male appena arrivo in azienda".

MARCO: "Rischi di chiudere l'azienda?"

CARLO: "Sì. Devo trovare dei finanziamenti".

MARCO: "Da quanto tempo stai male?"

CARLO: "Da più di un mese. Ho anche giramenti di testa e mi sto riempiendo di tranquillanti".

MARCO: "Ma se dovessi chiudere l'azienda, ti rimarrebbero ancora le tue proprietà?"

CARLO: "Sì. Mi rimarrebbe la casa in città, la casa in campagna e il patrimonio di famiglia".

MARCO: "Quindi saresti ancora una persona benestante?"

CARLO: "Sì, ma non posso pensare di non avere più l'azienda".

MARCO: "Mi hai detto che stai male perché va male l'azienda, non è vero?"

CARLO: "È normale, qualunque persona al mio posto starebbe male!"

MARCO: "Ma tu non sei l'azienda, tu sei Carlo".

CARLO: "No, io sono l'azienda".

L'umore di Carlo dipende dagli eventi esterni. Il suo star bene o male è inscindibile dal conto economico della sua azienda. Carlo è diventato un conto economico.

La perdita

Una coppia di anziani coniugi ha ricevuto in eredità circa centomila euro. Dopo il primo momento di euforia, si è presentato loro il problema di come investire il denaro. Consigliati da un amico, lo impegnano in azioni. Da quel momento iniziano a perdere la loro serenità. Le azioni iniziano a scendere e il loro disagio cresce di conseguenza. Ogni giorno controllano i dati della Borsa e diventano tesi e irritabili.

Hanno perso la serenità che avevano con fatica conquistato. Ma l'avevano realmente conquistata?

Cadere dalla sedia

Un noto attore di teatro, si trova a Torino per alcune recite. Dovrà rimanere in città per circa un mese. Dopo un breve giro per la città, ritorna in teatro tutto trafelato ed è in preda a un profondo sconforto. Rivolgendosi a un amico dice: "Sono entrato in alcuni negozi, ho passeggiato per le strade. Non ho trovato nessuno che mi abbia riconosciuto!"

Probabilmente non amerà più molto Torino. Ma sarà riuscito a scendere dall'altezza del successo su cui era stato o si era posto?

La scelta del partner

Anna e Giorgio si frequentano da alcuni mesi, discutono del loro rapporto.

ANNA: "Noi stiamo veramente bene insieme, sei d'accordo?"

GIORGIO: "Sì, sto veramente bene con te".

ANNA: "Più andiamo avanti nel nostro rapporto, più io sento di appartenerti, è così anche per te?"

GIORGIO: "No, per me non è così. Io non mi sento di appartenere a nessuno".

ANNA: "Ma allora tra noi non c'è nulla. Io pensavo che si fosse creato un vero rapporto".

GIORGIO: "Sì, per me è un vero rapporto".

ANNA: "Ma come può essere un vero rapporto se mi dici queste cose?"

GIORGIO: "Vedi, se tu vuoi appartenermi non posso impedirtelo, è una tua scelta. Ma non puoi pretendere che io appartenga a te".

ANNA: "Ma allora tra noi non vi sarà mai un vero rapporto?"

GIORGIO: "Per me, partendo dal mio punto di vista, è un vero rapporto".

ANNA: "Ma a me questo non basta!"

GIORGIO: "Ti posso capire, ma i miei bisogni non sono simili ai tuoi".

Non è di nessuna utilità riflettere sugli altri i propri bisogni, per poi non sentirsi capiti se loro non sono pronti a soddisfarli.

La racchetta da tennis

Donata sta parlando con il suo amico Marco, che è un buon tennista.

DONATA: "Sai Marco, ho avuto sempre difficoltà nel trovare l'uomo giusto. Quando mi innamoro di un uomo continuo nel rapporto anche se mi rendo conto che non è la persona giusta per me. Così sto sempre male. Non so che fare. Puoi darmi un consiglio?"

MARCO: "A mio parere dovresti scegliere un uomo come si sceglie una racchetta da tennis.

Quando compri una racchetta da tennis devi valutarla attentamente ed è importante che tu la provi su tutti i campi, cioè su vari tipi di terreno. Perché non è detto che una racchetta, come un uomo, vada bene in tutte le situazioni. Se sbagli la racchetta ti può venire l'epicondilite, cioè ti si infiamma il gomito. È inutile curare l'epicondilite e continuare a usare sempre la stessa racchetta".

Se abbiamo comprato la racchetta sbagliata, bisogna essere capaci di metterla da parte e dimenticarla.

La visita in ospedale
Maria aveva un'anziana parente che stava molto male ed era stata ricoverata in ospedale. L'anziana donna aveva un figlio e una nuora che raramente andavano a trovarla. Da molto tempo aveva troncato i rapporti con il resto delle sua famiglia. Era sempre stata molto aggressiva con tutti. Ora, anziana e ammalata, non aveva modificato per nulla il suo modo d'essere, dispotico e imperioso. Solo lei andava, tutti i giorni, a trovare la sua anziana parente. Prima di partire da casa provava un profondo disagio. Non aveva mai sopportato questa donna, anche quando era giovane. Quando andava a trovarla, doveva ascoltare le lamentele della donna che era sempre arrabbiata con il figlio e con gli altri parenti. All'uscita dall'ospedale spesso si diceva: "Perché solo io devo andarla a trovare? Perché non vanno an-

che gli altri? Ogni volta che la vedo, sto male". Eppure continuava ad andarla a trovare.

Maria era in una situazione in cui non poteva scegliere. Se non fosse andata a trovarla si sarebbe sentita in colpa. La colpa la spingeva ad andare.

Non era altruismo, ma solo la scelta del minor costo da pagare.

La moglie premurosa

CLAUDIA: "Io cerco di stare sempre molto attenta a soddisfare i bisogni di mio figlio, di mio marito e di mia suocera".

MARCO: "Ma come fai?"

CLAUDIA: "Ancor prima che mi facciano delle richieste, sono già pronta a soddisfarle. Così facendo li vedo sempre contenti, sto male se li vedo arrabbiati o scontenti".

MARCO: "Ma sei sempre riuscita a soddisfare i bisogni degli altri?"

CLAUDIA: "Non mi è sempre possibile".

MARCO: "E quando ciò accade?"

CLAUDIA: "Alcune volte si arrabbiano con me. Ma, più di altri, è mio marito che si arrabbia e allora io sto male e mi dico che non dovrebbe comportarsi così con me".

MARCO: "Quindi, ad esempio, tuo marito ha preso l'abitudine di dipendere da te per le proprie necessità, non è vero?"

CLAUDIA: "Sì, gli ho dato l'abitudine di dipendere da me".

MARCO: "Se non sei pronta a soddisfare i bisogni di tuo marito, gli causi disagio. Perché un bisogno non soddisfatto è sempre causa di disagio, sei d'accordo?"

CLAUDIA: "Sì, sono d'accordo. In più mio marito diventa aggressivo".

MARCO: "Quindi più soddisfi i suoi bisogni, più lui dipende da te. Se non lo accontenti, aumenta l'aggressività nei tuoi confronti, è così?"

CLAUDIA: "Ma io sento la necessità di soddisfare subito i bisogni di mio marito, in caso contrario sto male io!"

Alcune volte prestare troppa attenzione ai bisogni dell'altro può essere negativo.
Si crea una totale e reciproca dipendenza.

Il fratello

VALTER: "Ormai con mio fratello non parlo da più di tre mesi. Quando vado a casa dei miei genitori, che abitano in campagna, e ritrovo mio fratello, lo saluto e poi non gli dico più niente".
MARCO: "Avete litigato?"
VALTER: "No, non abbiamo litigato. Lo vedo sempre così indolente e pieno di problemi. È una persona completamente negativa. Non ho più voglia di parlargli".
MARCO: "Ma vi capita di pranzare insieme?"
VALTER: "Sì, pranziamo sempre insieme con i nostri genitori. Tempo fa cercavo di parlargli, di dargli dei consigli per aiutarlo a uscire dall'apatia. Ma lui non mi ascolta".
MARCO: "E tu allora come ti senti, quando vedi che non ti ascolta e che non cambia?"
VALTER: "Provo dentro di me una rabbia profonda. Vedere un uomo di trentotto anni così chiuso in se stesso, così apatico..."
MARCO: "Ma non riesci a vedere in tuo fratello qualche lato positivo?"
VALTER: "Non ha nessun lato positivo. È tutto negativo".
MARCO: "Quindi tu vedi tutte le sue negatività e vorresti che non ci fossero. Ti arrabbi perché anche dopo i tuoi consigli non cambia, è così?"
VALTER: "Sì, è così. Quando lo vedo, non volendo aggredirlo direttamente, preferisco tacere".
MARCO: "Quindi, se ho ben capito, tu vorresti ridurre i suoi

comportamenti negativi che ti danno noia. La tua attenzione è totalmente rivolta a essi. Gli dici di cambiare e lui non cambia. È così?"

VALTER: "Sì, mi sono impegnato al massimo per cambiarlo, ma non ci sono riuscito!"

Può essere difficile centrare la propria attenzione sugli aspetti positivi dell'altro. Ma è l'unica strada, anche se faticosa, per poterlo modificare un po'.

Qualche cosa c'è sempre

Rosalba è al banco della sua macelleria. È una persona che sa sorridere. È sempre riuscita a vedere i lati positivi della vita, che non le è stata certo facile. È mattina presto ed entra in negozio una giovane donna. Ha con sé nella carrozzina il suo secondo figlio. È un bel bambino di pochi mesi. Vedendo sorridere Rosalba le dice: "Come fa lei a sorridere sempre? Riesce a sorridere perché le cose le vanno bene: guadagna".

Rosalba risponde: "Nella vita c'è sempre qualche cosa per cui vale la pena sorridere".

"Come posso farlo?" - dice la giovane donna - "Mio marito ha perso il lavoro, ho due figli da allevare, non posso certo sorridere". Rosalba, sempre sorridendo, dice "Un valido motivo glielo trovo subito". "Quale? È impossibile" - risponde la donna. "Lei ha un figlio sano e bello, non è questo un valido motivo per sorridere?" - dice Rosalba.

È molto più difficile sorridere alla vita e afferrarla che lasciarla scivolar via senza cogliere cosa vi può essere di buono per noi.

Una difficile prova

Era un frate di circa ottant'anni. Il suo volto era sereno e la sua presenza dava pace e tranquillità. Si era a pranzo insieme e il frate, interrogato sulla sua vocazione, racconta: "Dei tre voti che come frate ho fatto, castità, povertà e ubbidienza, ho trovato che l'ubbidienza era per me il più difficile. Dopo un po' di tempo la castità non è un problema. Ti abitui anche a non avere nulla, a essere povero. Ma mi è stato difficile imparare l'ubbidienza. Vedi, quando andavo in un paese e dopo un po' di tempo mi trovavo bene con le persone e mi veniva detto di andare altrove e di lasciarle, provavo un profondo sconforto. Ma lo facevo e andavo in un altro luogo".

Forse è bene ricordarci quanta forza è necessaria per riuscire a lasciare le persone o le cose a noi care e non avere più nulla a cui appoggiarci.

L'aiuto

Carla è una donna minuta e mite. Ha un figlio con cui ha un ottimo rapporto. Ha un grave problema familiare: suo marito è un alcolizzato ed è disoccupato da qualche anno. Carla deve provvedere alla famiglia. Tutte le mattine si alza molto presto e va a lavorare al mercato, con l'anziana madre. Hanno un banco di frutta. Carla è una donna profondamente cristiana e da tempo va a trovare, alla sera, alcune donne inferme per portar loro un aiuto, un conforto. Ma per Carla la vita familiare è diventata insostenibile, alcune volte suo marito la picchia. Lei non si separa, spera di poterlo aiutare. È sempre tesa e spaventata, ha anche paura per il figlio. Ma, anche se è avvilita e frustrata, continua ugualmente ad andare a trovare le anziane donne. Si confida con il suo padre spirituale che le dice: "Per il momento non devi più andare a trovare quelle donne. Tu vai per prendere, non per dare. Per poter dare è necessario essere sereni e tu in questo momento non lo sei".

Carla ha capito che non è possibile dare serenità e pace agli altri se non si è sereni. e ha riorganizzato la propria vita.

Rubare i minuti

Era una bella giornata primaverile e la giovane donna era andata con un'amica in campagna. Aveva con sé i due figli. Cercava di sorridere, di apparire allegra. Ma i suoi movimenti nervosi e il suo viso contratto denotavano la sua tensione interna. Suo marito aveva dei problemi sul lavoro. I suoi pensieri erano rivolti a lui, sentiva le sue parole e vedeva il suo viso triste e depresso. Queste forti emozioni negative entravano in lei. Erano sue. La invadevano completamente. L'amica, che all'inizio aveva rispettato il suo silenzio, le si rivolse dicendo: "Senti che buon profumo di erba, abituati come siamo alla città, lo si percepisce con forza, riattiva i sensi". "Quale profumo?" - chiese la giovane donna.

Come potrà essere d'aiuto al marito, quando non riesce a percepirsi, a vivere attraverso i suoi sensi?

Il risparmio

Quanti soldi è necessario aver risparmiato per stare bene?

Un insegnante dichiara: "Grazie al mio secondo lavoro riesco a mettere da parte dei soldi. Sono anni che risparmio mi sentirò più tranquillo quando avrò in banca trecentomila euro".

Un imprenditore: "Un amico mi ha detto che è arrivato ad accantonare circa un milione e si sente più tranquillo. Io ritengo che la cifra sia troppo bassa".

Un altro imprenditore: "Ho valutato la mia situazione economica, anche se le cose andassero male in azienda, potrei essere abbastanza sicuro. Ho un patrimonio di sei milioni".

Qual è il giusto livello di sicurezza economica? Non vi è nulla di male nel risparmio. Ma si è ugualmente bravi nel gestire le perdite?

Capitolo 4
52 pensieri per volersi bene

"Perché i *52 pensieri per volersi bene?*" Perché tutto ciò che diciamo a noi stessi guida la nostra vita: ci può orientare in una direzione o in un'altra, può favorire od ostacolare i nostri progetti di vita e finire per rivolgersi contro di noi, creare in noi frustrazione e rabbia. Possiamo deprimerci o svalutarci. I nostri pensieri possono diventare i nostri nemici o amici. Sta a noi saperli indirizzare verso la positività. Il nostro obiettivo è volersi bene, prenderci cura di noi stessi.

La positività è volersi bene. Per muoverci verso questo obiettivo è necessario centrare l'attenzione su noi stessi. I 52 pensieri indicano le aree su cui desideriamo esercitarci. Ci possono essere d'aiuto per passare dal pensiero all'azione e modificare il nostro carattere.

Cominciamo con il diventare consapevoli della validità di un Motto dell'YMCA (Young Mens's Christians Association) di Milwaukee che dice:
Stai attento ai tuoi pensieri, diventeranno parole.

Stai attento alle parole, diventeranno azioni.

Stai attento alle tue azioni, diventeranno abitudini.

Stai attento alle tue abitudini, diventeranno carattere.

Stai attento al tuo carattere, diventerà il tuo destino.

Leggi una prima volta i *52 pensieri per volersi bene* e annota il tuo grado di convinzione usando la seguente scala:

1) Non lo condivido per nulla
2) Lo condivido abbastanza
3) Lo condivido del tutto

Se non condividi un pensiero, poniti le seguenti domande:

— Chi ha contribuito a sviluppare le mie credenze?

— La mia autostima da chi dipende?

— Il mio modo di pensare che comportamenti mi attiva?

— Sono contento del mio comportamento?

— Il mio comportamento mi crea frustrazione o rabbia?

52 pensieri per volersi bene

1) Se provi disagio in alcune situazioni e ti dici: "Io sono fatto così, non posso farci niente", riuscirai soltanto a peggiorare. Con il tempo è più facile "marcire" che "maturare".

2) Competi con te stesso. La competizione con gli altri non ti fortifica. Rischi di dipendere dal giudizio altrui.

3) Non evitare di affrontare l'ansia. Ogni volta che superi il tuo disagio diventi sempre un po' più libero. L'ansia non deve mai decidere per te.

4) È troppo facile sottolineare gli errori degli altri. Non essere

parsimonioso nelle lodi e apprezzamenti, aiutano l'altro a migliorarsi. Più critichi l'altro e più si convincerà della sua inadeguatezza. Non farlo.

5) Più attribuisci importanza o non importanza agli altri, più indebolisci te stesso. Stai dipendendo dal giudizio.

6) Non sempre è facile trovare persone da cui è possibile imparare. Non lasciarti sfuggire l'occasione.

7) Non centrare la tua attenzione sugli aspetti negativi degli altri. Ti sviluppa solo frustrazione e rabbia. Non ti aiuta certo a diventare più sereno.

8) Ridurre la tua ansia dipende da te, non delegare ai farmaci, all'alcol o al cibo.

9) Osserva in modo distaccato i tuoi pensieri negativi. Non permettere che loro diventino la tua realtà, sono solo pensieri.

10) Non dirti: "Questo stato d'umore passerà". Tu devi farlo passare!

11) Non fare tuoi i problemi degli altri. Se lo fai impari solo a soffrire con lui, non ad aiutarlo.

12) Non dire all'altro: "Io riesco meglio di te in questa attività". Pensa a te stesso. Non al confronto.

13) Non aver paura di dare. Devi aver paura se vuoi solo prendere. Il dare ti potrà ritornare. Prendere lo potrai fare una volta sola.

14) Aiutare gli altri lo si fa spesso per se stessi non per loro.

15) In ogni attività quotidiana mettici la giusta tensione e nulla di più. Affannarsi non serve a migliorare le prestazioni, serve solo a confondere gli altri.

16) Se cerchi di dimostrare di essere superiore a un altro, cadrai al primo calcio che verrà dato allo sgabello su cui sei salito.

17) Se gli altri ti vogliono vedere in alto, sopra un piedistallo,

salici pure. Ma stai pronto a scendere prima che lo prendano a calci.

18) Non sei sulla giusta strada se diventi presuntuoso e arrogante con chi reputi inferiore. Rischi di prenderti troppo sul serio.

19) Non esistono persone più importanti. Esistono solo persone più o meno simpatiche.

20) Non pensare che gli altri possano capire i tuoi bisogni. Dichiarali. Ma accetta che gli altri non siano in grado di soddisfarli.

21) Il tuo stato di benessere deve dipendere solo da te. Non dagli eventi esterni. È facile star bene quando non vi sono problemi sul lavoro o negli affetti. Tutti ci riescono. Se ti dici: "Star bene o male dipende dalle situazioni", non riuscirai a centrare l'attenzione su te stesso e quindi a modificarti.

22) Ricordati che le parole non sono comportamenti. È molto facile fare affermazioni. Se credi alle parole di una persona che poi ti delude, ti arrabbierai con lei. Non con te stesso che sei stato un credulone.

23) Ci sono solo vantaggi nel dirsi: "Dove ho sbagliato?"

24) Non colpevolizzare o inferiorizzare gli altri. Impareranno solo a dipendere da te, difficilmente diventeranno tuoi alleati.

25) Se, non soddisfatto del comportamento dell'altro, ti dirai: "Al suo posto mi sarei comportato in un altro modo", non farai che sviluppare in te intolleranza. Sei sulla strada di appagare il tuo bisogno di essere aggressivo.

26) Non dirti: "Io sono sempre stato disponibile con lui". Non fare un favore che ti costa sacrificio allo scopo di sentirti in credito.

27) Non pretendere che gli altri siano diversi da come sono. Non puoi cambiarli. Puoi solo star male nel cercare di farlo.

28) Non dare consigli. È troppo facile e ci riescono tutti. È me-

glio tacere, se non sei in grado di trasferire abilità agli altri.

29) Accetta le critiche. Non subirle. Prendi da esse solo ciò che ti può servire.

30) Non imporre il tuo volere agli altri. Presta attenzione ai loro bisogni. Non dimenticare i tuoi e cerca una mediazione tra i tuoi e i loro bisogni.

31) Non crearti inutili aspettative dicendoti: "Andrà senz'altro bene!" Impegnati per raggiungere il tuo obiettivo. Ma non dare mai nulla per certo. Se le aspettative non si realizzano, rischi di soffrire, di farti male e di impiegare troppo tempo a rialzarti.

32) L'invidia non ti aiuta a migliorarti ma solo a star male.

33) Chiediti se la critica che muovi a un altro serve solo per dimostrare che tu sei il migliore. Se è così, sei sicuramente molto più debole di chi critichi.

34) Essere contento dei successi degli altri ti aiuta a crearti degli amici e a essere più sereno.

35) Ogni volta che ti arrabbi è una piccola perdita. Sì, arrabbiandoti molto puoi anche importi sull'altro. Ma l'imposizione rischia solo di creare il vuoto intorno a te.

36) Datti delle regole e vedi di rispettarle. Non autogiustificarti se non ci riesci. Ti stai prendendo in giro.

37) Ridi di te stesso, non degli altri.

38) Impegnati pure per raggiungere la tua affermazione sul lavoro o per acquisire prestigio sociale. Ma osservati dall'alto mentre stai impegnandoti e prova a sorridere a te stesso osservandoti.

39) Permettiti pure dei vizi. Ma non permettere che diventino loro i tuoi padroni.

40) Il primo dovere è verso se stessi. Se tu sei sereno, chi ti è vicino potrà beneficiarne.

41) Forse più degli altri i genitori o gli amici hanno il potere

di farti soffrire. Ma pensa: "Sono fatti così, non posso cambiarli, posso solo capirli". Lascia che le loro frasi ti scivolino addosso e non entrino in te.

42) Voler bene è accettare l'altro per com'è e non volerlo cambiare.

43) Se ti dici: "Starò bene se troverò il partner giusto", rischi, nel futuro, di creare non solo la tua infelicità, ma anche la sua.

44) Amare è essere contenti del bene dell'altro. Se ti dice: "Mi allontano da te e voglio fare altre esperienze", sarai pronto a capirlo e accettarlo. Se provi disagio profondo è perché dipendi dal partner. Amore non è avere bisogno dell'altro.

45) Non fare che i bisogni degli altri vengano prima dei tuoi. Finiresti col soffrire e attribuire la tua sofferenza agli altri.

46) Se vuoi aiutare una persona non soddisfare i suoi bisogni, ma insegnale a soddisfarli da sé.

47) Evita di lamentarti: annoia gli altri e non ti è di nessun aiuto.

48) Se vuoi aiutare una persona, non permettere che si appoggi a te. Potrebbe cadere e farsi male.

49) Non appoggiarti a nessuno. Ricordati che, se si sposta, cadi.

50) Se hai bisogno d'amore, non andare a braccia tese verso un altro tenendo in mano e consegnandoli il peso del tuo essere felice.

51) Nell'immaginare il tuo futuro non dire: "Vorrei, potrei, dovrei". Solo "Faccio", diventa il tuo futuro.

52) Siamo realmente in grado di fare ciò che diciamo o insegniamo? Forse, qualche volta, vale la pena di metterci alla prova.

Leggili nuovamente e individua i pensieri che vorresti modificare, che vorresti fare tuoi e che ritieni possano aiutarti a modificare il tuo comportamento. Modificare emozioni e comportamenti connessi ad alcuni tuoi pensieri negativi diventa un tuo obiettivo.

Il dialogo interno

Un traghetto: il dialogo interno

Per raggiungere il nostro obiettivo e necessario salire sul "traghetto" che unisce due sponde. La prima è la sponda su cui possiamo trovarci, fatta di pensieri e di convinzioni che hanno la caratteristica di sviluppare un dialogo interno negativo; sulla seconda ci sono i nostri obiettivi, che cosa riteniamo di voler modificare nella nostra vita per corrispondere sempre di più a come vogliamo essere. Il dialogo interno è il modo in cui noi parliamo a noi stessi. Il nostro dialogo ci accompagna ogni giorno, in ogni momento. Ci abituiamo a lui, ci è sempre vicino, e questa vicinanza spesso non ci permette di riconoscerlo. Ma il dialogo interno fa emergere i sentimenti che abbiamo verso noi stessi che, a loro volta, rendono chiaro cosa pensiamo di noi. Le convinzioni che abbiamo su noi stessi influenzano i risultati che vogliamo raggiungere, cioè i nostri obiettivi. Possiamo non percepire il nostro dialogo interno, che può essere assopito o silenzioso, ma quel dialogo influenzerà ogni nostra decisione, ogni nostra azione. Quando pensiamo a un obiettivo da raggiungere, noi ce lo raffiguriamo, lo visualizziamo. Ma sarà il nostro dialogo a indicarci come ci sentiamo nei suoi confronti. Sarà il dialogo interno a determinare se stiamo andando verso il nostro fine.

L'ostacolo: il filtro

Viviamo un ciclo continuo di dialoghi con noi stessi in cui cerchiamo di persuaderci o dissuaderci sulle nostre possibilità. Da bambini siamo pieni di possibilità. Non ci sono limiti. Quando finalmente diventiamo grandi abbastanza da poter fare qualcosa di quelle possibilità, i commenti delle altre persone, le esperienze che facciamo ci "riprogrammano". La riprogrammazione è un processo graduale di cui non siamo consapevoli. La nostra immagine originaria si mescola con ciò che gli altri ci dicono nel chiederci di essere in un certo modo. Le loro credenze diventano le nostre. Ci possiamo dimenticare della nostra immagine e forse ci si dimentica di averne avuta una. Che cosa "gli altri" ci hanno detto diventa una parte del nostro dialogo. Una semplice frase come: "Devi fare una bella figura" può creare in noi dipendenza dal giudizio e, se ci ripetono spesso "Pensa a cosa diranno gli altri di te", ci consolideranno questa dipendenza. Potremo quindi iniziare a dirci: "Se sbaglio, che cosa diranno gli altri di me? Non devo fare brutta figura! Se faccio una brutta figura ci sto male!" Se ci sentiamo dire: "Guarda com'è bravo il tuo amico", rischiamo di passare la vita a fare i confronti con gli altri. Inizieremo a dirci: "Lui è bravo, non sono alla sua altezza, non ci riuscirò". In entrambi i casi ci si dimenticherà di se stessi e ci si sforzerà di vedersi con gli occhi degli altri. Inizieremo a creare dei brevi monologhi che possono continuare all'infinito. Tutte queste brevi conversazioni agiscono dentro di noi come "filtri" attraverso i quali vediamo il mondo attorno a noi e "leggiamo" le esperienze che facciamo. Essi creano e poi rinforzano la nostra realtà: il filtro la distorce la realtà. Ogni nostra esperienza viene letta attraverso quel particolare filtro. Si crea un accumulo di esperienze vissute negativamente. Il filtro diventa il nostro dialogo interno negativo. Si accumulano prove che ci dimostrano che per noi "le cose non possono funzionare". Vi si trovano conferme. Ci si convince di "non essere in grado di affrontare quella specifica situazione", di "non saper decidere", di "dover dipendere dagli altri". Le esperienze positive si dimenticano, si ha difficoltà a ricordarle. Questo processo continua negli anni. Ripetiamo lo stesso comportamento pensando che vi possa essere un diverso risultato. Poi ci si stupisce della mancanza di risultati. A poco a poco, si smette di provare, si va verso la rassegnazione, si rinuncia a se stessi. Ci si ritrova bloccati senza essersene resi conto.

L'inversione
Com'è possibile modificarci? Siamo stati noi a costruire il nostro dialogo, quindi possiamo ricostruirlo, possiamo farlo ogni volta che vogliamo. Vediamo come iniziare:

1) *Il riconoscimento*. Accettare che il dialogo interno esiste: è una parte normale dell'essere umano;
2) *L'individuazione*. Iniziare a notare quando succede e stabilire se il nostro dialogo interno ci sta spingendo in una direzione positiva o no;
3) *La fonte*. Cercare di capire da dove viene il nostro dialogo interno. Realizzare che siamo noi che lo creiamo e che possiamo scegliere di cambiarlo o no.

Per entrare nel processo sono necessarie pazienza e costanza. Non è possibile cambiare in un giorno o in una settimana un dialogo interno che per consolidarsi ha impiegato anni. Nel tempo abbiamo accumulato molte prove per sostenerlo. Il primo grande passo è limitarsi a considerare che il dialogo interno è una parte di noi. È il RICONOSCIMENTO. Non dobbiamo arrabbiarci con noi stessi per il nostro dialogo interno così scarsamente funzionale alle nostre vere esigenze.

Non vi sono che due possibilità: o siamo noi a condurre il

dialogo o è lui a condurre noi. È il momento di iniziare a esercitare il potere sulla persona che per noi è più importante: NOI STESSI. Quando iniziamo a essere consapevoli che non siamo noi a gestire il dialogo ma che è lui a guidarci, stiamo facendo un secondo passo importante: l'INDIVIDUAZIONE. Questa fase è articolata in due momenti:

— Prendere distacco emotivo dal dialogo e così facendo cogliere il momento in cui si attiva;
— Verificare la direzione del dialogo, per sapere se indirizza il comportamento verso la positività o la negatività.

Più si è consapevoli del processo, più si è in grado di cambiarlo. Si inizia a rompere il ciclo della negatività. Se siamo stati noi a costruire il dialogo, perché non cominciare a costruirlo come più ci soddisfa? Vediamo questo mini dialogo interno: "Lui è bravo, non sono alla sua altezza, non ci riuscirò". Chi lo usa lo riconosce. È un dialogo cui ci si è abituati da tanti anni: si diventa consapevoli nel momento in cui lo si riconosce. Ora la domanda da porsi è: dove porta questo dialogo? Ci può portare all'isolamento, a non affrontare alcune situazioni. È un comportamento di evitamento, che può abbassare l'autostima. Ora si sta entrando nella terza fase: la FONTE. Da dove abbiamo preso il nostro dialogo interno? Dall'ambiente familiare o da altre esperienze di incontro fatte nel corso della nostra vita. Continuiamo a ripetere le cose che ci siamo sentiti dire. Compresa chiaramente la fonte, non ha senso provare rabbia nei suoi confronti per due motivi: primo, non possiamo cambiarla, secondo, non serve a nulla lamentarsi. La lamentela è un dialogo interno negativo, senza alcuna utilità. Che vantaggio possiamo avere nel dirci: "È stata mia madre a dirmi *"guarda com'è bravo il tuo amico"*, se io ora penso di non essere come gli altri lo devo a lei!" Potremo solo rispondere:

"Anche tua madre lo ha appreso da qualcuno, sta a te rompere il circolo vizioso!"

Individuata la fonte sta a noi dirigere il percorso del ruscello.

Anche le frasi "Devi fare bella figura" e "Pensa a cosa diranno gli altri di te" possono avere come fonte la famiglia. Sta a noi non continuare a dirci: "Se sbaglio che cosa diranno gli altri di me! Non devo fare una brutta figura! Se faccio una brutta figura, ci sto male!"

La giusta direzione

Quando dobbiamo affrontare nuove situazioni, diventa determinante comprendere il dialogo che svolgiamo dentro di noi. Dobbiamo far diventare il dialogo esplicito. Che cosa potrà ripetersi un giovane che pensa: "Non devo fare assolutamente una brutta figura!" quando dovrà affrontare una situazione, per molti semplice, come invitare una ragazza a cena? Potrà dirsi: "È meglio che non la inviti, mi dirà di no!" oppure: "È una ragazza troppo bella, non sono alla sua altezza". Sta trovando delle giustificazioni per non invitarla. È necessario stare attenti a non mettere nel proprio dialogo le autogiustificazioni. Vediamone alcuni esempi:

— "Ho ansia, non posso affrontare questa situazione!"
— "È il mio carattere, non posso farci niente"
— "Non ho tempo per fare attività fisica"
— "Se faccio una dieta mi innervosisco"

È molto facile giustificarci, abbiamo iniziato fin da bambini. Iniziamo a rompere questa inutile abitudine che ci conduce alla non azione.

Ricordiamoci di non giustificarci

Non è semplice trovare uno schema che è diventato un comportamento abituale. Ma ricordiamoci che un'abitudine può diventare il nostro destino.

Vediamo alcune linee guida che ci possono essere d'aiuto per costruire il nuovo dialogo.

— Parlarsi rivolgendosi a se stessi usando il "Tu", in seconda persona, e parlare solo di sé. È utile per spronarsi, per diventare competitivi con il vecchio dialogo. Successivamente il "TU" diventerà "IO", quando il vecchio dialogo lascerà posto a quello nuovo;

— Usare frasi brevi ed emotivamente cariche; è necessario metterci sentimento, forza, passione;

— Leggere a voce alta. Il pensiero diventerà parte di noi.

— Ricordiamoci che soltanto con l'esercizio si ottengono i risultati.

Vedere sempre i vantaggi

Per terminare il programma si devono visualizzare i vantaggi che si potranno ottenere. Vederli serve da ricompensa. Perché bisognerebbe modificarci se non si intravedono i vantaggi? Avere sempre chiari i benefici aiuta a mantenere la giusta direzione. I 52 pensieri ci possono essere d'aiuto per stimolare un nuovo dialogo interno, indicarci i vantaggi che si possono ottenere pensando in un modo nuovo ed evitando di pensare in negativo. Rileggendo i 52 pensieri è opportuno chiederci quali vantaggi ne trarremo. Prendiamo i primi tre e poniamoci le domande successive, poi vediamo alcune risposte date dai miei clienti:

— Questo modo di pensare mi può essere utile?

— Ha dei vantaggi?

— Qual è per me la frase o le frasi che mi possono far vedere dei vantaggi?

1) Se provi disagio in alcune situazioni e ti dici: "Io sono fatto così, non posso farci niente", riuscirai soltanto a peggiorare. Con il tempo è più facile "marcire" che "maturare". *"Continuare a pensare così è accettare di non poterti modificare. Ti porta all'inattività e alla rassegnazione. L'unico vantaggio che hai è di lamentarti. Ti lamenti con te stesso. Ora agisci, passa all'azione, tu puoi farcela, sei riuscito già a fare molto. Concentrati solo sul fare!"*

2) Competi con te stesso. La competizione con gli altri non ti fortifica. Rischi di dipendere dal giudizio altrui.
"Hai passato troppo tempo a misurarti con gli altri. A chiederti se erano migliori di te. Hai spesso provato rabbia. Tu devi fare la tua strada, è la tua non quella degli altri!"

3) Non evitare di affrontare l'ansia. Ogni volta che superi il tuo disagio diventi sempre un po' più libero. L'ansia non deve mai decidere per te.
"Ti hanno insegnato ad avere paure e ansie. L'unico vantaggio che ne hai tratto è il pensare d'essere diverso dagli altri. Di non essere normale. Hai evitato troppe situazioni. Ora affrontarle non sarà facile ma tu vuoi la tua libertà!"

In questi anni molti miei clienti hanno utilizzato i 52 pensieri per modificare il loro comportamento. Per riuscire nel compito che si erano dati si sono impegnati con sistematicità e costanza. Pensare in un modo nuovo è stato per loro un vantaggio. Si sono riscoperti. I 52 pensieri sono uno stimolo, la risposta è nelle singole persone. Non esistono "risposte giuste". Tutte vanno bene, purché portino dei vantaggi. Importante è riuscire a dare ai 52 pensieri una personale interpretazione, e per fare ciò occorre "sentirli", farne qualcosa di proprio, secondo una personale sensibilità. Non deve essere un semplice esercizio culturale. Devono suscitare emozioni, è necessario convincersene.

Un esempio di interpretazione dei 52 pensieri

Non sono davvero poche le persone che, in questi anni, mi hanno fatto pervenire i loro commenti, le loro personali interpretazioni dei 52 pensieri. Anch'esse possono essere oggetto di stimolo e di riflessione. Ho scelto l'interpretazione di Luisella, una giovane donna che ha deciso di modificare alcune sue credenze e, di conseguenza, alcuni aspetti del proprio comportamento.

1) *Se provi disagio in alcune situazioni e ti dici: "Io sono fatto così, non posso farci niente", riuscirai soltanto a peggiorare. Con il tempo è più facile "marcire" che "maturare".* L'unica arma che hai per superare il disagio è il coraggio di affrontarlo. Tu non sei immutabile. Con impegno e costanza puoi modificarti e superare le difficoltà che provi in alcune situazioni. L'unica via di uscita è l'azione. Startene seduto ad aspettare che le cose cambino da sé è inutile. Sicuramente marcirai. Dunque, agisci subito!

2) *Competi con te stesso. La competizione con gli altri non ti fortifica. Rischi di dipendere dal giudizio altrui.* Non fare confronti. Ognuno di noi è una persona unica e irripetibile. Utilizza le risorse che possiedi, senza paragonarle a quelle degli altri. Fortificale! Moltiplicale! Non lasciare che il giudizio

degli altri influenzi il tuo cammino. Procedi a testa alta e non perdere mai di vista il tuo obiettivo.

3) *Non evitare di affrontare l'ansia. Ogni volta che superi il tuo disagio diventi sempre un po' più libero. L'ansia non deve mai decidere per te.* Non lasciare che l'ansia decida per te, impedendoti di fare ciò che vorresti. Otterresti come unico risultato la rabbia e un profondo senso di sconfitta. Anche se non è facile, devi sforzarti di affrontare l'ansia. Non aspettarti dei risultati immediati, ma sappi che ogni volta che lo farai ti sentirai più libero. Questo ti darà forza e ambizione sufficienti per andare incontro a prove sempre più difficili, che non avresti mai pensato di superare.

4) *È troppo facile sottolineare gli errori degli altri. Non essere parsimonioso nelle lodi e negli apprezzamenti, aiutano l'altro a migliorarsi. Più critichi l'altro e più si convincerà della sua inadeguatezza. Non farlo.* Perché perdi tempo concentrandoti sugli errori altrui? Pensa a te stesso, ai tuoi errori e predisponiti a trarne insegnamento per non commetterne di peggiori. Piuttosto impara dagli altri senza essere invidioso della loro bravura. Non lesinare le lodi. L'altro avrà la possibilità di migliorarsi e tu il vantaggio di imparare qualcosa di più.

5) *Più attribuisci importanza o non importanza agli altri, più indebolisci te stesso. Stai dipendendo dal giudizio.* Osserva gli altri sforzandoti di andare oltre le semplici apparenze. Quando a prima vista una persona ti appare più o meno importante di te impegnati e concentrati soltanto sull'essere umano che ti sta di fronte. Dimentica il suo ruolo sociale. Soltanto così potrai liberarti del giudizio e vivere più sereno e in armonia con i tuoi simili.

6) *Non sempre è facile trovare persone da cui è possibile imparare. Non lasciarti sfuggire l'occasione.* Non peccare mai di presunzione. Avvicinati agli altri con curiosità. Ascolta ciò che

hanno da dire. Se senti che ti stanno insegnando qualcosa non distrarti, ma cogli l'occasione! Così facendo nella vita non finirai mai di imparare dagli altri.

7) *Non concentrare la tua attenzione sugli aspetti negativi degli altri. Ti sviluppa solo frustrazione e rabbia. Non ti aiuta di certo a diventare più sereno.* Molte volte gli aspetti negativi degli altri ti sviluppano rabbia e frustrazione. Proprio per questo è inutile concentrare la tua attenzione su di essi! Sforzati piuttosto di cercare negli altri i lati positivi. Tutti ne hanno! Soltanto questo esercizio ti aiuterà a sentirti più sereno.

8) *Ridurre la tua ansia dipende da te, non delegare ai farmaci, all'alcol o al cibo.* Ricorda che la soluzione dei tuoi problemi sta dentro di te. Attivare le tue risorse richiede fatica e costanza, ma funziona! Soltanto così potrai essere l'unico artefice del tuo benessere, senza dipendere da nulla. Farmaci, alcol e cibo non farebbero altro che sottrarti la tua libertà.

9) *Osserva in modo distaccato i tuoi pensieri negativi. Non permettere che loro diventino la tua realtà, sono solo pensieri.* Impegnati a scrivere i tuoi pensieri negativi, impegnati a registrarli e a riascoltarli. Tu negli anni ti sei identificato con loro. Tu sai però che per stare meglio devi prenderne le distanze, devi farli diventare qualcosa di diverso da te. Soltanto così potrai guardarli in faccia e affrontarli. Ricorda, sono solo pensieri.

10) *Non dirti: "Questo stato d'umore passerà". Tu devi farlo passare!* Non dimenticare che stando seduto ad aspettare che le cose migliorino da sé rischi di ammuffire. Se ti senti giù di morale non crogiolarti nel tuo malessere. Reagisci! Distrai la tua attenzione da ciò che ti fa star male! Ci sono un sacco di cose che ami fare. Prova a scrivere un elenco delle

attività che ti fanno star bene. Ognuno conosce le proprie. E ora, dedicatici! Soltanto tu puoi fare passare il tuo stato di malessere.

11) *Non fare tuoi i problemi degli altri. Se lo fai impari solo a soffrire con loro, non ad aiutarli.* Se nella tua vita vuoi essere di qualche utilità agli altri non devi assumere su di te i loro problemi. Mantieni una giusta distanza. Questo non significa che tu debba diventare insensibile, al contrario! Proteggendo te stesso da un coinvolgimento emotivo esagerato, avrai l'opportunità di vedere con più lucidità la situazione e di fornire un valido aiuto a chi te lo sta domandando.

12) *Non dire all'altro: "Io riesco meglio di te in questa attività". Pensa a te stesso. Non al confronto.* A che cosa ti serve il confronto? Dove ti porta il piacere arrogante di sentirti migliore di un altro? Stai semplicemente perdendo la concentrazione su te stesso. Così facendo rischierai soltanto di peggiorare, attirando inoltre su di te l'antipatia degli altri.

13) *Non aver paura di dare. Devi aver paura se vuoi solo prendere. Il dare ti potrà ritornare. Prendere lo potrai fare una volta sola.* Nel dare agli altri non rischi di perdere te stesso. Al contrario! Chi riceve qualcosa da te conserva anche un pezzo di te e te lo potrà restituire arricchito di qualche suo aspetto. Se prendi soltanto, rischi di occultare te stesso e di rimanere a mani vuote.

14) *Aiutare gli altri lo si fa spesso per se stessi, non per loro.* Nell'aiutare gli altri non sentirti un eroe. Lo stai facendo per te, per riceverne in cambio qualcosa, per esempio, un incremento della tua stessa autostima. Non c'è nulla di male, ma non dimenticarlo o ti aspetterai un ulteriore tornaconto che non meriti.

15) *In ogni attività quotidiana metti la giusta tensione e nulla di più. Affannarsi non serve a migliorare le prestazioni, serve solo a confon-*

dere gli altri. Probabilmente è una vita che ti affanni pensando che questo ti sia d'aiuto nel migliorare ciò che stai facendo. Se ti guardi indietro però questo non ha fatto altro che farti star male e non ha di certo favorito un accrescimento delle tue competenze. Spesso con la tua tensione hai messo gli altri in difficoltà. Non è semplice infatti stare accanto o valutare una persona tesa e affannata. Allenati alla calma. Puoi farlo! Impara a respirare più lentamente, facendo ogni giorno esercizio. La tua calma si rifletterà anche sugli altri e tu vedrai che vivere più serenamente è possibile.

16) *Se cerchi di dimostrare di essere superiore a un altro, cadrai al primo calcio che verrà dato allo sgabello su cui sei salito.* Il confronto non ti fortifica, anche quando volge a tuo favore. Semmai ti rende più debole e vulnerabile. Ricordi? Stai dipendendo dal giudizio. Presto infatti troverai chi salirà ancora più in alto di te. Cadrai dal tuo misero podio e non sarai in grado di rialzarti. Ricorda: compei soltanto con te stesso!

17) *Se gli altri ti vogliono vedere in alto, sopra un piedistallo, salici pure. Ma sii pronto a scendere prima che lo prendano a calci.* È giusto che tu goda dei tuoi successi e dei plausi altrui. Ricorda però di non identificarti con la gloria di un momento. In caso contrario, appena gli altri si distrarranno, tu non sarai in grado di reggere l'urto. Stai concentrato su te stesso e lavora per migliorarti. Esistono sempre nuovi traguardi da raggiungere.

18) *Non sei sulla giusta strada se diventi presuntuoso e arrogante con chi reputi inferiore. Rischi di prenderti troppo sul serio.* La presunzione e l'arroganza ti aiutano solo a creare il vuoto intorno a te. Il giudizio non ti rende libero di conoscere fino in fondo l'essere umano che ti sta di fronte. Se vuoi realmente incontrare altre persone e non prenderti troppo sul serio, spogliati del ruolo e della posizione sociale con cui ti stai

identificando. Sei solo un uomo in mezzo a tanti uomini e la tua vita è una storia in mezzo a tante storie.

19) *Non esistono persone più importanti. Esistono solo persone più o meno simpatiche.* Se ci mettiamo a confronto semplicemente come uomini, nessuno può essere più importante di un altro. Qualcuno ti risulterà più simpatico, qualcuno meno. Tutto qui.

20) *Non pensare che gli altri possano capire i tuoi bisogni. Dichiarali. Ma accetta che gli altri non siano in grado di soddisfarli.* Per ognuno di noi è difficile capire i bisogni dell'altro. Così facendo rischiamo soltanto di dare interpretazioni sbagliate. Dunque, dichiara agli altri i tuoi bisogni, per non confonderli e non metterli in difficoltà. Accetta però che gli altri ti neghino il loro aiuto senza attribuir loro automaticamente cattiva volontà o malevolenza nei tuoi riguardi. Il no che ricevi adesso conferirà più valore al sì che riceverai in futuro.

21) *Il tuo stato di benessere deve dipendere solo da te. Non dagli eventi esterni. È facile stare bene quando non vi sono problemi sul lavoro o negli affetti. Tutti ci riescono. Se ti dici: "Star bene o male dipende dalle situazioni", non riuscirai a centrare l'attenzione su te stesso e quindi a modificarti.* Sicuramente è difficile riuscire a stare bene quando intorno a te le cose vanno male. Tu sai però che questo non è possibile. Con la tua forza, il tuo impegno e la tua costanza tu devi rimanere centrato su te stesso soltanto. Non dipendere mai dagli eventi esterni se vuoi dire di essere davvero una persona autonoma e libera! La forza che hai dentro nessuno potrà levartela, tutto il resto viene e va.

22) *Ricorda che le parole non sono comportamenti. È molto facile fare affermazioni. Se credi alle parole di una persona che poi ti delude, ti arrabbierai con lei. Non con te stesso, che sei stato un credulone.* La nostra testa è affollata di pensieri e intenti, che spesso dichiarano gli altri. Ma questi non hanno alcun valore fino

a quando non vengono tramutati in comportamenti. Questo vale per te e vale per gli altri. Quindi non dire cose che poi non possono concretizzarsi in azioni e non credere a parole che non sono ancora comportamenti. In caso contrario potrai arrabbiarti solo con te stesso.

23) *Ci sono solo dei vantaggi a dirsi: "Dove ho sbagliato?"* Ricorda che l'umiltà di ammettere i tuoi errori e la voglia di imparare da essi ti faranno diventare una persona più forte e consapevole. Chi ti dice che ammettere un tuo errore è segno di debolezza ha perso prima di gareggiare.

24) *Non colpevolizzare o inferiorizzare gli altri. Impareranno solo a dipendere da te, difficilmente diventeranno tuoi alleati.* Ogni volta che colpevolizzi o inferiorizzi un'altra persona ricorda che la stai guardando dall'alto del tuo piedistallo. Non dimenticare che da lassù potrai patire soltanto la solitudine, osservando dall'alto persone che non possono fare a meno di te. Non avrai nessuno con cui confrontarti e ben poco da imparare. Il tuo piedistallo presto diventerà la tua condanna.

25) *Se non sei soddisfatto del comportamento dell'altro, ti dirai: "Al suo posto mi sarei comportato in un altro modo", non farai che sviluppare in te intolleranza. Sei sulla strada per appagare il tuo bisogno di essere aggressivo.* Non puoi pretendere che gli altri si comportino in modo congeniale alle tue aspettative. Ognuno è fatto a suo modo e tu non puoi far altro che accettarlo. L'intolleranza e l'aggressività ti portano soltanto sulla strada del malessere. Non ne trai alcun vantaggio.

26) *Non dirti: "Io sono sempre stato disponibile con lui". Non fare un favore che ti costa sacrificio allo scopo di sentirti in credito.* Ogni volta che ti adoperi per qualcuno fallo senza un secondo fine e soltanto se questo non significa scavalcare i tuoi bisogni. In caso contrario potrai provare soltanto delusione a causa del mancato tornaconto. Ma ricorda che potrai

prendertela esclusivamente per te stesso.

27) *Non pretendere che gli altri siano diversi da come sono. Non puoi cambiarli. Puoi solo star male nel cercare di farlo.* Per quale motivo dovresti cercare di cambiare una persona? Ricordi? Ognuno è fatto a modo suo e tu puoi soltanto accettarlo. Se ti sforzerai di modificare qualcuno ne trarrai soltanto malessere e dolore. Tu puoi soltanto modificare te stesso. Questa è la tua grande risorsa!

28) *Non dare consigli. È troppo facile e ci riescono tutti. È meglio tacere, se non sei in grado di trasferire abilità agli altri.* I consigli sono solo parole che usiamo con troppa facilità entrando superficialmente in contatto con i problemi altrui. Non ne dare se non sei in grado di dimostrare come queste parole possono essere tramutate in azioni. In questi casi un ascolto attento e rispettoso è più efficace di una facile ma irrealistica soluzione.

29) *Accetta le critiche. Non subirle. Prendi da esse solo ciò che ti può servire.* Predisponiti ad accettare le critiche in maniera costruttiva. Non lasciare che esse ti sminuiscano. Al contrario! Sfrondale da ogni aspetto negativo lasciando che ti arricchiscano di un nuovo punto di vista.

30) *Non imporre il tuo volere agli altri. Presta attenzione ai loro bisogni. Non dimenticare i tuoi e cerca una mediazione tra i tuoi e i loro bisogni.* Se imponi il tuo volere agli altri, risulti una persona aggressiva, per nulla in grado di stare serenamente in mezzo alla gente. I tuoi bisogni spesso non corrispondono con quelli degli altri. Per rispettare gli altri senza dimenticare te stesso devi importi di fare delle scelte frutto di attente mediazioni. Questa è l'unica via per donare serenità a te stesso e a chi ti sta vicino.

31) *Non crearti inutili aspettative dicendoti: "Andrà senz'altro bene!" Impegnati per raggiungere il tuo obiettivo. Ma non dare mai nulla*

per certo. Se le tue aspettative non si realizzano, rischi di soffrire, di farti male e di impiegare troppo tempo a rialzarti. Essere ottimista è una buona cosa, ma non dare mai nulla per scontato. Tu sai che per realizzare i tuoi desideri e raggiungere i tuoi obiettivi devi lavorare con impegno e costanza. Tu sai che sulla strada potrai incontrare molti ostacoli. Questo però non ti deve scoraggiare a tal punto da impedirti di andare avanti. Tieni sempre presente il tuo obiettivo e da qui trai la forza necessaria per non mollare mai.

32) *L'invidia non ti aiuta a migliorarti ma solo a star male.* A che cosa ti serve provare invidia verso le altre persone? Stai facendo dei confronti e quindi stai indebolendo te stesso. Mantieni piuttosto l'attenzione centrata su di te e lavora per competere con te stesso. Ricorda che ogni individuo è unico e inimitabile. Se vuoi migliorarti pensa solo a te stesso. Impegnati!

33) *Chiediti se la critica che muovi a un altro serve solo per dimostrare che tu sei il migliore. Se è così, tu sei sicuramente molto più debole di chi critichi.* Se muovi una critica a un'altra persona ricordati di circoscriverla all'argomento di cui si sta discutendo e non all'intera persona che ti sta di fronte. Solo così l'altro potrà trarre beneficio dalle tue osservazioni e provare a migliorarsi. Se invece critichi l'altro con il solo scopo di dimostrare di essere superiore, hai già perso. Tu stai facendo dei confronti e stai inferiorizzando qualcuno, quindi ti stai indebolendo! Trai la tua forza dalla competizione con te stesso, non da quella con gli altri.

34) *Essere contento dei successi degli altri ti aiuta a crearti degli amici e a essere più sereno.* Gioisci dei successi altrui senza provare invidia e quindi senza fare confronti. Gli altri apprezzeranno che tu sia in grado di condividere con loro il proprio successo. Questo ti aiuterà ad avvicinarti agli altri, a crearti nuovi amici e influirà sul tuo benessere e sulla tua serenità.

Come vedi puoi trarne solo dei vantaggi.

35) *Ogni volta che ti arrabbi è una piccola perdita. Sì, arrabbiandoti molto puoi anche importi sull'altro. Ma l'imposizione rischia solo di creare il vuoto intorno a te.* Se vuoi che l'altro accolga realmente il tuo punto di vista devi scegliere una via diversa dall'aggressività e dall'imposizione. È sufficiente esporre le tue idee, mostrando rispetto per chi ti sta di fronte. Può accadere che l'altro non sia disposto ad accettare ciò che dici. A questo punto non puoi farci nulla. Non ti sarai comunque inimicato nessuno e potrai dire di aver esposto il tuo pensiero. Arrabbiarti ti serve solo a stare e a far star male gli altri, ricordalo!

36) *Datti delle regole e vedi di rispettarle. Non autogiustificarti se non ci riesci. Ti stai prendendo in giro.* Se hai in mente un obiettivo che vuoi raggiungere è necessario che tu scriva un programma di lavoro. Ricorda però che le parole non bastano! Tu devi impegnarti quotidianamente a trasformare il tuo programma in azione. Mantieni alta la tua motivazione ripetendoti quali sono i vantaggi che potrai ottenere. Nessuno certamente verrà a controllarti e quindi sarà facile cadere nella tentazione di trasgredire le tue stesse regole. Ricorda però che non c'è al mondo cosa più triste che prendere in giro se stessi. Dunque, per amore di te stesso, sii severo e rigoroso nel metterle in pratica. Quando senti di non farcela ripetiti: "Lo faccio per me, perché io mi voglio bene".

37) *Ridi di te stesso, non degli altri.* L'autoironia è una delle risorse più potenti che possiedi per migliorare la qualità della tua vita. Se impari a ridere di te stesso, impari anche a guardarti con maggiore distacco e a prenderti un po' meno sul serio. Non ridere degli altri, soprattutto alle loro spalle. È molto più divertente ridere insieme agli altri.

38) *Impegnati pure per raggiungere la tua affermazione sul lavoro*

o per acquisire prestigio sociale. Ma osservati dall'alto mentre stai impegnandoti e prova a sorridere a te stesso osservandoti. Se ti prendi troppo sul serio e ti identifichi con ciò che stai facendo, con la tua carriera, rischi di non trovare più te stesso. Rimani centrato su di te e sorriditi benevolmente mentre ti accorgi di esserti coinvolto troppo o mentre ti stai affannando inutilmente. Guardati con distacco, come se in te ci fossero due persone, una che può anche perdere ciò che ha acquistato (fama, successo...), l'altra che non può perdere nulla perché è ciò che è. Fortifica questa parte di te in modo che sia sempre in grado di soccorrere quell'altra, sicuramente più fragile e vulnerabile.

39) *Permettiti pure dei vizi. Ma non permettere che diventino loro i tuoi padroni.* Ognuno di noi ha dei vizi, ciascuno i propri. Concediteli nella misura in cui allietano qualche momento della tua vita. Non lasciare che si identifichino con la tua felicità. Sarebbe un falso e in questo modo l'avresti persa per sempre. Ricorda di non spostare la tua serenità al di fuori di te. Cercala in te stesso! Creala dentro di te! Solo così sarai veramente un uomo libero, senza nessun padrone.

40) *Il primo dovere è verso se stessi. Se tu sei sereno, chi ti è vicino potrà beneficiarne.* Come puoi pretendere che le persone intorno a te siano serene se tu per primo non lo sei? La serenità non ci viene data in dono, ma la possiamo acquisire con impegno, giorno dopo giorno. Dunque, lavora per conquistartela! Ne trarrai vantaggio tu e anche le persone che ami e che ti stanno vicino.

41) *Forse più degli altri i genitori o gli amici hanno il potere di farti soffrire. Ma pensa: "Sono fatti così, non posso cambiarli, posso solo capirli". Lascia che le loro frasi ti scivolino addosso e non entrino in te.* Ti perdi troppe volte in discussioni sterili che non fanno altro che far star male te e i tuoi cari, senza

apportare alcun cambiamento positivo. È vero, proprio le persone che ti sono più vicine sono quelle che spesso ti fanno soffrire, per questo vorresti che fossero diverse da come sono. Ma tu non puoi pretendere di cambiare gli altri! Tu hai il potere di modificare solo te stesso! Smettila di aspettarti da loro ciò che non ci possono dare. Accetta la realtà così com'è. Accettali così e smettila di capirli. È questa l'unica strada che puoi percorrere verso la serenità. Non lasciare che ciò che ti dicono entri in te modificando il tuo stato d'umore o rischierai di dipendere per sempre da loro. La tua serenità non può dipendere dagli eventi esterni nemmeno quando gli artefici di questi eventi sono le persone che ami di più al mondo.

42) *Voler bene è accettare l'altro per com'è e non volerlo cambiare.* Non puoi permetterti di dire a una persona "Ti voglio bene", se poi non sei in grado di accettarla così com'è, con i suoi punti di forza e i suoi limiti. La tua voglia di cambiare l'altro deve costringerti a riflettere: forse il tuo non è un bene autentico, forse stai dimenticando che hai soltanto il diritto, nonché la possibilità, di cambiare te stesso. Non dire di voler bene a qualcuno senza prima aver riflettuto. Rischi di fare del male all'altro e anche a te stesso.

43) *Se ti dici: "Starò bene se troverò il partner giusto". Rischi, nel futuro, di creare non solo la tua infelicità, ma anche la sua.* Non delegare il tuo benessere e la tua felicità agli altri, nemmeno alla persona con cui hai deciso di trascorrere la vita. Trova il tuo benessere in te stesso. In questo modo potrai vivere liberamente il tuo rapporto di coppia, senza dipendere né creare dipendenza nell'altro.

44) *Amare è essere contenti del bene dell'altro. Se ti dice: "Mi allontano da te e voglio fare altre esperienze", sarai pronto a capirlo e accettarlo. Se provi disagio profondo è perché dipendi dal partner.*

Amore non è avere bisogno dell'altro. Se l'amore che provi nei confronti del tuo partner è legato a qualsiasi tipo di bisogno (accudimento, protezione, sicurezza...), il tuo amore è falso, una brutta copia dell'amore nel senso più completo del termine. Se ami davvero qualcuno gioisci per il suo bene, anche se lo porta lontano da te.

45) *Non fare che i bisogni degli altri vengano prima dei tuoi. Finiresti col soffrire e attribuire la tua sofferenza agli altri.* Non ignorare i tuoi bisogni dedicandoti a quelli degli altri. Questo alla lunga ti genera sofferenza. Quando ti è difficile dire un "no" pensa ai costi e alle conseguenze del tuo "sì" detto senza convinzione. Ti farebbe soffrire, generandoti una fatica che non sei in grado di affrontare. Ma soprattutto ti porterebbe ad attribuire agli altri tale sofferenza, ignorando che la responsabilità è soltanto tua.

46) *Se vuoi aiutare una persona, non soddisfare i suoi bisogni. Ma insegnale a soddisfarseli.* Non pensare che aiutare una persona significhi fare le cose al suo posto. In questo modo le insegni soltanto a dipendere da te e non le trasferisci alcuna abilità. Impegnati a renderla una persona libera! Questa libertà sarà, di conseguenza, anche la tua.

47) *Evita di lamentarti: annoia gli altri e non ti è di nessun aiuto.* Pensaci bene, quali vantaggi hai se continui a lamentarti? Nessuno! Il tuo lamento non fa che nutrire il tuo malessere peggiorando il tuo stato d'umore. Tu devi distrarti dal tuo malessere utilizzando qualunque cosa ti faccia stare meglio senza nuocere alla tua salute. Inoltre, se ti lamenti, rischi soltanto di annoiare gli altri, facendoli progressivamente allontanare da te. Dunque, se non vuoi ritrovarti solo, evita di lamentarti e reagisci!

48) *Se vuoi aiutare una persona, non permetterle che si appoggi a te. Potrebbe cadere e farsi male.* Se lasci che una persona si ap-

poggi a te, con l'intento di aiutarla, non stai sicuramente facendo il suo bene. La stai mettendo nelle condizioni di dipendere da te. Inoltre, non sempre sarai in grado di sorreggerla. Ci saranno dei momenti in cui farai fatica a occuparti di te stesso. In quei momenti non sarai certo in grado di giovare a qualcun altro. Non lasciare mai che qualcuno ti dica: "Non posso fare a meno di te", è pericoloso! Per te e per gli altri.

49) *Non appoggiarti a nessuno. Ricordati che, se si sposta, tu cadi.* Nella vita passerai momenti in cui avrai bisogno della vicinanza degli altri. Non lasciare però che gli altri diventino il tuo pilastro di sostegno. Godere della presenza degli altri ti allieta la vita, ma fare degli altri il tuo punto di riferimento decentra l'attenzione su te stesso. Dunque, stai centrato su di te, sforzati di essere una risorsa per te stesso. Altrimenti rischierai di cadere non appena l'altro si stancherà o non potrà più essere il tuo sostegno.

50) *Se hai bisogno d'amore, non andare a braccia tese verso un altro tenendo in mano e consegnandogli il peso del tuo essere felice.* Ricorda di non mettere mai la tua felicità nelle mani di qualcun altro. È il modo migliore per perderla e per rendere infelice la persona che ami. È un peso troppo gravoso. Conserva dentro te stesso la tua serenità e impegnati a difenderla dai mutamenti esterni. Solo così sarà realmente al sicuro.

51) *Nell'immaginare il tuo futuro non dire: "Vorrei, potrei, dovrei". Solo: "faccio", diventa il tuo futuro.* Ricordi? Le parole non sono comportamenti, Tanto meno lo sono i tuoi buoni propositi. Impegnati a trasformare questi ultimi in azioni, altrimenti continuerai a prenderti in giro. Fai in modo che questo sia il tuo nuovo futuro.

52) *Siamo realmente in grado di fare ciò che diciamo o insegniamo? Forse, qualche volta, vale la pena di metterci alla prova.* Conti-

nua a leggere tutte le sere, prima di addormentarti, questi pensieri positivi. Sappi però che se tutte le mattine non ti impegnerai a trasformarli in comportamenti, non ti sarà servito a nulla! Ricorda, la tua serenità sta nelle tue mani.

Come fare propri i 52 pensieri

L'esercizio

Per poter utilizzare i *52 pensieri per volersi bene* nella vita quotidiana, cioè per poterli fare propri, è utile esercitarsi seguendo il seguente programma.

Prima fase: La ripetizione

È necessaria una costante ripetizione dei pensieri. È quindi opportuno rileggerli molte volte e più volte al giorno. Con la costante lettura si memorizzano i pensieri. Diventano reperibili quando si presenta l'occasione. Può essere utile scriverli più volte.

Seconda fase: L'aggancio

Nelle situazioni quotidiane è utile agganciare i pensieri alle situazioni. Serve per *riconoscere* il proprio dialogo negativo e per *individuare* in che direzione conduce il proprio dialogo.

Terza fase: L'interpretazione

Per ogni pensiero svolgere una propria interpretazione *per iscritto*. *Scrivere* è lo strumento che aiuta a prendere distacco emotivo dalla propria esperienza vissuta. Scrivendo la propria interpretazione, diventano chiare le convinzioni che ci hanno ostacolato nel modificare il nostro comportamento e diviene più facile riconoscere la *fonte* delle proprie convinzioni. Le proprie passate convinzioni iniziano ad allontanarsi da noi, ne vediamo i loro limiti e comprendiamo come hanno gestito il nostro comportamento. Lo scrivere farà emergere le nostre nuove credenze e con un graduale processo di riapprendimento si otterrà la sostituzione delle convinzioni. È utile in questa fase rileggere a voce alta le proprie interpretazioni, aiuta a convincersi, a farle proprie.

Quarta fase: Recupero spontaneo
Si è generato un nuovo dialogo che, d'ora in poi, sarà sempre disponibile. La situazione non attiva più il vecchio dialogo e gli stessi comportamenti. Vi sono nuove credenze. Questa volta volutamente scelte. Il dialogo è metabolizzato.

Se vi può sembrare troppo faticoso questo programma potete, per iniziare, concentrare la vostra attenzione solo sui pensieri che ritenente importanti per voi ed esercitarvi su questi. Ciò vi permetterà di raggiungere un primo obiettivo: modificare in positivo il vostro dialogo interno. Da questo momento sarà molto più facile affrontare nuove situazioni senza più leggere le vostre esperienze attraverso "il filtro" deformante della negatività. Si inizierà a diventare più liberi con le nuove regole che ci siamo dati.

Queste regole le abbiamo scelte noi e ora siamo consapevoli dei vantaggi che ne possiamo ricavare. Un secondo, e ultimo, obiettivo sarà presto raggiungibile: modificare il nostro comportamento e quindi determinare il nostro destino.

Se vuoi inviare i tuoi personali commenti ai *52 pensieri per volersi bene*, scrivici a: **progetti@iwatson.com**

Ringraziamenti

Ringrazio l'amico Paolo Meazzini che riesce, e me lo ha dimostrato, a essere positivo nelle avversità.

Ringrazio Stefania Durando, Maria Narduzzo e Luisella Zucaro che sul lavoro sanno creare con il sorriso un clima positivo.

Ringrazio Renato Tomba per l'attento e collaborativo aiuto che mi ha dato per la stesura del libro.

Ringrazio tutti gli amici che mi hanno ascoltato con pazienza quando leggevo loro i capitoli del mio libro. Spero che non si siano troppo annoiati.

Indice